DECRETOS PRESIDENCIAIS

Limites constitucionais e dimensões de controle

CAMILA ALMEIDA PORFIRO

Prefácio
Daniel Sarmento

Apresentação
Gustavo Binenbojm

DECRETOS PRESIDENCIAIS

Limites constitucionais e dimensões de controle

2ª edição revista, ampliada e atualizada

Belo Horizonte

FORUM
CONHECIMENTO JURÍDICO

2025

FÓRUM
CONHECIMENTO JURÍDICO

Luís Cláudio Rodrigues Ferreira
Presidente e Editor

Coordenação editorial: Leonardo Eustáquio Siqueira Araújo / Aline Sobreira de Oliveira
Revisão: Nathalia Campos
Capa e projeto gráfico: Walter Santos
Diagramação: Formato Editoração

Rua Paulo Ribeiro Bastos, 211 – Jardim Atlântico – CEP 31710-430
Belo Horizonte – Minas Gerais – Tel.: (31) 99412.0131
www.editoraforum.com.br – editoraforum@editoraforum.com.br

Técnica. Empenho. Zelo. Esses foram alguns dos cuidados aplicados na edição desta obra. No entanto, podem ocorrer erros de impressão, digitação ou mesmo restar alguma dúvida conceitual. Caso se constate algo assim, solicitamos a gentileza de nos comunicar através do *e-mail* editorial@editoraforum.com.br para que possamos esclarecer, no que couber. A sua contribuição é muito importante para mantermos a excelência editorial. A Editora Fórum agradece a sua contribuição.

Dados Internacionais de Catalogação na Publicação (CIP) de acordo com ISBD

P835d Porfiro, Camila Almeida
Decretos presidenciais: limites constitucionais e dimensões de controle / Camila Almeida Porfiro. -- 2. ed. --. Belo Horizonte: Fórum, 2025.
223p. 14,5x21,5cm

ISBN impresso 978-65-5518-872-1
ISBN digital 978-65-5518-874-5

1. Decretos. 2. Regulamentos. 3. Poder regulamentar. 4. Poder executivo. 5. Princípio da legalidade. 6. Supremo Tribunal Federal. 7. Controle de constitucionalidade. I. Título.

CDD: 342
CDU: 342

Ficha catalográfica elaborada por Lissandra Ruas Lima – CRB/6 – 2851

Informação bibliográfica deste livro, conforme a NBR 6023:2018 da Associação Brasileira de Normas Técnicas (ABNT):

PORFIRO, Camila Almeida. *Decretos presidenciais*: limites constitucionais e dimensões de controle. 2. ed. Belo Horizonte: Fórum, 2025. 223p. ISBN 978-65-5518-872-1.

Para a minha mãe

"Com a caneta eu tenho muito mais poder do que você. Apesar de você ter o poder de fazer leis, eu tenho o poder de fazer decreto".

(Declaração do ex-Presidente do Brasil, Jair Bolsonaro, para o então Presidente da Câmara dos Deputados, Rodrigo Maia, em maio de 2019)[1]

"[O] princípio democrático da divisão dos poderes hoje está caduco e o Poder Executivo absorveu de fato, ao menos em parte, o Poder Legislativo. O Parlamento não é mais o órgão soberano a quem compete o poder exclusivo de obrigar os cidadãos pela lei: ele se limita a ratificar os decretos emanados do Poder Executivo. (...) E é significativo que semelhante transformação da ordem constitucional, que hoje ocorre em graus diversos em todas as democracias ocidentais, apesar de bem conhecida pelos juristas e pelos políticos, permaneça totalmente despercebida por parte dos cidadãos".

(Giorgio Agamben)[2]

---

1 *Folha de S. Paulo*. "Bolsonaro diz ter mais poder que Maia por ter 'caneta para editar decretos'". 28 de maio de 2020. Disponível em: https://www1.folha.uol.com.br/poder/2019/05/bolsonaro-diz-ter-mais-poder-que-maia-por-ter-caneta-para-editar-decretos.shtml. Acesso em: 01 set. 2024.

2 AGAMBEN, Giorgio. *Estado de exceção*. São Paulo: Boitempo, 2004, p. 32-33.

SUMÁRIO

PREFÁCIO

Este livro corresponde à dissertação de mestrado em Direito Público apresentado pela autora Camila Almeida Porfiro perante a Faculdade de Direito da UERJ. Pela sua indiscutível qualidade, o trabalho de Camila foi aprovado com distinção, louvor e indicação para publicação pela banca composta pelos professores Ingo Wolfgang Sarlet (Pontifícia Universidade Católica do Rio Grande do Sul – PUCRS), Rodrigo Brandão (Universidade do Estado do Rio de Janeiro – UERJ) e por mim, na qualidade de orientador. Trata-se de um estudo notável, profundo, original e muito bem escrito sobre tema central do Direito Público brasileiro. O título da obra é fiel ao seu conteúdo – *Decretos presidenciais no Brasil: limites constitucionais e dimensões de controle*.

O tema dos limites do poder normativo do Poder Executivo brasileiro nada tem de novo. Trata-se, aliás, de um dos assuntos mais discutidos em nosso Direito Público há muitas décadas. O que é inovador neste livro e representa importante contribuição para a doutrina brasileira é o enfoque adotado. A autora, sem descurar da literatura jurídica e da análise da jurisprudência pertinente, estabeleceu um profícuo diálogo com as ciências políticas para identificar os cenários mais prováveis de exercício abusivo do poder regulamentar pelo presidente da República. Lança mão, inclusive, de cuidadosa pesquisa quantitativa – infelizmente, ainda incomum nos estudos jurídicos no Brasil – sobre a edição de decretos nos diversos governos desde a promulgação da Constituição de 1988 e sobre os atos de controle parlamentar e de controle jurisdicional sobre tais atos normativos. Tudo isso para construir uma teoria própria sobre a matéria, sólida, interdisciplinar, crítica em relação às práticas adotadas no país e à nossa jurisprudência constitucional e desenvolvida de forma clara, elegante e muito consistente.

A premissa da obra, que compartilho integralmente, é que a concentração de poderes normativos no presidente da República representa um atentado à separação de Poderes e ao princípio democrático, o que deve nos preocupar ainda mais em cenário de crise democrática como a que o Brasil atravessa pelo menos desde a eleição de Jair Bolsonaro.

Com efeito, a exacerbação do poder regulamentar do chefe do Executivo, além de desequilibrar o sistema de separação de Poderes, debilita a democracia. Afinal, a produção das normas mais relevantes deve se submeter ao amplo debate e entrechoque de posições divergentes – que se dá no Parlamento –, em que estão representadas as diferentes correntes de opinião presentes na sociedade, o que não ocorre no Executivo. O quadro, porém, torna-se ainda mais grave em governos com pretensões autocráticas, que não aceitam os limites impostos pela divisão constitucional de Poderes e compreendem o mandato recebido nas urnas como uma espécie de salvo-conduto para impor unilateralmente as suas escolhas e preferências políticas, sem submetê-las ao crivo do Poder Legislativo ou aos limites constitucionais.

Tal cenário, na minha opinião, se delineou no governo Bolsonaro. O Presidente, eleito com discurso de rejeição à "velha política", recusou inicialmente a lógica do presidencialismo de coalizão e não procurou construir uma base parlamentar (só depois, pareceu ter reconsiderado essa escolha, aproximando-se do "Centrão", que estigmatizara durante a campanha). Assim, no afã de implementar a sua agenda política de extrema-direita, o então Presidente Bolsonaro, sem contar com apoio congressual, passou a se valer de decretos flagrantemente contrários às leis que visavam regulamentar. O exemplo mais inequívoco dessa prática espúria se deu nos diversos decretos que facilitaram ao extremo o acesso a armamentos e munições pela população, editados sob o pretexto formal de regulamentação de lei orientada por filosofia diametralmente oposta – o bem-sucedido Estatuto do Desarmamento (Lei nº 10.826/2003).

Além de examinar detidamente o fenômeno do abuso do poder regulamentar no Brasil desde a Carta de 1988 – com muitos dados empíricos e aportes das ciências políticas –, Camila se dedica ao estudo dos mecanismos de controle legislativo e jurisdicional. Nesse ponto, seu tom também é justificadamente crítico. A autora revela como os Poderes Legislativo e Judiciário vêm falhando gravemente no seu dever de controle, possibilitando, com isso, a consolidação de práticas ilegítimas do governo no campo de produção normativa.

Nesse ponto, chamo atenção para o capítulo extremamente feliz e importante da obra, em que Camila critica a jurisprudência defensiva do STF, que se formou sobre o controle de constitucionalidade de decretos. Tal orientação, como se sabe, recusa-se a apreciar a validade dos decretos regulamentares, sob o argumento de que, como eles disciplinam uma lei específica, e não a Constituição, só poderiam violar diretamente a própria lei regulamentada, nunca a Lei Maior. Esse raciocínio, porém, padece de falha lógica, porque é evidente que um decreto regulamentar pode afrontar diretamente a Constituição: os decretos sobre armas, por exemplo, além de violarem o Estatuto do Desarmamento, representam inequívoca ameaça ao direito à vida, consagrado no artigo 5º, caput, da Lei Maior. Mais que isso, essa jurisprudência defensiva – que já começa a ser superada em julgamentos mais recentes de arguições de descumprimento de preceito fundamental (ADPFs) – cria uma lacuna no sistema de controle jurisdicional de constitucionalidade, permitindo que normas e práticas contrárias à Constituição se consolidem.

A autora detecta muito bem essa falha do STF, mas não incorre no equívoco oposto, o de sustentar o cabimento do controle de constitucionalidade de qualquer decreto regulamentar que alegadamente viole a lei que disciplina. Tal entendimento converteria automaticamente qualquer ofensa à lei em matéria constitucional, inflacionando a competência do Supremo Tribunal Federal (STF), como bem aponta a obra. Assim, Camila constrói solução intermediária muito mais sofisticada – resistirei à tentação de explicá-la aqui –, que, se adotada, permitiria um controle adequado dos abusos do Executivo no exercício do seu poder regulamentar, sem, contudo, sobrecarregar o funcionamento de nossa Suprema Corte.

Trata-se, em síntese, de um trabalho brilhante, criativo, corajoso e bem construído sobre tema muito importante, especialmente no cenário de crise democrática que o Brasil atravessa, em que se torna ainda mais urgente fortalecer os mecanismos institucionais de controle sobre os abusos do Poder Executivo.

Conheci a autora na graduação da UERJ, em que foi minha aluna, monitora de Direito Constitucional, estagiária do meu escritório de advocacia e também da Clínica de Direitos Fundamentais da UERJ, que coordeno. Brilhante e idealista, sempre preocupada com os direitos fundamentais e com os grupos excluídos, Camila se destacou em todos esses espaços, bem como nos outros que depois veio a ocupar. Antes da dissertação de mestrado, já a tinha orientado na sua monografia de conclusão de curso, em que elaborou trabalho primoroso sobre os litígios estruturais, depois publicado em edição comercial pela Editora Lumen Juris.

Durante o curso do mestrado, Camila se tornou assessora do Ministro Luiz Fux no STF, envolvendo-se nos casos complexos que o

Supremo decide cotidianamente. Mesmo diante da enorme carga de trabalho, ela não esmoreceu na elaboração da sua dissertação. Pelo contrário, brindou-nos com esta obra notável, que certamente será um novo marco no tema abordado.

Por tudo isso, é para mim um grande orgulho prefaciar este belíssimo livro. Boa leitura!

Daniel Sarmento
Professor Titular de Direito Constitucional da UERJ.

APRESENTAÇÃO

O livro que tenho a honra de apresentar, intitulado *Decretos Presidenciais: Limites constitucionais e dimensões de controle*, de Camila Almeida Porfiro, corresponde, em sua versão original, à dissertação de conclusão do curso de Mestrado em Direito Público da Faculdade de Direito da Universidade do Estado do Rio de Janeiro – UERJ, defendido pela autora perante qualificada banca formada pelos Professores Daniel Sarmento (orientador), Rodrigo Brandão e Ingo Wolfgang Sarlet. O texto foi ainda aprimorado pela autora e chega agora à segunda edição, com o respeitado selo da Editora Fórum.

Aprovada com grau máximo, louvor, distinção e tendo obtido recomendação de publicação da Banca Examinadora, Camila costura, com maestria, os saberes do Direito Constitucional e da Ciência Política em um texto erudito, informativo e repleto de bons *insights*. Elaborado no calor dos acontecimentos do governo do ex-presidente Jair Bolsonaro, a autora revela uma saudável preocupação com o uso abusivo de decretos pelo Chefe do Poder Executivo, propondo a sua inserção num sistema de *accountability* que envolva o Congresso Nacional e o Poder Judiciário, com especial ênfase no papel do Supremo Tribunal Federal.

O Direito Administrativo, como nenhuma outra disciplina jurídica, tem experimentado transformações radicais em seus alicerces teóricos, pelo menos desde o segundo pós-guerra. Num esforço de simplificação didática, é possível falar-se em duas vertentes de transformação, nem sempre coordenadas ou concatenadas: de um lado, verifica-se um *giro democrático-constitucional*; de outro lado, um *giro pragmático*, como molas propulsoras das aludidas mutações.

Se Otto Mayer, fundador do moderno Direito Administrativo alemão, afirmou que "as Constituições passam, mas o Direito Administrativo fica", o chamado giro democrático-constitucional desafia tal constatação do passado como uma tendência inevitável das estruturas da Administração Pública. A começar pela elevação das bases axiológicas da disciplina ao nível constitucional, passando pelo reconhecimento da centralidade dos direitos fundamentais e da democracia como nortes de toda a ação administrativa, fato é que a dogmática do Direito

Administrativo foi – e ainda hoje, a bem dizer, está sendo – reescrita com a gramática do Direito Constitucional. Os pilotis do velho edifício teorético que ainda resistem aos novos ventos – como, no Brasil, o poder de polícia e o direito expropriatório – são apenas esqueletos persistentes, com os dias contados para ruir.

Pois o livro de Camila Porfiro atende aos reclames do giro democrático-constitucional do Direito Administrativo, aplicando-os, com notável pertinência, à atuação normativa unipessoal do Presidente da República. A autora, no entanto, o faz sem descurar das preocupações pragmáticas de celeridade e expertise, propugnando por soluções equilibradas que preservem a democracia e o estado de direito.

Concluo com uma referência de ordem pessoal: Camila Almeida Porfiro representa brilhantemente a nova geração de publicistas da Escola de Direito Público da UERJ. Com idealismo, coragem e firme compromisso com os ideais da democracia constitucional, a autora dá uma importante contribuição para o equacionamento dos limites ao uso dos decretos presidenciais no Brasil.

Assim, sem maiores delongas, ao cumprimentar a Editora Fórum pela iniciativa da publicação da segunda edição da obra, convoco os cultores do Direito Público ao prazer intelectual da sua leitura.

Rio de Janeiro, outubro de 2024.

Gustavo Binenbojm
Professor Titular de Direito Administrativo da Faculdade de Direito da Universidade do Estado do Rio de Janeiro – UERJ.

INTRODUÇÃO

Em seu primeiro ano no governo, o ex-Presidente brasileiro Jair Bolsonaro editou 536 decretos e chegou a declarar que "com a caneta" tinha "muito mais poder" do que o Presidente da Câmara dos Deputados.[1] Bolsonaro utilizou decretos para efetivar medidas de grande repercussão, como alterar as regras sobre o uso de armas de fogo,[2] extinguir conselhos federais de participação social,[3] modificar a Lei de Acesso à Informação,[4] flexibilizar a cobrança de multas ambientais,[5] alterar a autoridade responsável pela concessão de florestas públicas[6] e incluir salões de beleza e academias como "atividades essenciais" durante a pandemia de Covid-19.[7] Em razão da dificuldade de articulação com o Congresso, Bolsonaro recorreu a essa espécie normativa para implementar promessas de campanha e acelerar mudanças que, em teoria, deveriam passar pelo crivo da Câmara e do Senado.

O ex-Presidente brasileiro, todavia, não é o único que tem usado decretos para alterar o sentido de leis e promover reformas políticas sem o aval do Congresso. Nos Estados Unidos, Donald Trump recebeu críticas por exagerar no número de *executive orders* [ordens executivas], que permitem que ponha em prática decisões sem aprovação prévia do Legislativo. Nos primeiros 100 dias de governo, Trump assinou 30

---

1 Pronunciamento de Jair Bolsonaro durante o lançamento da Frente Parlamentar Mista da Marinha Mercante Brasileira, ocorrido em Brasília em 28 de maio de 2020 (FERNANDES, Talita. Bolsonaro diz ter-mais-poder-que-maia-por-ter-caneta-para editar decretos. *Folha de S.Paulo*, São Paulo, 28 maio 2019. Disponível em: https://www1.folha.uol.com.br/poder/2019/05/bolsonaro-diz-ter-mais-poder-que-maia-por-ter-caneta-para-editar-decretos.shtml. Acesso em: 7 jun. 2020).

2 O ex-Presidente brasileiro Jair Bolsonaro expediu 7 decretos regulamentando o Estatuto do Desarmamento e dispondo sobre a aquisição, o cadastro, o registro, a posse, o porte e a comercialização de armas de fogo: decretos nº 9.844/2019, 9.845/2019, 9.846/2019, 9.847/2019, 9.785/2019, 9.797/2019 e 9.981/2019. Desses, foram revogados os decretos nº 9.844/2019, 9.785/2019 e 9.797/2019.

3 Decreto nº 9.759, de 11 de abril de 2019, e Decreto nº 9.812, de 30 de maio de 2019.

4 Decreto nº 9.690, de 23 de janeiro de 2019.

5 Decreto nº 9.760, de 11 de abril de 2019, e Decreto nº 10.198, de 3 de janeiro de 2020.

6 Decreto nº 10.347, de 13 de maio de 2020.

7 Decreto nº 10.344, de 11 de maio de 2020.

ordens executivas para fins diversos, como construir o muro na fronteira com o México,[8] flexibilizar as regras de demissão de funcionários do governo federal e restringir a ação de sindicatos.[9] Em 2017, ainda assinou a ordem conhecida como "Buy American, Hire American", destinada à aplicação "mais rigorosa" das leis migratórias e ao controle de concessão de vistos de trabalho a estrangeiros.[10]

Recentemente, o atual Presidente argentino, Javier Milei, promoveu o fenômeno conhecido como "decretazo",[11] emitindo um número recorde de "decretos de necessidade e urgencia"[12] para implementar mudanças radicais em setores econômicos e reformar as normas trabalhistas.[13] Décadas antes, o ex-Presidente da Argentina Carlos

---

[8] TRUMP orders wall to be built on Mexico border. *BBC NEWS*, [*S. l.*], 26 Jan. 2017. Disponível em: https://www.bbc.com/news/world-us-canada-38740717. Acesso em: 3 jun. 2024.

[9] SCHEIBER, Noam. Trump Moves to Ease the Firing of Federal Workers. *The New York Times*, New York, 25 May 2018. Disponível em: https://www.nytimes.com/2018/05/25/business/economy/trump-federal-workers.html. Acesso em: 3 jun. 2024.

[10] EUA. White House. *Presidential Executive Order on Buy American and Hire American*. Washington, D.C.: White House, [2024]. Disponível em: https://www.whitehouse.gov/presidential-actions/presidential-executive-order-buy-american-hire-american/. Acesso em: 3 jun. 2024.

[11] EN QUÉ consiste el polémico Decreto de Necesidad y Urgencia presentado por Milei en Argentina para liberalizar la economía del país. *BBC News*, [*S. l.*], 21 dic. 2023. Disponível em https://www.bbc.com/mundo/articles. Acesso em: 3 jun. 2024.

[12] Na Argentina, os "decretos de necesidad y urgencia" têm força de lei. Eles podem introduzir ou modificar a legislação primária. Cf. o art. 99 da Constituição da Nação Argentina: "Artigo 99 - O Presidente da Nação tem os seguintes poderes: (...) 3. Ele participa da promulgação das leis de acordo com a Constituição, promulga-as e faz com que sejam publicadas. O Poder Executivo não pode emitir disposições de caráter legislativo em nenhum caso, sob pena de nulidade absoluta e insanável. Somente quando circunstâncias excepcionais tornarem impossível seguir os procedimentos regulares previstos nesta Constituição para a aprovação de leis, e a situação não envolver normas que regulem questões criminais, tributárias ou eleitorais, ou o regime que rege os partidos políticos, ele [o Presidente] poderá ditar decretos por motivo de necessidade e urgência, que deverão ser decididos em uma reunião geral de Ministros, que deverão endossá-los, juntamente com o Chefe do Gabinete de Ministros. O Chefe do Gabinete de Ministros, pessoalmente e dentro de dez dias, submeterá a medida à consideração do Comitê Bicameral Permanente, cuja composição deve refletir a proporção da representação política de cada Câmara. Esse Comitê encaminhará seu relatório dentro de dez dias a uma sessão plenária de cada Câmara para seu tratamento expresso, que as Câmaras considerarão imediatamente. Uma lei especial aprovada por uma maioria absoluta da totalidade dos membros de cada Câmara regulará o procedimento e o escopo da intervenção do Congresso" (ARGENTINA. [Constituição (1853)]. *Constitución de la Nación Argentina*. Ciudad de Buenos Aires: Cámara de Diputados de la Nación, [1853]. tradução nossa. Disponível em: https://siteal.iiep.unesco.org/sites/default/files/sit_accion_files/constitucion_nacional_0.pdf. Acesso em: 3 jun. 2024).

[13] Em 4 de janeiro de 2024, o Tribunal do Trabalho da Argentina suspendeu parte dos decretos com o argumento de que não há necessidade ou urgência comprovada para que o Poder Executivo passe por cima do Congresso Nacional (LAMBERTUCCI, Constanza. Argentine justice system halts President Javier Milei's labor reforms. *El País*, Buenos Aires, 4 Jan. 2024. Disponível em https://english.elpais.co m/international/2024-01-04/

Menem também promoveu um "decretazo"[14] na década de 1990, emitindo decretos para promover privatizações e desregulamentação da economia, em uma tentativa de superar a grave crise econômica que assolava o país. De acordo com Menem, o grande número desses atos teria se justificado pelo cenário emergencial, que não permitia esperar o desfecho dos obstáculos políticos e do processo legislativo ordinário.[15]

No Paraguai, durante as administrações politicamente instáveis de Juan Carlos María Wasmosy Monti (1993-1998) e de Fernando Lugo (2008-2012), houve um recorde na edição de decretos, enquanto, no Peru, um número alto foi emitido no período autoritário de Alberto Fujimori (1990-2000).[16] Também em Estados europeus pós-socialistas, como a Ucrânia, as reformas econômicas e políticas do início dos anos 1990 foram realizadas mediante atos normativos unilaterais dos chefes do Executivo, com uma participação ínfima dos parlamentos.[17]

Pode-se observar que, ao longo de várias décadas, o poder e a autoridade decisória do parlamento foram transferidos para o chefe do Executivo de forma altamente concentrada e centralizadora.[18] A força crescente de presidentes e primeiros-ministros populistas revelou uma

---

argentine-justice-system-halts-president-javier-mileis-labor-reforms.html. Acesso em: 3 jun. 2024).

14 RUBIO, Delia Ferreira; GORETTI, Matteo. Cuando el presidente gobierna solo. Menem y los decretos de necesidad y urgencia hasta la reforma constitucional (julio 1989-agosto 1994). *Desarrollo Económico*, [S. l.], v. 36, n. 141, p. 466, 1996.

15 RUBIO, Delia Ferreira; GORETTI, Matteo. Cuando el presidente gobierna solo. Menem y los decretos de necesidad y urgencia hasta la reforma constitucional (julio 1989-agosto 1994). *Desarrollo Económico*, [S. l.], v. 36, n. 141, p. 466, 1996.

16 ODILLA, Fernanda. Dos EUA ao Brasil, como presidentes tentam governar sem Congresso. *BBC News Brasil*, Londres, 17 jun. 2019. Disponível em: https://www.bbc.com/portuguese/brasil-48505310. Acesso em: 5 maio 2020. Cf. INÁCIO, Magna Maria; INÁCIO, Magna Maria; LLANOS, Mariana. The Institutional Presidency in Latin America: A Comparative Analysis. *Presidential Studies Quarterly*, [S. l.], v. 46, n. 3, p. 531-549, 2016.

17 KUBICEK, Paul. Delegative democracy in Russia and Ukraine. *Communist and Post-Communist Studies*, [S. l.], v. 27, n. 4, 1994.

18 Ver, por exemplo, ACKERMAN, Bruce. Goodbye, Montesquieu. *In*: ROSE-ACKERMAN, Susan; LINDSETH, Peter L. (ed.). *Comparative Administrative Law*. Cheltenham: Edward Elgar Publishing, 2010. p. 128-133; ACKERMAN, Bruce. The emergency constitution. *Yale Law Journal*, New Haven, v. 113, p. 1029, 2003; ACKERMAN, Bruce. The new separation of powers. *In:* BELLAMY, Richard (ed). *The Rule of Law and the Separation of Powers*. New York: Routledge, 2017. p. 395-490; BLONDEL, Jean. *The Presidential Republic*. London: Palgrave Macmillan, 2015. p. 23-41; ELGIE, Robert; HELMS, Ludger; KAARBO, Juliet; MÜLLER-ROMMEL, Ferdinand (ed.). *The Oxford Handbook of Political Executives*. Oxford: Oxford University Press, 2020. p. 359-381; ELGIE, Robert; PASSARELLI, Gianluca. The presidentialization of political executives. *In:* ANDEWEG, Rudy B.; HOWELL, William G. Unilateral Powers: A Brief Overview. *Presidential Studies Quarterly*, [S. l.], v. 35, n. 3, p. 417, 2005; POGUNTKE, Thomas; WEBB, Paul (ed.). *The Presidentialization of politics*: A Comparative Study of Modern Democracies. Oxford: Oxford University Press, 2005. v. 1. p.

revolução na política contemporânea do mundo real: *o pêndulo* do poder se deslocou em direção ao Executivo e se afastou do Parlamento. Há um crescente domínio dos executivos centrado na figura de um líder central, enquanto os parlamentos, que deveriam ser o *foco* do poder político, estão sendo marginalizados. E esse fenômeno ocorre mesmo em sistemas parlamentares.[19]

Cientistas políticos e juristas têm denunciado a tendência contemporânea da "presidencialização da política", um processo pelo qual os regimes parlamentares adquirem as características dos sistemas presidenciais sem que haja uma reforma constitucional formal.[20] Além disso, essas tendências de *presidencialização* e *personalização* não são apenas o espetáculo de uma campanha eleitoral específica e pontual. Elas refletem um processo histórico que só piorou com a pandemia da Covid-19.[21]

Realmente, a pandemia exacerbou esse fenômeno de domínio executivo e de produção excessiva de decretos e regulamentos.[22] Em muitos países, medidas restritivas, como *lockdowns* e toques de recolher, foram autorizadas por decretos do Executivo sem qualquer envolvimento parlamentar.[23] Até mesmo democracias consolidadas, como os

---

1-25; POSNER, Eric A.; VERMEULE, Adrian. *The Executive Unbound*: After the Madisonian Republic. Oxford: Oxford University Press, 2011. *passim*.

19 RULLO, Luigi. A crise pandêmica da Covid-19 e a personalização do governo na Itália. *International Journal of Public Leadership*, [*S. l.*], v. 17, n. 2, p. 196-207, 2021.

20 CALISE, Mauro. Personalização da política. *In:* BADIE, Bertrand; BERG-SCHLOSSER, Dirk; MORLINO, Leonardo (ed.). *International Encyclopedia of Political Science*. London: Sage, 2011. p. 1858-1861; CALISE, Mauro. The personalization of power. *Studia Politica. Romanian Political Science Review*, [*S. l.*], v. 10, n. 4, p. 617-622, 2010; RAHAT, Gideon; KENIG, Ofer. *From Party Politics to Personalized Politics?* Party Change and Political Personalization in Democracies. Oxford: Oxford University Press, 2018.

21 A pandemia global de Covid-19 causada pelo novo coronavírus SARS-CoV-2 foi declarada uma emergência de saúde global pela Organização Mundial da Saúde em 30 de janeiro de 2020. Como as taxas de infecção cresceram exponencialmente em todo o mundo, as restrições à liberdade individual, à movimentação, à reunião, ao culto, à educação e ao comércio, bem como às eleições, aos parlamentos e aos tribunais, tornaram-se as mais restritivas da história contemporânea. Ver OMS. *Coronavirus disease (COVID-19) pandemic*. [*S. l.*], [2024]. Disponível em: https://www.who.int/emergencies/diseases/novel-coronavirus-2019. Acesso em: 6 jun. 2020. Ver também GROGAN, Joelle. Analysing Global Use of Emergency Powers in Response to Covid-19. *European Journal of Law Reform*, [*S. l.*], v. 4, p. 338, 2020.

22 Deve-se observar que, ao longo desta tese, o termo "pandemia" será usado para se referir à crise de saúde global causada pelo novo coronavírus, que é comumente chamado de "pandemia de Covid-19" (OMS. *Coronavirus disease (COVID-19) pandemic*. [*S. l.*], [2024]. Disponível em: https://www.who.int/emergencies/diseases/novel-coronavirus-2019. Acesso em: 6 jun. 2020).

23 Ver, por exemplo, DEERE, Kelly J. Governing by Executive Order during the Covid-19 Pandemic: Preliminary Observations Concerning the Proper Balance between Executive Orders and More Formal Rule Making. *Missouri Law Review*, [*S. l.*], v. 86, p. 721, 2021; GINSBURG, Tom; VERSTEEG, Mila. The bound executive: Emergency powers during the

Estados Unidos e a Itália, se basearam em normas secundárias para decretar restrições à liberdade de movimento, de reunião e de expressão política e religiosa. Tudo isso com uma delegação legislativa extremamente vaga que não forneceu parâmetros suficientes e outros detalhes para a ação administrativa. Muitas das medidas não tinham sequer um lastro legal mínimo.[24]

Na Itália, por exemplo, a crise foi tratada principalmente por meio de decretos do presidente do Conselho de Ministros (DPCM) e de regulamentos do Ministério da Saúde, que, entre outras medidas, levaram à proibição de circulação em regiões inteiras. Esses instrumentos não constituem uma legislação primária e são o produto de uma cadeia de delegação excessivamente vaga e imprecisa.[25] Houve uma efetiva marginalização do Parlamento, que, na prática, transferiu amplos poderes legislativos aos primeiros-ministros.[26]

---

pandemic. *International Journal of Constitutional Law*, [*S. l.*], v. 19, n. 5, p. 1498-1535, Dec. 2021; GUZZETTA, Giovanni. DPCM e Costituzione anche alla luce della sent. 198/2021 della Corte costituzionale. *In:* MORANA, Donatella; MABELLINI, Stefania (ed.). L'emergenza pandemica e l'impatto sul Diritto Pubblico: innovazione e prospettive future. *Quaderni del Dottorato di Ricerca in Diritto Pubblico dell'Università degli Studi di Roma "Tor Vergata"*, Milano, p. 14, 2022.

24 Sobre o assunto, ver referências consultadas na nota anterior.

25 A delegação foi feita por decretos-lei (*decreti-legge*), atos legislativos para momentos de urgência e necessidade, que têm força de lei. Ver o Decreto-Lei italiano nº 6, de 23 de fevereiro de 2020, e o Decreto-Lei nº 19, de 25 de março de 2020. O Decreto-Lei nº 19, de 25 de março de 2020, foi convertido com alterações pela Lei nº 35, de 22 de maio de 2020, e posteriormente complementado e alterado várias vezes por outros decretos-lei. Esses decretos-lei determinaram que a Covid-19 seria tratada por meio de decretos do presidente do Conselho de Ministros (DPCM), propostos pelo Ministro da Saúde, após consulta aos Ministros do Interior, Defesa, Economia e outros Ministérios envolvidos, bem como aos presidentes das regiões ou ao presidente da Conferência das Regiões e Províncias Autônomas, dependendo do escopo territorial das medidas. Ver também o artigo 77 da Constituição da República Italiana: "(...) O Governo não pode, sem um ato de autorização das Câmaras, emitir decretos com força de lei ordinária. Quando, em casos extraordinários de necessidade e urgência, o Governo adota medidas provisórias com força de lei, ele deve, no mesmo dia, apresentar tais medidas para confirmação às Câmaras que, mesmo se dissolvidas, devem ser convocadas especialmente para esse fim e devem se reunir dentro de cinco dias. Os decretos perdem o efeito desde seu início se não forem confirmados dentro de sessenta dias de sua publicação. As Câmaras podem, entretanto, regular por lei as relações jurídicas decorrentes de decretos não confirmados" (ITALIA. [Constituição (1947)]. *La Constitución de la República Italiana*. Roma: Presidenza della Repubblica, [1947]. tradução nossa. Disponível em: https://www.prefettura.it/files/allegatipag/1187/costituzione_esp.pdf. Acesso em: 6 jun. 2020).

26 Ver, por exemplo, ALGOSTINO, Alessandra. Costituzionalismo e distopia nella pandemia di Covid-19 trafonti dell'emergenza e bilanciamento dei diritti. *Costituzionalismo. it*, [*S. l.*], n. 1, p. 1-81, 2021; ALGOSTINO, Alessandra. Covid-19: primo tracciato per una riflessione nel nome della Costituzione. *Osservatorio costituzionale*, [*S. l.*], p. 121, n. 3, 2020; CAVINO, Massimo *et al.* Covid-19. Una prima lettura dei provvedimenti adottati dal Governo. *Federalismi.it*, [*S. l.*], n. 6, p. 1-9, 2020; CAVINO, Massimo. La natura dei DPCM adottati nella prima fase

Nesse contexto, o livro discutirá como os presidentes têm utilizado decretos para contornar o Congresso e concretizar promessas de campanha unilateralmente, favorecendo seu eleitorado e base de apoio de forma rápida e imediata. Investiga-se em que medida a expansão do Executivo e dos poderes unilaterais se compatibiliza com o princípio da separação de Poderes e com os elementos fundantes de uma democracia constitucional. O objetivo final é identificar como os Poderes Judiciário e Legislativo podem realizar o controle desses atos, a fim de coibir abusos e riscos à democracia, com base em parâmetros atentos ao princípio democrático, às capacidades institucionais e à proteção aos direitos fundamentais.

O estudo tentará responder às seguintes perguntas: (i) Por que presidentes editam decretos?; (ii) Quais os riscos democráticos do crescente uso dessa espécie normativa?; (iii) A edição de um número elevado de decretos é sinal de força ou fraqueza presidencial?; (iv) Esse número varia de acordo com a personalidade de cada presidente ou com fatores políticos e institucionais?; (v) Quando e em quais circunstâncias os presidentes editam esses atos?; (vi) O que limita o uso abusivo de decretos?

O Capítulo 1 versará sobre o desequilíbrio entre os Poderes da República e a preponderância do presidente em relação aos demais agentes políticos. Serão ressaltadas as deficiências do controle legislativo e judicial de atos regulamentares e a postura de deferência que, historicamente, os demais Poderes têm em relação ao chefe do Executivo. O Capítulo 2 discutirá como as "canetadas" têm modificado substancialmente o cenário político, econômico e social do país. Conforme se

di emergenza Covid. Lettura di Corte cost. n. 198/2021. *Federalismi.it*, [*S. l.*], n. 25, p. 80-86, 2021; CUOCOLO, Lorenzo. I diritti costituzionali di fronte all'emergenza Covid-19: la reazione italiana. *DPCE Online*, [*S. l.*], v. 43, n. 2, p. 1491-1510, 2020; GUZZETTA, Giovanni. DPCM e Costituzione anche alla luce della sent. 198/2021 della Corte costituzionale. *In:* MORANA, Donatella; MABELLINI, Stefania (ed.). L'emergenza pandemica e l'impatto sul Diritto Pubblico: innovazione e prospettive future. *Quaderni del Dottorato di Ricerca in Diritto Pubblico dell'Università degli Studi di Roma "Tor Vergata"*, Milano, p. 14, 2022; GUZZETTA, Giovanni. Le fonti dell'emergenza alla prova della pandemia. *In:* MARINI, Francesco Saverio; SCACCIA, Gino (ed.). *Emergenza Covid-19 e ordinamento costituzionale*. Torino: G. Giappichelli Editore, 2020. p. 73-82; LUCIANI, Massimo et al. Il sistema delle fonti del diritto alla prova dell'emergenza. *Rivista Aic.*, [*S. l.*], v. 2020, n. 2, p. 109-14, 2020; MUSELLA, Fortunato. I poteri di emergenza nella Repubblica dei Presidenti. *Diritti regionali*, [*S. l.*], n. 2, p. 107-139, 2020; RAFFIOTTA, Edoardo. Sulla legittimità dei provvedimenti del Governo a contrasto dell'emergenza virale da coronavirus. *BioLaw Journal – Rivista di BioDiritto*, [*S. l.*], n. 1, p. 99, 2020; TRABUCCO, Daniele. Il "virus" nel sistema delle fonti: decreti-legge e dpcm al tempo del Covid-19: tra principio di legalità formale e principio di legalità sostanziale. *Nomos*, [*S. l.*], n. 2, p. 1-21, 2020.

verá, decretos podem ter grande valor político e simbólico e atuar como uma fonte reveladora das prioridades presidenciais. Serão também exploradas as críticas e justificativas feitas ao uso frequente desses atos, questionando-se *quando* e *por que* são editados.

No Capítulo 3, será realizada a leitura dos dados estatísticos de decretos expedidos no Brasil entre 1990 e 2020. Será discutido como a relação do presidente com o Congresso, a mídia e a sociedade civil afeta a quantidade e o conteúdo desses atos. Além da análise quantitativa, que envolve a influência de diferentes fatores nos números de cada governo brasileiro desde 1990, será realizada uma análise qualitativa, que buscará entender quais os temas geralmente normatizados e quais políticas sensíveis foram criadas através deles.

O Capítulo 4 versará sobre o poder do Congresso Nacional de sustar regulamentos do Executivo com base no artigo 49, inciso V, da Constituição Federal de 1988 (CRFB/88). Em tese, o dispositivo permite ao Legislativo ter controle direto e específico sobre os atos infralegais expedidos pelo Executivo. Na prática, porém, apenas dois decretos legislativos foram promulgados sustando decretos presidenciais desde 1988, o que denota a baixa taxa de sucesso da ferramenta.

Já o Capítulo 5 discutirá a jurisprudência do Supremo Tribunal Federal (STF) a respeito do tema. Será demonstrado que, tradicionalmente, havia um ponto cego de controle de atos presidenciais em razão da jurisprudência defensiva da Corte, que se recusava a examinar a constitucionalidade *in abstrato* de regulamentos de execução. Nos últimos cinco anos, porém, vem ocorrendo uma gradativa abertura ao controle de constitucionalidade de atos normativos do Poder Executivo que, a pretexto de dar fiel execução à lei, exorbitam flagrantemente do âmbito do poder regulamentar.[27]

Finalmente, o Capítulo 6 tratará dos limites materiais do poder regulamentar do presidente, destacando a necessidade de respeito ao texto e ao objetivo das leis. Presidentes, nesse sentido, devem adotar diretrizes hermenêuticas específicas, como a interpretação gramatical, teleológica, histórica ou sistemática, e não levar em conta apenas sua vontade política de concretizar unilateralmente determinada promessa de campanha.

---

27 CF., *e.g.*, STF, ADIs nº 6.675, 6.676, 6.677, 6.680 e 6.695, Tribunal Pleno, Rel.ª Min.ª Rosa Weber, *Dje* 5 set. 2023.

Em síntese, a presente obra defende que o uso frequente de decretos de grande repercussão política, social e econômica para fugir do Legislativo pode dar origem a um processo de grave erosão democrática. Esses atos têm um escopo estrito, e seu alcance não deve ser alargado para servirem como instrumentos de manobra política de presidentes que não querem diálogo com o Congresso. É necessário que os Poderes Judiciário e Legislativo, a mídia e a sociedade civil realizem um controle mais atento e amplo dos decretos presidenciais, que também devem ser objeto de profunda análise do Direito Constitucional.

PARTE 1

OS PODERES UNILATERAIS DO PRESIDENTE DA REPÚBLICA

CAPÍTULO 1

A SOBERANIA DO PODER EXECUTIVO

1.1 O desequilíbrio entre os Poderes e a Presidência Imperial

O sistema presidencialista brasileiro é caracterizado por um desequilíbrio crônico entre os Poderes, que permite a preponderância do presidente da República em relação aos demais agentes políticos e resulta na expansão de suas capacidades legislativas. Campos Sales, na década de 1960, já conceituava nosso sistema político como um "governo pessoal constitucionalmente organizado", no qual presidentes se consideravam o "próprio Governo, e não apenas o[s] chefe[s] do Governo".[28] Em exemplo recente, o ex-Presidente brasileiro Jair Bolsonaro afirmou "eu sou a Constituição" a jornalistas que questionavam sua participação em ato pró-intervenção militar que pedia o fechamento do Congresso Nacional e do STF.[29] Nesse arranjo institucional, os Poderes Legislativo e Judiciário, via de regra, não atuam como efetivos contrapesos ao Executivo, limitando-se a uma postura de deferência às escolhas e diretrizes presidenciais. Conforme se verá, é somente quando a mídia e a opinião pública são contrárias ao presidente que os demais Poderes passam a realizar um controle mais efetivo de suas ações.

---

[28] TORRES, João Camilo de Oliveira. *O presidencialismo no Brasil*. Rio de Janeiro: O Cruzeiro, 1962. p. 222.

[29] CARVALHO, Daniel. Eu sou a Constituição, diz Bolsonaro ao defender democracia e liberdade um dia após ato pró-golpe militar. *Folha de S. Paulo*, São Paulo, 20 abr. 2020. Disponível em: https://www1.folha.uol.com.br/poder/2020/04/democracia-e-liberdade-acima-de-tudo-diz-bolsonaro-apos-participar-de-ato-pro-golpe.shtml. Acesso em: 3 jun. 2024.

A dominância do Executivo não é, todavia, uma particularidade brasileira. De acordo com Eric Posner e Adrian Vermeule, a maioria das democracias ocidentais têm o governo centrado na figura do presidente, e o controle legislativo e judicial de suas ações se dá de forma apenas "tênue e pontual".[30] As casas legislativas e as cortes desempenham um papel meramente reativo e marginal, modificando ou limitando as iniciativas do Executivo, mas raramente assumindo o protagonismo político. Diante da expansão do poder e do tamanho do Estado administrativo contemporâneo, Posner e Vermeule defendem a "declaração de falência" do modelo tradicional da separação de Poderes, que, para subsistir, deveria ser submetido à ampla releitura e atualização.[31]

De fato, em diversas áreas, o presidente atua de forma unilateral, sem a anuência *prévia* de outros agentes públicos, podendo promover amplas reformas políticas e econômicas apenas com o "poder da caneta".[32] No Brasil, essa preponderância, aliada à inclinação histórica ao personalismo, conduz os presidentes ao epicentro da produção normativa, demarcando amplo controle do governo da pauta legislativa e possibilitando a edição de um alto número de decretos e medidas provisórias.[33] Especialmente quando o presidente goza de amplo capital político e apoio (ou silêncio) midiático, os demais Poderes se mostram incapazes de supervisionar e monitorar sua atuação de forma efetiva, sobretudo em temas simbólicos ou de grande aprovação popular.[34]

Para a cientista política argelina Cheibub Figueiredo, os poderes unilaterais, aliados ao poder de patronagem, que consiste na prerrogativa de nomear ministros e outros agentes públicos, têm centralizado o processo decisório nas mãos do Executivo e trazem grandes riscos democráticos.[35] Timothy Power também vislumbra, no cenário pós-1988,

---

30 POSNER, Eric A.; VERMEULE, Adrian. *The Executive Unbound*: After the Madisonian Republic. Oxford: Oxford University Press, 2011. p. 4.

31 POSNER, Eric A.; VERMEULE, Adrian. *The Executive Unbound*: After the Madisonian Republic. Oxford: Oxford University Press, 2011. p. 8.

32 CAREY, John M.; SHUGART, Matthew Soberg. Poder de decreto: chamando os tanques ou usando a caneta? *Revista Brasileira de Ciências Sociais*, São Paulo, v. 13, n. 37, p. 149, 1998; POWER, Timothy. The pen is mightier than the Congress. Presidential decree power in Brazil. *In*: CAREY, John M.; SHUGART, Matthew Soberg (ed.). *Executive Decree Authority*. Cambridge: Cambridge University Press, 1998. p. 216-217, tradução nossa.

33 FERREIRA FILHO, Manoel Gonçalves. *Curso de Direito Constitucional*. São Paulo: Saraiva Educação, 1971. p. 145-146.

34 POSNER, Eric A.; VERMEULE, Adrian. *The Executive Unbound*: After the Madisonian Republic. Oxford: Oxford University Press, 2011. p. 25-26.

35 FIGUEIREDO, Argelina Cheibub. Agendas, instituições políticas e desempenho do governo na democracia brasileira. *In*: REIS, Elisa P.; ZILBERMAN, Regina (org.). *Retratos do Brasil*.

um "tremendo desequilíbrio nas relações Executivo-Legislativo no Brasil, o que tem se mostrado problemático para a consolidação da democracia".[36] Segundo Power, por muito tempo se acreditou que as maiores ameaças para a democracia do país eram os militares autoritários e seus "atos excepcionais". Hoje, todavia, essa ameaça se traveste de um presidente civil democraticamente eleito agindo no exercício de sua autoridade constitucional. Criticando os excessos de poderes unilaterais dos presidentes, Power afirma que o constituinte brasileiro acabou trocando a ditadura das "armas" pela ditadura da "caneta".[37]

Um bom exemplo da falta de controle atento e efetivo do presidente por parte dos demais Poderes é o baixíssimo número de atos sustados pelo Congresso Nacional ou anulados pelo STF. O artigo 49, inciso V, da CRFB/88, possibilita o controle dos regulamentos do Poder Executivo pelo Congresso Nacional;[38] porém, desde a promulgação da Constituição, apenas 2 decretos legislativos foram promulgados sustando decretos presidenciais.[39] Da mesma forma, das centenas de

---

Porto Alegre: EDIPUCRS, 2004. p. 80. Cf., ainda, "de um lado, os constituintes aprovaram uma série de medidas tendentes a fortalecer o congresso, recuperando assim os poderes subtraídos do legislativo ao longo do período militar. De outro lado, a Constituição de 1988 manteve muitos dos poderes legislativos de que foi dotado o Poder Executivo ao longo do período autoritário, visto que não se revogaram muitas das prerrogativas que lhe permitiriam dirigir o processo legislativo durante o regime militar" (FIGUEIREDO, Argelina Cheibub; LIMONGI, Fernando. *Executivo e Legislativo na nova ordem constitucional*. Rio de Janeiro: FGV, 1999. p. 41).

36 POWER, Timothy. The pen is mightier than the Congress. Presidential decree power in Brazil. *In*: CAREY, John M.; SHUGART, Matthew Soberg (ed.). *Executive Decree Authority*. Cambridge: Cambridge University Press, 1998. p. 224-225, tradução nossa.

37 POWER, Timothy. The pen is mightier than the Congress. Presidential decree power in Brazil. *In*: CAREY, John M.; SHUGART, Matthew Soberg (ed.). *Executive Decree Authority*. Cambridge: Cambridge University Press, 1998. p. 224-225, tradução nossa.

38 Constituição Federal de 1988:
"Art. 49. É da competência exclusiva do Congresso Nacional:
(...) V - sustar os atos normativos do Poder Executivo que exorbitem do poder regulamentar ou dos limites de delegação legislativa".

39 Desde o início da vigência da Constituição Federal de 1988, apenas 9 decretos legislativos expedidos com fundamento no artigo 49, inciso V, da Constituição foram promulgados. Desses 9 decretos legislativos, apenas 2 sustaram os efeitos de decretos presidenciais: (i) mediante o Decreto Legislativo nº 3/1992, o Congresso sustou o Decreto nº 430, de 20 de janeiro de 1992, editado pelo ex-Presidente Fernando Collor de Mello, e (ii) mediante o Decreto Legislativo nº 3/1989, o Congresso sustou os efeitos do Decreto nº 97.455/1989, editado pelo ex-Presidente José Sarney. Os demais decretos legislativos buscaram sustar outros atos infralegais do Poder Executivo, como portarias e resoluções: (iii) Decreto Legislativo nº 293/2015 (Susta os efeitos da Portaria Interministerial nº 192, de 5.10.2015, do Ministério da Agricultura, Pecuária e Abastecimento e do Meio Ambiente); (iv) Decreto Legislativo nº 273/2014 (Susta a RDC nº 52, de 6 de outubro de 2011, da Anvisa); (v) Decreto Legislativo nº 207/2002 (Susta os efeitos da Nota Conjur-Minfra nº 24/92, do Ministro de Estado da Infraestrutura); (vi) Decreto Legislativo nº 177/2017 (Susta o art. 1º e o parágrafo único do

ações de controle concentrado de constitucionalidade ajuizadas no STF contra os mais de 4.000 decretos presidenciais editados entre 1990 e 2020, apenas 20 ultrapassaram o juízo de admissibilidade[40] e, dessas, somente 11 ações tiveram seus pedidos de liminar deferidos ou pedidos de mérito julgados procedentes.[41]

Nesse cenário, Posner e Vermeule acreditam que a limitação dos poderes do Executivo e do presidente não está mais na lei ou em um *design* constitucional específico, mas sim na dinâmica da política e na opinião pública – únicos fatores aptos a bloquear o abuso de poder.[42] Para eles, mesmo quando as casas legislativas e as cortes não configuram efetivos mecanismos de controle, o presidente está limitado pelas eleições e pelo escrutínio cotidiano da sociedade civil, necessitando de popularidade e credibilidade para obter apoio para suas decisões.[43] Isso ocorreria porque, em longo prazo, os presidentes se preocupam com seu legado político e com o seu lugar na história, de forma que exercem um contínuo *trade-off* entre as suas vontades políticas e a manutenção de sua popularidade.[44] Nas palavras de Posner e Vermeule, "não importa o quão extensos são os poderes de um presidente, ele sempre precisa construir um suporte político e uma base de confiança para as suas ações".[45]

---

art. 2º da Portaria nº 1.253/2013 do Ministério da Saúde); (vii) Decreto Legislativo nº 170/2018 (Susta a Portaria Interministerial MDIC-MMA nº 78/2019); (viii) Decreto Legislativo nº 79 de 30/06/2022 (Susta a Portaria nº 377, de 8 de julho de 2020, da Secretaria do Tesouro Nacional do Ministério da Economia); (ix) Decreto Legislativo nº 25 de 13/07/2021 (Susta os efeitos do art. 38 da Portaria GM/MS nº 1.263, de 18 de junho de 2021).

40 Cf. Capítulo 3, item 3.1.1.3.

41 STF, ADI nº 4.661 MC, Tribunal Pleno, Min. Marco Aurélio, *Dje* 23.03.2012; STF, ADI nº 2.795 MC, Tribunal Pleno, Rel. Min. Maurício Corrêa, *Dje* 20.06.2003; STF, ADI nº 1.599 MC, Tribunal Pleno, Rel. Min. Maurício Corrêa, *Dje* 18.05.2001; STF, ADI nº 1.480 MC, Tribunal Pleno, Rel. Min. Celso de Mello, *Dje* 18.05.2001; STF, ADI 1.435 MC, Tribunal Pleno, Rel. Min. Francisco Rezek, *Dje* 6.08.1999; STF, ADI 1.178 MC, Tribunal Pleno, Rel. Min. Marco Aurélio, *Dje* 18.05.2001; STF, ADI nº 1.155 MC, Tribunal Pleno, Rel. Min. Marco Aurélio, *Dje* 18.05.2001; STF, ADI nº 673 MC, Tribunal Pleno, Min. Paulo Brossard, *Dje* 11.10.2001; STF, ADI nº 313, Tribunal Pleno, Rel. Min. Paulo Brossard, *Dje* 30.04.1992; STF, ADI nº 533 MC, Tribunal Pleno, Rel. Min. Carlos Velloso, *Dje* 27.09.1991 e STF, ADI nº 6.121 MC, Tribunal Pleno, Min. Marco Aurélio, *Dje* 28.11.2019.

42 POSNER, Eric A.; VERMEULE, Adrian. *The Executive Unbound*: After the Madisonian Republic. Oxford: Oxford University Press, 2011. p. 5.

43 POSNER, Eric A.; VERMEULE, Adrian. *The Executive Unbound*: After the Madisonian Republic. Oxford: Oxford University Press, 2011. p. 61.

44 POSNER, Eric A.; VERMEULE, Adrian. *The Executive Unbound*: After the Madisonian Republic. Oxford: Oxford University Press, 2011. p. 14.

45 POSNER, Eric A.; VERMEULE, Adrian. *The Executive Unbound*: After the Madisonian Republic. Oxford: Oxford University Press, 2011. p. 14, tradução nossa.

A opinião pública e a pressão midiática, nesse contexto, seriam as principais fontes de controle do uso de poderes unilaterais e serviriam para estimular os demais Poderes a também exercer uma fiscalização efetiva. Assim, quanto menor o apoio popular e midiático desfrutado pelo presidente, maior será a chance de o Judiciário ou Legislativo invalidar seus atos.[46] [47]

1.2 Deficiências no controle do Legislativo sobre o Executivo

Historicamente, a tendência geral do Legislativo brasileiro é de alinhamento com o chefe do Executivo.[48] Como observa Fernando Limongi, "para influenciar a política pública é preciso estar alinhado com o presidente. Assim, restam aos parlamentares, basicamente, duas alternativas: fazer parte da coalizão presidencial na legislatura em curso, ou cerrar fileiras com a oposição esperando chegar à Presidência no próximo termo".[49] Esse fenômeno do "presidencialismo de coalizão", termo cunhado por Sérgio Abranches, faz com que o Brasil, além de "combinar a proporcionalidade, o multipartidarismo e o 'presidencialismo imperial'",[50] organize o Executivo com base em grandes coalizões partidárias.

Diante da fragmentação do sistema partidário, presidentes buscam garantir a governabilidade mediante um sistema de trocas, negociações e concessões a parlamentares. A fragmentação do poder do Congresso entre vários partidos obriga o Executivo a práticas que costumam ser mais associadas ao parlamentarismo, com a formação de alianças entre forças políticas distintas entre si e de um sistema de "toma lá, dá cá".[51] Assim, com exceção de cenários de crises políticas, que podem

---

[46] KAUFMAN, Aaron R.; ROGOWSKI, Jon C. *The Unilateral Presidency*, 1933-2017. [*S. l.*]: [*s. n.*], 2018. p. 9. Disponível em: http://www.aaronrkaufman.com/wp-content/uploads/2018/03/Kaufman-Rogowski.pdf. Acesso em: 3 jun. 2024.

[47] HOWELL, William G. *Power without Persuasion*: The Politics of Direct Presidential Action. Princeton: Princeton University Press, 2003. p. 169.

[48] LIMONGI, Fernando. A democracia no Brasil: presidencialismo, coalizão partidária e processo decisório. *Novos Estudos CEBRAP*, Brasília, DF, n. 76, p. 41, 2006.

[49] LIMONGI, Fernando. A democracia no Brasil: presidencialismo, coalizão partidária e processo decisório. *Novos Estudos CEBRAP*, Brasília, DF, n. 76, p. 41, 2006.

[50] ABRANCHES, Sérgio Henrique de. Presidencialismo de coalizão: o dilema institucional brasileiro. *Dados – Revista de Ciências Sociais*, Rio de Janeiro, v. 31, n. 1, p. 21-22, 1988.

[51] Cf. ABRANCHES, Sérgio. *Presidencialismo de coalizão*: raízes e evolução do modelo político brasileiro. São Paulo: Companhia das Letras, 2018; FIGUEIREDO, Argelina; LIMONGI,

conduzir a processos de *impeachment*, o fenômeno do presidencialismo de coalização faz com que o Legislativo não apresente uma oposição maciça e constante aos presidentes, que geralmente buscam aliança e diálogo com o Congresso.

De fato, o próprio *design* das casas legislativas, instituições partidárias e deliberativas por excelência, gera uma pulverização política que impede ações conjuntas contra o presidente. Nas palavras de William Howell, "um corpo de 535 membros nas duas câmaras, espalhados por dezenas de comissões e enfrentando múltiplos pontos de veto, (...) provavelmente terá dificuldades em restringir um presidente que pode mudar a política unilateralmente sem precisar montar uma coalizão ou enfrentar um veto legislativo".[52] Apesar de ser tratado pela literatura jurídica como um agente unitário, com ampla capacidade de se sobrepor a outros ramos do governo, o Legislativo consiste, na verdade, em um órgão coletivo de tomadas de decisões,[53] permeado por pontos de veto.[54]

Ainda, muitos parlamentares estão mais preocupados com a sua própria reeleição do que com eventual defesa institucional do Legislativo frente ao Executivo, especialmente nos cenários em que a Presidência goza de amplo apoio popular.[55] Mesmo que os congressistas condenem eventuais abusos de poder perpetrados pelo presidente, só ocasionalmente tentarão "proteger sua própria instituição e deter o constante deslocamento de poder para o Executivo".[56] Nas precisas palavras de Terry M. Moe, professor de Ciências Políticas da Universidade de Stanford:

> *A Presidência tende a buscar mais poder. O Legislativo não tende a buscar mais poder.* Em questões que afetam o equilíbrio institucional entre os Poderes, os presidentes buscam reformas que promovem seu poder

Fernando. Bases institucionais do presidencialismo de coalizão. *Lua Nova: Revista de Cultura e Política*, São Paulo, n. 44, p. 81-106, 1998.

52 HOWELL, William G. *Power without Persuasion*: The Politics of Direct Presidential Action. Princeton: Princeton University Press, 2003. p. 17, tradução nossa.

53 HOWELL, William G. *Power without Persuasion*: The Politics of Direct Presidential Action. Princeton: Princeton University Press, 2003. p. 102.

54 MOE, Terry M.; HOWELL, William G. The presidential power of unilateral action. *The Journal of Law, Economics, and Organization*, [*S. l.*], v. 15, n. 1, p. 40, 1999.

55 MOE, Terry M.; HOWELL, William G. The presidential power of unilateral action. *The Journal of Law, Economics, and Organization*, [*S. l.*], v. 15, n. 1, p. 144, 1999.

56 HOWELL, William G. *Power without Persuasion*: The Politics of Direct Presidential Action. Princeton: Princeton University Press, 2003. p. 111, tradução nossa.

institucional, enquanto os legisladores normalmente não o fazem. É pouco provável que os congressistas se oponham à eventual expansão do poder dos presidentes, a menos que a questão prejudique diretamente os interesses de seu eleitorado (...). Os parlamentares geralmente não estão dispostos a fazer "tudo o que for necessário" para aumentar o poder institucional do próprio Congresso.[57]

No Brasil, apesar de o artigo 49, inciso V, da CRFB/88 prever o poder congressual de sustar regulamentos exorbitantes do Executivo, a ferramenta raramente é aprovada pelos parlamentares.[58] Nota-se, assim, que, com exceção dos cenários de grave crise política ou quando a opinião pública é acentuadamente contrária ao presidente, vige uma cultura de deferência ao Executivo, o que tem resultado no fraco controle de atos unilaterais que, com frequência, transbordam dos limites constitucionais estabelecidos.

1.3 Deficiências no controle do Judiciário sobre o Executivo

O Poder Judiciário também é deferente ao Executivo.[59] Ainda que ocorram choques pontuais entre ambos, a tendência das cortes, em longo prazo, é de alinhamento.[60] Nos processos judiciais que dis-

---

[57] MOE, Terry M. The presidency and the bureaucracy: The presidential advantage. *The Presidency and the Political System*, [*S. l.*], v. 5, p. 448, 1998, tradução nossa.

[58] HOWELL, William G. *Power without Persuasion*: The Politics of Direct Presidential Action. Princeton: Princeton University Press, 2003. p. 134.

[59] FEREJOHN, John A.; KRAMER, Larry D. Independent judges, dependent Judiciary: Institutionalizing judicial restraint. *New York University Law Review*, New York, v. 77, p. 377, 2002.

[60] CARVALHO, Ernani Rodrigues de. *Sua Majestade, o presidente da República*: estudo de caso do controle de constitucionalidade dos atos do Executivo (1994-1998). 2000. Dissertação (Mestrado em Ciências Políticas) – Faculdade de Ciências Políticas, Universidade Federal de Pernambuco, Recife, 2000. p. 92; COOPER, Phillip J. By order of the president: Administration by executive order and proclamation. *Administration & Society*, [*S. l.*], v. 18, n. 2, p. 252, 1986; HOWELL, William G. *Power without Persuasion*: The Politics of Direct Presidential Action. Princeton: Princeton University Press, 2003. p. 17; MAYER, Kenneth. *With the Stroke of a Pen*: Executive Orders and Presidential Power. Princeton: Princeton University Press, 2002. p. 11; OLIVEIRA, Vanessa Elias. Judiciário e privatizações no Brasil: existe uma judicialização da política? *Dados – Revista de Ciências Sociais*, Rio de Janeiro, v. 48, n. 3, p. 576-579, 2005; PACHECO, Cristina Carvalho. *O Supremo Tribunal Federal e a reforma do Estado*: uma análise das ações diretas de inconstitucionalidade julgadas no primeiro governo de Fernando Henrique Cardoso (1995-1998). São Paulo: Appris, 2019. p. 42; POSNER, Eric A.; VERMEULE, Adrian. *The Executive Unbound*: After the Madisonian Republic. Oxford: Oxford University Press, 2011. p. 36-37; RIBEIRO, Pedro José de Almeida. *A construção do*

cutem os limites do poder presidencial, os juízes tendem a adotar uma postura complacente, validando, em nome do "princípio democrático", atos normativos que claramente desbordam dos limites legais ou constitucionais.[61]

No Brasil, os tribunais, historicamente, concedem ampla abertura à expansão dos poderes do presidente, inclusive quando este manifesta tendências acentuadamente autoritárias e usurpadoras.[62] O STF, em regra, tem sido deferente às políticas presidenciais, e a postura padrão é de cooperação.[63] Nas palavras de Pedro José de Almeida, "seja empoderando ou retirando independência, auxiliando na execução de decisões, ou ainda estabelecendo a 'agenda' de casos do judiciário, o Poder Executivo é certamente o ator mais importante no processo de construção do poder judicial".[64] No mesmo sentido, Rogério Bastos Arantes afirma que o controle judicial de constitucionalidade no Brasil serviu "aos interesses políticos (autoritários ou democráticos) do poder central e tem função estratégica para o Executivo brasileiro, caracterizado como historicamente forte, centralizador e autoritário".[65] Há, assim, um "histórico papel de submissão do Judiciário ao Executivo" e uma menor disposição do STF em invalidar medidas provisórias do que outros atos normativos.[66]

Judiciário, capital institucional e quota de decisões contramajoritárias do STF. Rio de Janeiro: Lumen Juris, 2017. p. 95.

61 HOWELL, William G. *Power without Persuasion*: The Politics of Direct Presidential Action. Princeton: Princeton University Press, 2003. p. 139-147.

62 CARVALHO, Ernani Rodrigues de. *Sua Majestade, o presidente da República*: estudo de caso do controle de constitucionalidade dos atos do Executivo (1994-1998). 2000. Dissertação (Mestrado em Ciências Políticas) – Faculdade de Ciências Políticas, Universidade Federal de Pernambuco, Recife, 2000. p. 92; PACHECO, Cristina Carvalho. *O Supremo Tribunal Federal e a reforma do Estado*: uma análise das ações diretas de inconstitucionalidade julgadas no primeiro governo de Fernando Henrique Cardoso (1995-1998). São Paulo: Appris, 2019. p. 42; OLIVEIRA, Vanessa Elias. Judiciário e privatizações no Brasil: existe uma judicialização da política? *Dados – Revista de Ciências Sociais*, São Paulo, v. 48, n. 3, p. 576-579, 2005; RIBEIRO, Pedro José de Almeida. *A construção do Judiciário, capital institucional e quota de decisões contramajoritárias do STF*. Rio de Janeiro: Lumen Juris, 2017. p. 95.

63 RIBEIRO, Pedro José de Almeida. *A construção do Judiciário, capital institucional e quota de decisões contramajoritárias do STF*. Rio de Janeiro: Lumen Juris, 2017. p. 95.

64 RIBEIRO, Pedro José de Almeida. *A construção do Judiciário, capital institucional e quota de decisões contramajoritárias do STF*. Rio de Janeiro: Lumen Juris, 2017. p. 97.

65 ARANTES, Rogério Bastos. *Judiciário e política no Brasil*. São Paulo: Idesp, 1997.

66 CARVALHO, Ernani Rodrigues de. *Sua Majestade, o presidente da República*: estudo de caso do controle de constitucionalidade dos atos do Executivo (1994-1998). 2000. Dissertação (Mestrado em Ciências Políticas) – Faculdade de Ciências Políticas, Universidade Federal de Pernambuco, Recife, 2000. p. 92.

Ainda, o STF votou alinhado às preferências políticas do presidente em 85,9% das ações diretas de inconstitucionalidade julgadas entre 1995 e 1998, contrariando seus interesses apenas em 14,1% dos julgamentos.[67] O STF também foi amplamente cooperativo com ex-Presidente brasileiro Fernando Henrique Cardoso nas reformas econômicas dos anos 1990 e nas privatizações de empresas estatais. De acordo com os dados analisados, a Suprema Corte por vezes chancelou e por outras se absteve de promover o controle da constitucionalidade dos processos de privatização: das 39 ações diretas de inconstitucionalidade promovidas entre 1988 a 2002, apenas 1 ação teve o mérito julgado e, mesmo assim, o resultado foi a improcedência total do pedido.[68]

1.3.1 As razões para a deferência judicial ao presidente

A deferência judicial aos presidentes não encontra explicação apenas na ideologia individual dos magistrados. Ela é, na verdade, fruto de contextos políticos e necessidades institucionais específicas. Numa visão realista da separação dos Poderes, os juízes quase sempre "têm bons motivos para favorecer o presidente",[69] e, quando não o fazem, é porque outras forças políticas relevantes manifestaram oposição à ação executiva. Em linhas gerais, o Judiciário coopera com o Executivo porque (i) a eficácia dos seus julgamentos depende da cooperação do presidente ou da administração pública; (ii) teme represálias e busca preservar sua reputação e força institucionais e (iii) os membros de cortes constitucionais são nomeados por presidentes.[70]

Em primeiro lugar, o Judiciário não tem "as chaves do cofre" nem o "poder da espada", de sorte que depende dos demais Poderes para sobreviver e garantir o cumprimento de suas decisões.[71] Os tribunais, nesse sentido, buscam não emitir ordens que sabidamente serão descumpridas pelos presidentes, realizando uma avaliação prévia do

---

67 PACHECO, Cristina Carvalho. *O Supremo Tribunal Federal e a reforma do Estado*: uma análise das ações diretas de inconstitucionalidade julgadas no primeiro governo de Fernando Henrique Cardoso (1995-1998). São Paulo: Appris, 2019. p. 42.

68 OLIVEIRA, Vanessa Elias. Judiciário e privatizações no Brasil: existe uma judicialização da política? *Dados – Revista de Ciências Sociais*, São Paulo, v. 48, n. 3, p. 576-579, 2005.

69 HOWELL, William G. *Power without Persuasion*: The Politics of Direct Presidential Action. Princeton: Princeton University Press, 2003. p. 174, tradução nossa.

70 HOWELL, William G. *Power without Persuasion*: The Politics of Direct Presidential Action. Princeton: Princeton University Press, 2003. p. 138-170.

71 GAROUPA, Nuno; GINSBURG, Tom. *Judicial Reputation*: A Comparative Theory. Chicago: University of Chicago Press, 2015.

impacto de suas decisões.[72] Ainda no final do século XVIII, Alexander Hamilton já advertia que os tribunais, "em última análise, dependem do auxílio do Poder Executivo para a eficácia de seus julgamentos".[73]

Em segundo lugar, muitas decisões judiciais são fruto de preocupações maiores das cortes com a sua posição institucional dentro do sistema de separação de Poderes.[74] O Judiciário, nesse prisma, decide causas a favor do Executivo com vistas a assegurar sua própria força e interesses institucionais, visto que grande parte de sua reputação e prestígio deriva da capacidade de submeter outros agentes políticos às suas ordens.[75] Haveria, assim, uma aproximação estratégica com os presidentes justamente para compensar determinadas limitações. Nas palavras de Terry Moe e William Howell, as cortes "não podem simplesmente agir com base em princípios e sem preocupações institucionais, pois esse tipo de estratégia acaba se revelando autodestrutiva":

> *Embora o Judiciário seja um ramo independente do Estado, seu poder e prestígio dependem profundamente do Executivo.* As decisões das Cortes, embora legalmente bem fundamentadas (...), são meros pedaços de papel sem sentido, a menos que sejam postas em prática – e só podem ser postas em prática se o Executivo estiver disposto a implementá-las. Se o Executivo se recusa a cooperar – ou se agir de forma muito lenta, ineficaz ou distorcendo a intenção judicial – os pronunciamentos da Corte permanecem vazios, e a integridade e posição do Judiciário como instituição política fica seriamente em risco (...). Os acadêmicos reconhecem que as Cortes não podem simplesmente agir com base em princípios e sem preocupações institucionais, pois esse tipo de estratégia acaba se revelando autodestrutiva (...). Os juízes têm incentivos para serem pragmáticos e exercitarem uma espécie de autocontrole adequado à frágil posição em que se encontram.[76]

---

72 HOWELL, William G. *Power without Persuasion*: The Politics of Direct Presidential Action. Princeton: Princeton University Press, 2003. p. 14-21.

73 HAMILTON, Alexander. O Federalista nº 78. *In*: MADISON, James; HAMILTON, Alexander; JAY, John. *O Federalista*. Tradução: Ricardo Rodrigues Gama. Campinas: Russell Editores, 2013. tradução nossa.

74 HOWELL, William G. *Power without Persuasion*: The Politics of Direct Presidential Action. Princeton: Princeton University Press, 2003. p. 145.

75 HOWELL, William G. *Power without Persuasion*: The Politics of Direct Presidential Action. Princeton: Princeton University Press, 2003. p. 138.

76 MOE, Terry M.; HOWELL, William G. The presidential power of unilateral action. *The Journal of Law, Economics, and Organization*, [*S. l.*], v. 15, n. 1, p. 150-151, 1999, tradução nossa.

De fato, partindo da premissa de que o poder judicial é fundado em seu capital institucional,[77] reações muito negativas das instâncias majoritárias ou dos correligionários do presidente podem comprometer a estabilidade do Judiciário e inaugurar cenários de profunda crise política. Como destacado por Pedro de Almeida Ribeiro, sempre que o Judiciário se alinhou ao Executivo, se desenvolveu e se expandiu como instituição, enquanto o conflito amplo e contínuo tendeu a drenar suas forças e capital político.[78] Ainda, quando as cortes entram em conflito com a opinião pública ou com o Executivo, há grandes riscos de retaliações: na história, não são incomuns os casos de abolição de tribunais, de alteração no número de membros da corte, de supressão das competências, de *impeachment* de magistrados e de limitação do orçamento e da remuneração de seus membros.[79] Considerando que o Judiciário não possui "exércitos permanentes" para garantir o cumprimento de suas ordens, mostra-se sempre necessário contar com a cooperação do Executivo e buscar construir uma boa imagem perante as maiorias ocasionais.[80]

Finalmente, as formas de nomeação de membros das cortes também explicam a deferência em relação ao Executivo. Os presidentes nomeiam juízes cujas ideologias e filosofias jurídicas são consistentes com as suas, de modo a promover suas próprias agendas e exercer sua própria marca de liderança.[81] Há pesquisas, inclusive, que demonstram que há uma menor probabilidade de que os *Justices* da Suprema Corte estadunidense invalidem atos normativos proferidos pelos presidentes que os nomearam para o cargo.[82]

---

[77] RIBEIRO, Pedro José de Almeida. *A construção do Judiciário, capital institucional e quota de decisões contramajoritárias do STF*. Rio de Janeiro: Lumen Juris, 2017. p. 5.

[78] RIBEIRO, Pedro José de Almeida. *A construção do Judiciário, capital institucional e quota de decisões contramajoritárias do STF*. Rio de Janeiro: Lumen Juris, 2017. p. 90-91.

[79] RIBEIRO, Pedro José de Almeida. *A construção do Judiciário, capital institucional e quota de decisões contramajoritárias do STF*. Rio de Janeiro: Lumen Juris, 2017. p. 205.

[80] O'CONNOR, Sandra Day. Public Trust as a Dimension of Equal Justice: Some Suggestions to Increase Public Trust. *University of Chicago Law Review*, 1999, p. 10-13.

[81] MOE, Terry M.; HOWELL, William G. The presidential power of unilateral action. *The Journal of Law, Economics, and Organization*, [S. l.], v. 15, n. 1, p. 132-179, 1999.

[82] HOWELL, William G. *Power without Persuasion*: The Politics of Direct Presidential Action. Princeton: Princeton University Press, 2003. p. 151.

1.3.2 Judiciário, Executivo e opinião pública

As cortes só são propensas a invalidar atos presidenciais quando a opinião pública é contrária ao chefe do Executivo. Segundo Moe e Howell, "quando as ações unilaterais do presidente são claramente impopulares, a Corte pode angariar prestígio ao declará-las ilegais ou inconstitucionais".[83] Com base em dados empíricos, os autores demonstraram que a atenção da opinião pública em relação a um caso judicial pode atuar de forma desfavorável ao presidente. Como exemplo, quando o jornal *The New York Times* escreve pelo menos um artigo sobre um caso judicial envolvendo um ato presidencial antes do julgamento, as chances de a decisão ser favorável ao presidente diminuem de 85% para 61%.[84] Em outros termos, quando a opinião pública está atenta a um julgamento, a tendência das cortes é acompanhar a vontade popular, ainda que isso signifique antagonizar a posição do Executivo.[85]

Nesse cenário, cabe aqui fazer uma breve digressão a respeito da influência da opinião pública nas decisões do Judiciário. A literatura é firme em assentar que a reação do público e da mídia interfere na evolução da jurisprudência, motivando magistrados a reproduzirem teses com repercussão positiva nos veículos de comunicação e alinharem suas posições ao entendimento majoritário.[86] Nota-se, tanto no Brasil

---

[83] MOE, Terry M.; HOWELL, William G. The presidential power of unilateral action. *The Journal of Law, Economics, and Organization*, [S. l.], v. 15, n. 1, p. 149, 1999, tradução nossa.

[84] HOWELL, William G. *Power without Persuasion*: The Politics of Direct Presidential Action. Princeton: Princeton University Press, 2003. p. 162.

[85] HOWELL, William G. *Power without Persuasion*: The Politics of Direct Presidential Action. Princeton: Princeton University Press, 2003. p. 162.

[86] Nesse sentido, cf. BARRETT LAIN, Corinna. Upside-down judicial review. *Georgetown Law Journal*, Georgetown, v. 101, p. 113, 2012; BAUM, Lawrence. *Judges and their Audiences*: A Perspective on Judicial Behavior. Princeton: Princeton University Press, 2009; CALDEIRA, Gregory A. Neither the purse nor the sword: Dynamics of public confidence in the Supreme Court. *American Political Science Review*, [S. l.], v. 80, n. 4, p. 1209-1226, 1986; DAHL, Robert A. Decision-making in a democracy: The Supreme Court as a national policy-maker. *Journal of Public Law*, [S. l.], v. 6, p. 570, 1957; EPSTEIN, Lee; MARTIN, Andrew D. Does Public Opinion Influence the Supreme Court-Possibly Yes (But We're Not Sure Why). *University of Pennsylvania Journal of Constitutional Law*, Pennsylvania, v. 13, p. 263, 2010; FRIEDMAN, Barry. The politics of judicial review. *Texas Law Review*, St. Austin, v. 84, p. 257, 2005; FRIEDMAN, Barry. *The Will of the People*: How Public Opinion has Influenced the Supreme Court and Shaped the Meaning of the Constitution. New York: Farrar, Straus and Giroux, 2009; GILES, Micheal W.; BLACKSTONE, Bethany; VINING JR, Richard L. The Supreme Court in American democracy: Unraveling the linkages between public opinion and judicial decision making. *The Journal of Politics*, [S. l.], v. 70, n. 2, p. 293-306, 2008; MARSHALL, Thomas R. *Public Opinion and the Supreme Court*. Boston: Unwin Hyman, 1989; POST, Robert; SIEGEL, Reva. Roe rage: democratic constitutionalism and backlash. *Harv. CR-CLL Rev.*, [S. l.], v. 42, p. 373, 2007; TUSHNET, Mark. Ceticismo sobre a judicial

quanto em outros países, uma tendência crescente dos julgadores, especialmente em cortes constitucionais, de considerar a opinião pública e aproximar os seus julgados da visão dominante na sociedade.[87] De fato, as cortes não estão acima das disputas de grupos de poder e de influência, que intervêm no processo decisório tanto da arena legislativa quanto da arena judicial.[88] A opinião pública tende a influenciar não só o resultado do julgamento, como também aspectos importantes, como o tempo de tramitação do processo ou a concessão de medida liminar.[89]

Nos Estados Unidos, pesquisas comprovam que as decisões contramajoritárias são meras exceções na Suprema Corte: na maioria das vezes, os resultados dos julgamentos mostram-se convergentes com as pesquisas de opinião sobre os respectivos temas.[90] De acordo com Thomas Marshall, a Suprema Corte estadunidense apresentou um comportamento tão alinhado com a opinião pública quanto os demais Poderes.[91] Mesmo as decisões consideradas contramajoritárias se originaram em crescentes mobilizações de setores organizados da sociedade que, aos poucos, conseguiram alterar os ventos da opinião pública a seu favor. Como bem destacado por Michael Klarman, "os

---

review: Uma perspectiva dos Estados Unidos. *Limites do controle de constitucionalidade*. Rio de Janeiro: Lumen Juris, 2009. p. 226; VANBERG, Georg. *The politics of constitutional review in Germany*. Cambridge University Press, 2004. Na academia brasileira, cf. MELLO, Patrícia Perrone Campos. *Nos bastidores do Supremo Tribunal Federal*. Grupo Gen-Editora Forense, 2015; MELLO, Patrícia Perrone Campos. Quando julgar se torna um espetáculo: a interação entre o STF e a opinião pública, a partir de reflexões da literatura estrangeira. *Revista de Direito Internacional*, Brasília, DF, v. 14, n. 1, 2017; NOVELINO, Marcelo. A influência da opinião pública no comportamento judicial dos membros do STF. *In*: NOVELINO, Marcelo; FELLET, André (org.). *Constitucionalismo e Democracia*. Salvador: Juspodivm, 2013; RIBEIRO, Pedro José de Almeida. *A construção do Judiciário, o capital institucional e a quota de decisões contramajoritárias do STF*. Rio de Janeiro: Lumen Juris, 2017.

87 Cf., por todos, FRIEDMAN, Barry. *The Will of the People*: How Public Opinion has Influenced the Supreme Court and Shaped the Meaning of the Constitution. New York: Farrar, Straus and Giroux, 2009; FRIEDMAN, Barry. The politics of judicial review. *Texas Law Review*, St. Austin, v. 84, p. 257, 2005; BARRETT LAIN, Corinna. Upside-down judicial review. *Georgetown Law Journal*, Georgetown, v. 101, 2012; CALDEIRA, Gregory A. Neither the purse nor the sword: Dynamics of public confidence in the Supreme Court. *American Political Science Review*, [*S. l.*], v. 80, n. 4, p. 1209-1226, 1986.

88 ELHAUGE, Einer R. Does interest group theory justify more intrusive judicial review? *Yale Law Journal*, New Haven, p. 31-110, 1991; MELLO, Patrícia Perrone Campos. *Nos bastidores do Supremo Tribunal Federal*. São Paulo: Forense, 2015.

89 NOVELINO, Marcelo. STF e a opinião pública. *In*: NOVELINO, Marcelo; LEITE, George Salomão; ROCHA, Lilian Rose Lemos (coord.). *Liberdade e fraternidade*: a contribuição de Ayres Britto para o direito. Salvador: Juspodivm, 2018. p. 169.

90 BARRETT LAIN, Corinna. Upside-down judicial review. *Georgetown Law Journal*, Georgetown, v. 101, 2012, p. 158.

91 MARSHALL, Thomas R. *Public opinion and the Supreme Court*. Boston: Unwin Hyman, 1989.

tribunais protegem apenas as minorias que são vistas de forma favorável pela maioria":

> Uma vez que o contexto social e político desempenha um papel muito importante nas decisões de juízes a respeito de questões constitucionais, a imagem romântica das Cortes como as grandes salvadoras dos fracos e oprimidos é provavelmente irrealista. (...) *os tribunais protegem apenas as minorias que são vistas de forma favorável pela maioria. Ironicamente, nos momentos de maior opressão, quando grupos minoritários mais precisam de proteção judicial, é pouco provável que a recebam. Os juízes não teriam sequer sonhado em proteger os direitos das mulheres ou dos* gays *sob a cláusula de igual proteção legal antes do movimento feminista e do movimento pelos direitos dos homossexuais. Da mesma forma, a segregação e a privação de direitos começaram a parecer censuráveis aos juízes apenas quando os negros se tornaram uma parte vital do New Deal, alcançando* status *de classe média e sucesso profissional, e conquistando postos de juízes, generais militares e um Prêmio Nobel da Paz.*[92]

Certamente, os juízes também fazem parte da opinião pública e estão submetidos aos mesmos eventos e forças que afetam os outros membros da sociedade.[93] Eles não vivem em isolamento e tampouco são seres desenraizados: submetem-se às mesmas influências e travam contato com os mesmos fluxos sociais que provocam alterações na convicção da maioria.[94] Como qualquer pessoa, querem preservar a sua imagem e conquistar o reconhecimento e a estima dos membros de sua comunidade. Assim, ganhar popularidade e reconhecimento pela opinião pública pode constituir um importante objeto de desejo de magistrados.[95] Nas palavras de Lawrence Baum, "a aprovação de certas plateias é o que pauta a atuação judicial".[96]

Nota-se, por todo o exposto, que as cortes também não se mostram um ponto ótimo de checagem da atuação presidencial. Apesar de

---

92 KLARMAN, Michael J. *Brown* v. *Board of Education and the Civil Rights Movement*. New York: Oxford University Press, 2007. p. 218, tradução nossa, grifos nossos.

93 EPSTEIN, Lee; MARTIN, Andrew D. Does Public Opinion Influence the Supreme Court-Possibly Yes (But We're Not Sure Why). *University of Pennsylvania Journal of Constitutional Law*, Pennsylvania, v. 13, p. 263, 2010; MELLO, Patrícia Perrone Campos. *Nos bastidores do Supremo Tribunal Federal*. São Paulo: Forense, 2015. p. 308-314.

94 NOVELINO, Marcelo. STF e a opinião pública. *In:* NOVELINO, Marcelo; LEITE, George Salomão; ROCHA, Lilian Rose Lemos (coord.). *Liberdade e fraternidade*: a contribuição de Ayres Britto para o direito. Salvador: Juspodivm, 2018. p. 183.

95 BAUM, Lawrence. *Judges and their Audiences*: A Perspective on Judicial Behavior. Princeton: Princeton University Press, 2009. p. 66.

96 BAUM, Lawrence. *Judges and their Audiences*: A Perspective on Judicial Behavior. Princeton: Princeton University Press, 2009. p. 66, tradução nossa.

contrariarem o presidente em casos específicos, notadamente naqueles que atraem a atenção da opinião pública, a tendência geral é no sentido de deferência aos interesses do chefe do Executivo. Como se verá nos próximos capítulos, essa ausência de controle tem possibilitado o florescimento de atos unilaterais, especialmente de decretos.

CAPÍTULO 2

OS PODERES UNILATERAIS DO PRESIDENTE DA REPÚBLICA

2.1 Teoria e prática

No Brasil, os presidentes têm modificado substancialmente o panorama legislativo e social com atos unilaterais que, em geral, são posteriormente chancelados pelo Judiciário e Legislativo. Além dos poderes de iniciativa e veto de projetos de lei, e de nomear membros da administração pública e ministros da Suprema Corte, presidentes ainda podem agir sozinhos – sem a anuência *prévia* dos demais Poderes – mediante decretos, regulamentos e medidas provisórias. Como ressaltado por Kenneth Mayer, apesar da importância concedida ao Legislativo pela maioria das constituições vigentes, o poder unilateral do presidente é "substancial, persistente e, em muitos casos, perturbador".[97]

De fato, não é exagero afirmar que a grande maioria das mudanças políticas ocorridas no Brasil desde a redemocratização veio das mãos solitárias de presidentes da República. O Programa Bolsa Família, por exemplo, uma política pública de transferência de renda do governo federal, foi instituído pelo então presidente do Brasil Luiz Inácio Lula da Silva, através da Medida Provisória (MP) nº 132, de 20 de outubro de 2003. Da mesma forma, o Decreto nº 9.847, de 25 de junho de 2019, editado pelo ex-Presidente Jair Bolsonaro, alterou de forma substancial a política de posse de armas de fogo no país. Apesar do posterior

---

97 MAYER, Kenneth R. *With the Stroke of a Pen*: Executive Orders and Presidential Power. Princeton: Princeton University Press, 2002. p. 5, tradução nossa.

escrutínio do Legislativo ou do Judiciário, somente o fato de presidentes poderem inaugurar unilateralmente reformas desse porte já é uma amostra dos amplos poderes de que gozam no país.

No modelo estatal vigente, esperam-se do poder público inúmeras providências relativas à saúde, educação, transporte público e seguridade social, o que gera grandes expectativas em relação à atuação presidencial. Assoberbados com tais expectativas e desejando consolidar seu poder político e legado histórico, os presidentes utilizam ações unilaterais para fugir das amarras e pontos de veto legislativos, instituindo de maneira mais rápida novas políticas sociais e reformas econômicas. Como afirma William Howell, os presidentes fazem *mais*, justamente porque o público espera *mais* deles.[98]

Tratando do crescente poder de decreto dos presidentes em diversas democracias contemporâneas, Guillermo O'Donnell cunhou o termo "democracia delegada", que caracterizaria regimes em que "o vencedor das eleições presidenciais é habilitado a governar como achar melhor, constrangido apenas pelas conjunturas das relações políticas existentes e por um período de governo limitado pela Constituição".[99] Assim, não é mais preciso que os presidentes chamem os tanques de guerra para cercar o Congresso ou o Judiciário: eles podem exercer seus poderes unilaterais em circunstâncias muito menos dramáticas, quando o Legislativo está funcionando e dentro dos limites estabelecidos formalmente pela Constituição ou pela lei.[100]

Nesse contexto, apesar dos limites legais e constitucionais, os decretos têm se tornado amplos instrumentos de consolidação de poder e promoção de reforma política. Ordinariamente, pode-se imaginar que são usados somente para questões administrativas corriqueiras e de menor valor político, com efeitos discretos e residuais. No entanto, presidentes têm utilizado esse instrumento normativo para construir toda a sorte de políticas públicas sem o aval do Congresso e consolidar seu poder político. Decretos podem ostentar forte natureza simbólica e política e servir como uma fonte reveladora das prioridades presidenciais. Representam uma alternativa mais fácil para os presidentes

---

[98] HOWELL, William G. *Power without Persuasion*: The Politics of Direct Presidential Action. Princeton: Princeton University Press, 2003. p. 180.

[99] O'DONNELL, Guillermo. Delegative democracy? *Journal of Democracy*, [*S. l.*], v. 51, p. 59, 1994, tradução nossa.

[100] CAREY, John M.; SHUGART, Matthew Soberg. Poder de decreto: chamando os tanques ou usando a caneta? *Revista Brasileira de Ciências Sociais*, São Paulo, v. 13, n. 37, p. 151, 1998.

do que o processo legislativo, visto que prescindem de formação de coalizões, cooperação das comissões legislativas ou apoio de líderes partidários.[101] Muito mais do que ferramentas administrativas, são efetivos instrumentos legislativos, que contêm previsões de índole geral e abstrata e, em muitos casos, inovam em direitos e obrigações.

Vale lembrar, ainda, que a política que se faz dentro da administração pública por meio de decretos se irradia para os setores particulares, de modo que mesmo uma pequena reforma na burocracia do Executivo pode ter grandes consequências fora dela. A título de exemplo, alterações administrativas no Ministério da Agricultura têm enormes repercussões sobre os particulares, especialmente sobre a população rural e o agronegócio. O ex-Presidente Fernando Collor, por exemplo, alterou, por meio do Decreto nº 599, de 9 de julho de 1992, toda a estrutura regimental do Ministério da Agricultura e Reforma Agrária. Também o ex-Presidente Jair Bolsonaro, com o Decreto nº 10.252, de 20 de fevereiro de 2020, extinguiu diretorias do Instituto Nacional de Colonização e Reforma Agrária (Incra) e subordinou a autarquia ao Ministério da Agricultura, Pecuária e Abastecimento (MAPA). Ambos os atos, apesar de meramente administrativos, tiveram amplo impacto na política de reforma agrária, na vida dos trabalhadores rurais, nas relações sociais e laborais no campo e na própria economia brasileira.

Conforme se verá, a frequência e os contornos desses atos normativos não podem ser explicados somente pela personalidade de quem está no governo, mas sim, por forças políticas e institucionais.[102] O "Executivo imperial" é fruto, na verdade, de uma estrutura governamental e institucional específica, na qual se sobressaem forças e fraquezas políticas em determinados centros de poder. Nesse contexto, o presente capítulo analisará as fontes, os motivos e as estratégias políticas subjacentes aos decretos, examinando dados empíricos relativos à frequência de sua edição por presidentes no Brasil desde a promulgação da CRFB/88. Serão investigados, nesse prisma, a habilidade presidencial de elaborar políticas públicas sem o expresso consentimento

---

[101] HOWELL, William G. *Power without Persuasion*: The Politics of Direct Presidential Action. Princeton: Princeton University Press, 2003. p. 13; BRANUM, Tara L. President or King: The Use and Abuse of Executive Orders in Modern-Day America. *Journal of Legislation*, [*S. l.*], v. 28, p. 3, 2002.

[102] MOE, Terry M.; HOWELL, William G. The presidential power of unilateral action. *The Journal of Law, Economics, and Organization*, [*S. l.*], v. 15, n. 1, p. 134, 1999.

do Congresso e como essa atuação unilateral se circunscreve em um sistema de separação de Poderes.

O capítulo tentará, ainda, responder às seguintes perguntas: (i) Por que presidentes editam decretos?; (ii) Quais os riscos democráticos no crescente uso dessa espécie normativa?; (iii) A edição de um número elevado é sinal de força ou fraqueza presidencial?; (iv) O número varia de acordo com a personalidade de cada presidente ou com fatores políticos e institucionais?; (v) *Quando* e em *quais circunstâncias* os presidentes editam esses atos? (vi) O que limita o uso abusivo de decretos presidenciais?

Considerando que decretos funcionam como declarações das prioridades políticas do presidente e instrumentos simbólicos de concretização de promessas de campanha, mostra-se necessário que se tornem um relevante objeto de estudo do Direito Constitucional – e não apenas do Direito Administrativo.

2.2 Críticas e justificativas aos poderes unilaterais do presidente da República

O protagonismo presidencial tem sido objeto de inúmeras críticas e justificativas, que serão a seguir exploradas. Alguns veem o uso frequente de atos unilaterais como um perigo para a ordem constitucional democrática. Outros defendem que a escalada do poder de decreto é necessária no atual cenário econômico e social, que exige respostas rápidas e técnicas do governo.[103] Em linhas gerais, os críticos afirmam que seu uso abusivo ofende (i) o princípio da separação de Poderes, visto que seria uma forma de fuga do Congresso e do processo legislativo ordinário; e (ii) o princípio democrático, porque o processo de elaboração desses atos não envolve deliberação pública prévia, só podendo ser objeto de controle *a posteriori*.

Por sua vez, a edição frequente de decretos pelos presidentes seria justificada pela necessidade (i) de celeridade, *expertise* e flexibilidade na elaboração de determinadas políticas; (ii) de diálogo direto entre o presidente e sua base de apoio; (iii) de preenchimento de vazios normativos; (iv) de interpretação legislativa e, finalmente, (v) pelo fato de o próprio Congresso, por vezes, *preferir* que presidentes elaborem

---

[103] DIVER, Colin S. Presidential powers. *American University Law Review*, [*S. l.*], v. 36, p. 520, 1986.

políticas unilateralmente, visto que, assim, o ônus político desloca-se do Legislativo para o Executivo. O presente tópico investigará as citadas justificativas e críticas, buscando definir as circunstâncias de cabimento e detectar exemplos de uso abusivo desse instrumento.

2.2.1 Justificativas ao poder de decreto

2.2.1.1 Decreto como fuga do processo legislativo ordinário

Os presidentes fazem uso estratégico de decretos para implementar sua agenda política e escapar do processo legislativo formal no Congresso.[104] Em vez de esperarem um processo legislativo prolongado para sancionar ou vetar uma lei, simplesmente criam uma nova política e deixam que o Congresso e os tribunais façam um eventual controle *a posteriori*. Se os demais Poderes decidirem permanecer inertes, seja não sustando o decreto, seja decidindo a favor do presidente em um processo judicial, o ato se perpetua e continua produzindo livremente seus efeitos.[105] Os decretos seriam, assim, ferramentas para compensar a oposição do Congresso,[106] contornar os demais atores institucionais e cumprir promessas políticas, de forma direta e imediata, agradando eleitores e base de apoio.[107]

Nas palavras de William Howell, os chefes do Executivo usam as ferramentas unilaterais para fugir dos "intermináveis debates e negociações", haja vista que "um decreto pode ser tão poderoso quanto uma lei – e consideravelmente mais fácil de ser obtido".[108] Para o autor, "há claras vantagens associadas a agir sozinho. Quando os presidentes decidem produzir políticas unilateralmente, eles apresentam ao Congresso

---

[104] ROTINGHAUS, Brandon; WARBER, Adam L. Unilateral orders as constituency outreach: executive orders, proclamations, and the public presidency. *Presidential Studies Quarterly*, [*S. l.*], v. 45, n. 2, p. 289, 2015; FLEISHMAN, Joel L.; AUFSES, Arthur H. Law and orders: The problem of presidential legislation. *Law and Contemporary Problems*, v. 40, n. 3, p. 1-45, 1976, p. 38.

[105] HOWELL, William G. *Power without Persuasion*: The Politics of Direct Presidential Action. Princeton: Princeton University Press, 2003. p. 14.

[106] FLEISHMAN, Joel L.; AUFSES, Arthur H. Law and orders: The problem of presidential legislation. *Law and Contemporary Problems*, [*S. l.*], v. 40, n. 3, p. 6, 1976.

[107] MAYER, Kenneth R. Executive orders and presidential power. *The Journal of Politics*, [*S. l.*], v. 61, n. 2, p. 452, 1999.

[108] PAGE, Susan. When a law is unlikely, often an order will do. *USA Today*, 11 Aug. 1997, 7A citado por HOWELL, William G. *Power without Persuasion*: The Politics of Direct Presidential Action. Princeton: Princeton University Press, 2003. tradução nossa.

(e aos tribunais) um fato consumado", de modo que os demais Poderes precisam, tão somente, chancelar ou invalidar o ato normativo, sem participar *ab initio* de seu processo de criação.[109] Ainda, é comum que o presidente faça uso de decretos quando já tentou o caminho do processo legislativo ordinário e foi derrotado,[110] sendo uma forma de *forçar* um processo de negociação com o Legislativo.[111]

2.2.1.2 Celeridade

Outro fator que torna os decretos uma ferramenta legislativa atrativa ao presidente é a celeridade. Processos legislativos frequentemente são lentos e podem não ser eficazes para solucionar problemas urgentes.[112] Especialmente em crises econômicas, políticas ou sociais, é comum a preleção por esses atos do Executivo em detrimento do processo legislativo ordinário.[113] Para Steven Calabresi, essa expansão da liberdade do presidente para agir sozinho reflete interesses democráticos, uma vez que o exercício de um poder concentrado se afigura mais eficiente para lidar com problemas complexos, que reclamam soluções urgentes.[114] Os chefes do Executivo, segundo Calabresi, teriam vantagens institucionais em relação ao Congresso, que permitiriam a adoção de ações mais rápidas e eficazes, especialmente em contextos de crise.

Um exemplo de crise enfrentada por meio de decretos foi a pandemia de Covid-19, doença causada pelo novo coronavírus (SARS-CoV-2). No período, houve uma proliferação desses atos oriundos de todos os níveis da federação para declarar estado de calamidade pública,[115] impor restrições no sistema de transporte público e mobilidade urbana,[116]

---

[109] HOWELL, William G. *Power without Persuasion*: The Politics of Direct Presidential Action. Princeton: Princeton University Press, 2003. p. 22, tradução nossa.

[110] KRAUSE, George A.; COHEN, David B. Presidential use of executive orders, 1953-1994. *American Politics Quarterly*, [*S. l.*], v. 25, n. 4, p. 462, 1997.

[111] BAILEY, Jeremy D.; ROTTINGHAUS, Brandon. The development of unilateral power and the problem of the power to warn: Washington through McKinley. *Presidential Studies Quarterly*, [*S. l.*], v. 43, p. 186-204, 2013.

[112] CAREY, John M.; SHUGART, Matthew Soberg. Poder de decreto: chamando os tanques ou usando a caneta? *Revista Brasileira de Ciências Sociais*, São Paulo, v. 13, n. 37, p. 60, 1998.

[113] CAREY, John M.; SHUGART, Matthew Soberg. Poder de decreto: chamando os tanques ou usando a caneta? *Revista Brasileira de Ciências Sociais*, São Paulo, v. 13, n. 37, p. 170, 1998.

[114] CALABRESI, Steven G. Some Normative Arguments for the Unitary Executive. *Arkansas Law Review*, [*S. l.*], v. 48, p. 23-104, 1995.

[115] Cf., *e.g.*, Decreto nº 46.984, de 20 de março de 2020, do estado do Rio de Janeiro.

[116] Cf., *e.g.*, Decreto nº 46.983, de 20 de março de 2020, do estado do Rio de Janeiro.

determinar o fechamento de estabelecimentos comerciais,[117] prorrogar os prazos de vencimento de faturas de água e esgoto[118] e de pagamento de créditos parcelados inscritos em dívida ativa.[119] Pode-se afirmar que tais determinações vieram por intermédio de atos unilaterais justamente em razão de sua celeridade e flexibilidade, já que o cenário de crise, em tese, não comportava a espera pela formação de maiorias legislativas e pelo decurso do processo legislativo ordinário.[120]

Outra crise enfrentada por meio de atos solitários do presidente ocorreu na Argentina durante os anos 1990, quando o então Presidente Carlos Menem promoveu o fenômeno do "decretazo",[121] editando um número recorde de "decretos de necesidad y urgencia"[122] para impulsionar a desregulação da economia e privatizações, em uma tentativa de debelar a grave crise econômica que assolava o país. Segundo Menem, a frequência na edição desses atos se justificava pelo cenário de emergência, que tornava inviável a espera pelo desenlace de entraves políticos e trâmites legislativos. O "decretazo" argentino, porém, foi objeto de amplas críticas, que denunciavam a vontade presidencial de governar sozinho, burlando as restrições institucionais. Para Delia Rubio e Matteo Goretti, por exemplo, Menem abusou de seu poder normativo, utilizando o cenário de crise econômica como desculpa para agir de forma discricionária e inconstitucional. Segundo os autores, muitas das medidas não respondiam a uma urgência para a sociedade ou para o Estado, mas sim para o governo,[123] que se aproveitava da ferramenta para impor uma agenda política própria e contornar o Congresso.

Diante desses casos, defende-se que a celeridade não deve ser usada como um trunfo a justificar o uso abusivo de decretos.

---

[117] Cf., *e.g.*, Decreto nº 55.154, de 1º de abril de 2020, do estado do Rio Grande do Sul.

[118] Cf., *e.g.*, Decreto nº 46.979, de 19 de março de 2020, do estado do Rio de Janeiro.

[119] Cf., *e.g.*, Decreto nº 46.982, de 20 de março de 2020, do estado do Rio de Janeiro.

[120] Nada obstante, sob outra perspectiva, o número de decretos editados durante a pandemia de Covid-19 também pode espelhar uma falta de coordenação entre os Poderes Executivo e Legislativo, que em muitas unidades federativas não empreenderam diálogos para construir em conjunto soluções de enfrentamento da pandemia.

[121] RUBIO, Delia Ferreira; GORETTI, Matteo. Cuando el presidente gobierna solo. Menem y los decretos de necesidad y urgencia hasta la reforma constitucional (julio 1989-agosto 1994). *Desarrollo Económico*, [*S. l.*], v. 36, n. 141, p. 466, 1996.

[122] Os "decretos de necesidad y urgencia" funcionam como as medidas provisórias no Brasil. Ver art. 99 da Constituição argentina, citado na nota de rodapé 12 deste livro.

[123] RUBIO, Delia Ferreira; GORETTI, Matteo. Cuando el presidente gobierna solo. Menem y los decretos de necesidad y urgencia hasta la reforma constitucional (julio 1989-agosto 1994). *Desarrollo Económico*, [*S. l.*], v. 36, n. 141, p. 466, 1996.

Especialmente em cenários de crise, o presidente deve construir um diálogo com o Legislativo para que ambos consigam disciplinar determinadas matérias de forma rápida e cooperativa, sem que o ônus normativo recaia inteiramente sobre o Executivo. As ferramentas tecnológicas de comunicação e os processos legislativos mais céleres, como o regime de tramitação de "urgência urgentíssima",[124] permitem que as legislaturas participem da elaboração de políticas em tempos de crise, produzindo soluções mais democráticas e responsivas às diferentes forças políticas existentes na sociedade.

2.2.1.3 *Expertise*

Em determinadas áreas, o Executivo realmente goza de mais *expertise* do que o Legislativo para a elaboração de políticas públicas. Em questões envolvendo alto grau de especialização, como política internacional ou armamentos, a administração normalmente tem maior aptidão técnica e informacional.[125] Nas palavras de Cass Sustein, "dos três Poderes do governo nacional, o Executivo é de longe o que possui mais informações, não apenas em política externa, mas também no domínio doméstico":[126]

> Se os gestores públicos devem resolver os problemas da nação, eles têm de acessar uma grande quantidade de informações, em sua maior parte altamente técnicas. Dos três Poderes do governo nacional, o Executivo é de longe o que possui mais informações, não apenas em política externa, mas também no domínio doméstico. Embora essa vantagem informacional não pudesse ser facilmente antecipada pela geração dos Constituintes, ela não para de crescer a cada ano. Em especial, a disparidade entre o conhecimento do Poder Executivo e o do Congresso está aumentando.[127]

---

[124] Regimento Interno da Câmara dos Deputados do Brasil:
"Art. 155. Poderá ser incluída automaticamente na Ordem do Dia para discussão e votação imediata, ainda que iniciada a sessão em que for apresentada, proposição que verse sobre matéria de relevante e inadiável interesse nacional, a requerimento da maioria absoluta da composição da Câmara, ou de Líderes que representem esse número, aprovado pela maioria absoluta dos Deputados, sem a restrição contida no §2º do artigo antecedente".

[125] CAREY, John M.; SHUGART, Matthew Soberg. Poder de decreto: chamando os tanques ou usando a caneta? *Revista Brasileira de Ciências Sociais*, São Paulo, v. 13, n. 37, p. 159, 1998.

[126] SUNSTEIN, Cass R. The Most Knowledgeable Branch. *University of Pennsylvania Law Review*, Pennsylvania, v. 164, p. 1608, 2015, tradução nossa.

[127] SUNSTEIN, Cass R. The Most Knowledgeable Branch. *University of Pennsylvania Law Review*, Pennsylvania, v. 164, p. 1608, 2015, tradução nossa.

No mesmo sentido, Adrian Vermeule e Eric Posner defendem que, por razões estruturais, o Executivo é superior ao Legislativo e Judiciário no campo informacional:

> No Estado Administrativo, o escopo da responsabilidade do Executivo é vasto, de modo que instituições legislativas e judiciais carecem da capacidade de monitorar qualquer fração importante do que faz o Executivo, mesmo quando partidos políticos rivais ocupam o Executivo e outros Poderes e mesmo com a ajuda de "alarmes de incêndio" – alertas de grupos de interesse com algo a perder em questões particulares. *Em muitos dos campos mais importantes, e aqueles mais difíceis de monitorar – aqueles envolvendo inteligência, política externa e segurança nacional, ou questões altamente complexas de política econômica – legisladores e Cortes restam vencidos, por razões estruturais resistentes que prevalecem não importa a constelação política contingente.*[128]

É compreensível que decisões técnicas e complexas se deem nos órgãos da administração, entre especialistas, e não entre políticos no Legislativo. No campo das relações internacionais, por exemplo, o presidente tem acesso a informações sigilosas trazidas por diplomatas, embaixadores ou integrantes da Agência Brasileira de Inteligência (ABIN), que não poderiam ser divulgadas ou abertamente discutidas no plenário do Congresso. Também na área da segurança pública, a coordenação do Ministério da Justiça com a Polícia Federal pode dar respostas mais eficazes em cenários de crise, especialmente em razão da superioridade informacional e do sigilo imposto sobre determinados dados colhidos pela polícia.

Destaque-se, por oportuno, que esse argumento da *expertise* foi utilizado pela Advocacia-Geral da União (AGU) nas ações de controle de constitucionalidade que discutem os "decretos das armas", editados pelo ex-Presidente Jair Bolsonaro, que flexibilizaram a aquisição, a posse, o porte e a comercialização de armas de fogo.[129] [130] De acordo com a

---

[128] POSNER, Eric A.; VERMEULE, Adrian. *The Executive Unbound*: After the Madisonian Republic. Oxford: Oxford University Press, 2011. p. 19, tradução nossa, grifos nossos.

[129] O ex-Presidente brasileiro Jair Bolsonaro expediu 7 decretos regulamentando o Estatuto do Desarmamento e dispondo sobre a aquisição, o cadastro, o registro, a posse, o porte e a comercialização de armas de fogo: decretos nº 9.844/2019, 9.845/2019, 9.846/2019, 9.847/2019, 9.785/2019, 9.797/2019 e 9.981/2019. Desses, foram revogados os decretos nº 9.844/2019, 9.785/2019 e 9.797/2019.

[130] Contra os decretos das armas, foram ajuizadas as seguintes ações de controle concentrado de constitucionalidade perante o STF: ADIs nº 6.119, 6.134, 6.139 e ADPFs nº 581 e 586.

AGU, esses decretos "positivam opção efetuada pelo Poder Executivo dentro do campo técnico e discricionário que lhe foi reservado por lei".[131] Assim, caberia ao Executivo – e não ao Legislativo – definir, por exemplo, quantos joules devem constituir o limite máximo de energia de lançamento das armas de uso permitido e qual a quantidade máxima para a aquisição de munição.

A maior *expertise* do Executivo também foi suscitada no julgamento da Medida Cautelar na Ação Direta de Inconstitucionalidade nº 5.501 (ADI nº 5.501 MC), de relatoria do Ministro Marco Aurélio,[132] que discute a liberação da comercialização e distribuição da fosfoetanolamina sintética, conhecida como "pílula do câncer". Em sede cautelar, o STF entendeu, por maioria, que a Agência Nacional de Vigilância Sanitária (Anvisa), autarquia especial vinculada ao Ministério da Saúde, é o órgão que possui a devida expertise e capacidade técnica para autorizar ou não a comercialização do medicamento. Em seu voto, o Ministro Roberto Barroso destacou que há um domínio legítimo de atuação administrativa, a ser respeitado pelo Poder Legislativo em nome do princípio da separação de Poderes. Segundo o Ministro, a Anvisa detém as "melhores condições institucionais para tomar tais decisões" e os "maiores níveis de informação, de *expertise*, de conhecimento técnico e aptidão operacional em relação ao procedimento de registro sanitário, marcado por grande complexidade". Assim, não seria legítimo transferir do Poder Executivo para o Legislativo a decisão sobre a autorização de uso da substância.

Em razão dos limites do presente trabalho, a questão das "capacidades institucionais" não será objeto de análise exaustiva. A presente obra defende, porém, que o argumento da *expertise* não pode ser utilizado como trunfo para chancelar regulamentos exorbitantes, que claramente ultrapassam os limites exegéticos das leis. Apesar de possuir maior capacidade técnica e informacional para normatizar determinadas matérias, o Executivo não deve utilizar essa eventual superioridade institucional para alijar o Legislativo de temas que claramente devem ser objeto de ampla deliberação democrática. Na verdade, é importante que a Presidência *compartilhe* as informações técnicas relevantes que possui com o Congresso Nacional em vez de utilizá-las como pretexto

---

131 Peça protocolada pela AGU nos autos das ADIs nº 6.119, 6.139, 6.134 e ADPFs nº 581 e 586 (Disponível em: https://www.conjur.com.br/dl/agu-defende-stf-decreto-armas-bolsonaro.pdf. Acesso em: 3 jun. 2024).

132 STF, ADI nº 5.501 MC, Tribunal Pleno, Rel. Min. Marco Aurélio, *Dje* 14.02.2017.

para agir unilateralmente. Com posse desses dados relevantes, os parlamentares poderiam se engajar em discussões abertas e produtivas, ensejando maior publicidade e agregando maior participação popular.

Ainda, especificamente quanto à discussão da constitucionalidade dos decretos das armas editados pelo ex-Presidente brasileiro Jair Bolsonaro, defende-se que o argumento da *expertise* não é válido para defender a sua validade. Isso porque (i) a Presidência da República não pode ser comparada a uma agência reguladora especializada, que de fato detém maior capacidade técnica e informacional para disciplinar determinados assuntos; (ii) a discussão referente a quais armas devem se tornar de uso permitido e quais categorias profissionais podem ter porte de armas não é de natureza técnica, e sim política, cabendo aos parlamentares discutirem e aprovarem eventuais mudanças no controle de armas do país; (iii) todos os elementos que envolvem a política de armas são de fácil compreensão por parte dos legisladores, muitas vezes assessorados por equipe de especialistas em diferentes áreas, incluindo segurança pública; e (iv) um tema tão relevante para a vida dos brasileiros não deve ser definido pelas mãos solitárias de um presidente. A questão da posse e porte de armas deve ser objeto de ampla e demorada deliberação, com a contraposição de todas as forças políticas e opiniões divergentes, a fim de que o Parlamento discuta a questão com um olhar atento do público e da mídia, em um efetivo respeito ao princípio democrático.

2.2.1.4 Flexibilidade

Outra razão para a edição de decretos é a sua flexibilidade. Eles são facilmente revogados: com o "poder da caneta", presidentes podem, de uma só vez, revogar centenas de regulamentos anteriores.[133] Já a revogação de uma lei exige a aprovação de outro diploma legislativo e, consequentemente, a formação de novas coalizações e nova maioria parlamentar. Especialmente em cenários de crise, quando a todo momento surgem novos problemas e questões a serem solucionados, a flexibilidade dos decretos se revela útil ao possibilitar a rápida substituição de estratégias utilizadas pelas autoridades por outras mais efetivas.

---

[133] FLEISHMAN, Joel L.; AUFSES, Arthur H. Law and orders: The problem of presidential legislation. *Law and Contemporary Problems*, [S. l.], v. 40, n. 3, p. 38, 1976.

A facilidade com que milhares de atos podem ser revogados foi ilustrada no primeiro ano do governo de Jair Bolsonaro, que promoveu um verdadeiro "revogaço" de 2.019 decretos publicados desde 1910.[134] A justificativa presidencial foi a necessidade de simplificar a pesquisa da legislação e reduzir o arcabouço normativo ao estritamente necessário. De acordo com o então Ministro da Casa Civil, Onyx Lorenzoni, o "revogaço" concretizou o compromisso do governo "de desburocratizar, simplificar e desinchar o estado brasileiro, firmado em campanha", retirando do ordenamento "centenas de decretos desnecessários que hoje só servem para dar volume ao nosso já inchado Estado e criar burocracias que só atrapalham".[135]

É preciso ressaltar, todavia, que esse "revogaço" não foi precedido de debate público. Nada obstante, o presidente ter a competência formal para esse tipo de medida, há riscos democráticos que não devem ser desconsiderados, visto que, dentre o "montante" de atos revogados, pode haver normas de acentuada relevância política, social ou econômica. Como destacado por Rodrigo Brandão e Daniel Capecchi, a constante revogação de atos na verdade *confunde* o administrado e *desorienta* sua percepção do ordenamento jurídico:

> A constante revogação e edição de atos, de forma que não haja um critério claro, previsível e isonômico de concretização das disposições legais esvazia o próprio fundamento da competência regulamentar: tornar mais claro, objetivo e preciso o Direito Positivo. Ilustrativo disso é a edição do decreto nº 9.847, de 26 de junho [de 2019], que revoga o decreto nº 9.844, que havia sido editado no mesmo dia. Soma-se a isso a edição de três decretos diferentes [por Jair Bolsonaro], no mesmo dia, para regulamentar a mesma lei. Nesse contexto, torna-se quase impossível para os agentes legais e cidadãos saberem como se comportar de forma a respeitar o ordenamento jurídico.[136]

---

[134] BRASIL. Presidência da República. Secretaria-Geral. Governo Federal revoga cerca de 5,5 decretos ao dia, *Gov.br*, Brasília, DF, 17 dez. 2019. Disponível em: https://www.gov.br/secretariageral/pt-br/noticias/governo-federal-revoga-cerca-de-5-5-decretos-ao-dia. Acesso em: 3 jun. 2024.

[135] DECRETO faz 'revogaço' de normas; objetivo *é* simplificar legislação, diz governo. *G1*, Brasília, DF, 11 abr. 2019. Disponível em: https://g1.globo.com/politica/noticia/2019/04/11/decreto-faz-revogaco-de-normas-objetivo-e-simplificar-legislacao-diz-governo.ghtml. Acesso em: 22 jan. 2019.

[136] BRANDÃO, Rodrigo; CAPECCHI NUNES, Daniel. Poder regulamentar e 'jogo duro constitucional': o caso dos decretos de armas. *Jota*, São Paulo, 10 jul. 2019. Disponível em: https://www.jota.info/opiniao-e-analise/artigos/poder-regulamentar-e-jogo-duro-constitucional-o-caso-dos-decretos-de-armas-10072019. Acesso em: 3 jun. 2024.

O perigo dos "revogaços" foi também ilustrado com a edição do Decreto nº 9.759, de 11 de abril de 2019, pelo ex-Presidente Jair Bolsonaro, que extinguiu conselhos de participação da sociedade civil no âmbito da administração pública federal. O ato foi parcialmente suspenso pelo STF no julgamento da Medida Cautelar na ADI nº 6.121 (ADI nº 6.121 MC), justamente porque, dentre os inúmeros órgãos genericamente extintos, constavam conselhos criados por lei, que, em razão do princípio da simetria, somente poderiam ser extintos por lei formal. Extrai-se da ementa da ADI nº 6.121 MC:

> (...) COMPETÊNCIA NORMATIVA – ADMINISTRAÇÃO PÚBLICA – ÓRGÃOS COLEGIADOS – PREVISÃO LEGAL – EXTINÇÃO – CHANCELA PARLAMENTAR. *Considerado o princípio da separação dos Poderes, conflita com a Constituição Federal a extinção, por ato unilateralmente editado pelo Chefe do Executivo, de* órgãos *colegiados que, contando com menção em lei em sentido formal, viabilizem a participação popular na condução das políticas públicas – mesmo quando ausente expressa "indicação de suas competências ou dos membros que o compõem.*[137]

Nota-se, assim, que a flexibilidade é uma faca de dois gumes. Ao mesmo tempo que facilita a normatização de searas que estão em constante transformação, permite a alteração ou revogação instantânea de inúmeras normas sem a devida e prévia deliberação pública. Certamente, tanto "decretaços" como "revogaços" devem acender um sinal de alerta aos demais Poderes, visto promoverem mudanças sem qualquer escrutínio popular, em uma atuação frequentemente antidemocrática.

2.2.1.5 Decretos como instrumentos de interpretação legislativa

Regulamentos podem funcionar como uma maneira útil para o presidente divulgar seus pontos de vista sobre o significado da legislação, dando-lhe concretude da forma que achar mais conveniente.[138] Esses atos representam uma ferramenta constitucional de interpretação legal, visto que, através deles, o presidente pode revelar e consolidar

---

[137] STF, ADI nº 6.121 MC, Rel. Min. Marco Aurélio, Tribunal Pleno, *Dje* 28.11.2019.

[138] BRADLEY, Curtis A.; POSNER, Eric A. Presidential signing statements and executive power. *Constitutional Commentary*, v. 23, p. 307, 2006.

sentidos específicos para as leis existentes, dentre as várias possibilidades hermenêuticas possíveis.[139] Especialmente quando o texto legal é vago ou ambíguo, a regulamentação é muitas vezes usada para definir o âmbito de incidência e o alcance das normas.

Parte da literatura administrativa, porém, tem uma visão crítica quanto à possibilidade de o Executivo moldar o sentido das leis de acordo com suas diretrizes. Para Diógenes Gasparini, por exemplo, o regulamento não constitui instrumento destinado a veicular interpretações da lei efetuadas pela administração pública. Segundo ele, o Executivo não pode, a pretexto de regulamentar dada lei, impor a sua própria interpretação, visto que, "onde a lei oferece dúvida, não é ao Executivo que toca varrê-la".[140]

Quanto ao tema, mostra-se razoável que a interpretação legal possa ser realizada pelo presidente, mas de acordo com regras de hermenêutica e com a moldura desenhada pela norma. O presidente pode interpretar a lei de forma literal, sistemática, histórica ou teleológica, mas não deve contrariar o próprio conteúdo, objetivo e espírito normativos. Nas palavras de Daniel Sarmento, "uma norma infralegal não pode atentar contra o espírito da regra superior que ela regulamenta".[141] No mesmo sentido, Rodrigo Brandão e Daniel Cappechi destacam que o poder regulamentar presidencial deve ser exercido "em expressa consonância com os objetivos que explícita e implicitamente nortearam o texto legal. Qualquer compreensão contrária a isso teria por efeito esvaziar o próprio sentido da legalidade".[142]

Nesse contexto, como exemplo de regulamento que atenta contra o próprio objetivo da lei, é possível destacar os já citados "decretos das armas", editados por Jair Bolsonaro. Certamente, tais atos contrariam o espírito do Estatuto do Desarmamento (Lei nº 10.826/2003), editado com a clara intenção do legislador de restringir o acesso da população às armas de fogo. O objetivo dos decretos é claramente oposto ao da lei:

---

139 LAWSON, Gary; MOORE, Christopher D. The Executive Power of Constitutional Interpretation. *Iowa Law Review*, v. 81, p. 1261, 1996.

140 GASPARINI, Diógenes. *Poder regulamentar*. São Paulo: Editora José Bushatsky, 1978. p. 123.

141 RODAS, Sérgio. Presunção de "efetiva necessidade" de posse de arma viola Constituição. *Conjur*, Rio de Janeiro, 15 jan. 2019. Disponível em: https://www.conjur.com.br/2019-jan-15/presuncao-efetiva-necessidade-posse-arma-viola-cf. Acesso em: 22 jan. 2019.

142 BRANDÃO, Rodrigo; CAPECCHI NUNES, Daniel. Poder regulamentar e 'jogo duro constitucional': o caso dos decretos de armas. *Jota*, São Paulo, 10 jul. 2019. Disponível em: https://www.jota.info/opiniao-e-analise/artigos/poder-regulamentar-e-jogo-duro-constitucional-o-caso-dos-decretos-de-armas-10072019. Acesso em: 3 jun. 2024.

enquanto esta buscou restringir a posse dos armamentos, aqueles têm como objetivo central armar a população e reverter a política pública de redução de armas prevista no Estatuto.

Nada obstante, nos autos das ações de controle concentrado ajuizadas contra esses decretos das armas, a AGU afirmou a existência de uma plasticidade no texto do Estatuto do Desarmamento (Lei nº 10.826/2003), que daria abertura a inúmeras interpretações. O presidente da República, segundo a AGU, gozaria de ampla legitimidade democrática para optar por um desses caminhos interpretativos possíveis, regulamentando a lei de acordo com suas preferências políticas, sem que isso significasse uma desvirtuação ou desconfiguração normativa.

A presente obra defende, porém, que os atos consistem em claro exemplo de abuso do poder regulamentar, uma vez que a alteração no regime de posse de armas de fogo deveria ter sido submetida ao Congresso através de um projeto de lei, e não imposta através de um ato unilateral do presidente.

2.2.1.6 Decretos para preencher vazios normativos

Os decretos também podem ser utilizados para preencher vazios normativos em matérias que não são de reserva legal.[143] Hely Lopes Meirelles, mesmo antes da promulgação da CRFB/88, já defendia a existência de regulamentos autônomos que "dispõem sobre matéria ainda não regulada especificamente em lei".[144] Segundo Hely Lopes, esses atos *praeter legem* podem suprir a omissão do legislador, desde que não invadem as reservas de lei. Em suas palavras, "os decretos autônomos ou independentes não substituem definitivamente a lei: suprem, apenas, a sua ausência naquilo que pode ser provido por ato do Executivo, até que lei disponha a respeito. Promulgada a lei fica superado o decreto".[145] Ressalta, ainda, que:

> O poder regulamentar é a faculdade de que dispõem os chefes de Executivo (Presidente da República, Governadores e Prefeitos) de explicitar a lei para sua correta execução ou expedir decretos autônomos sobre

---

[143] DUNCAN JUNIOR, John C. A critical consideration of executive orders: Glimmerings of autopoiesis in the executive role. *Vermont Law Review*, Vermont, v. 35, p. 345, 2010.

[144] MEIRELLES, Hely Lopes. *Direito Administrativo Brasileiro*. 13. ed. São Paulo: Revista dos Tribunais, 1987. p. 138.

[145] MEIRELLES, Hely Lopes. *Direito Administrativo brasileiro*. 13. ed. São Paulo: Revista dos Tribunais, 1987. p. 138.

> matéria de sua competência ainda não disciplinada por lei (...). Os vazios da lei e a imprevisibilidade de certos fatos e circunstâncias que surgem, a reclamar providências imediatas da Administração, impõem que se reconheça ao chefe do Executivo o poder de regulamentar, por meio de decreto, as normas legislativas incompletas, ou de prover situações não previstas pelo legislador, mas ocorrentes na prática administrativa.[146]

Apesar da intensa controvérsia doutrinária a respeito da possibilidade de edição de decretos autônomos, a questão se encontra atualmente pacificada na jurisprudência do STF, que reconhece a validade dessa espécie regulamentar. Na ADI nº 3.239,[147] o Plenário do STF afirmou a constitucionalidade do Decreto nº 4.887, de 20 de novembro de 2003, editado pelo então Presidente Luiz Inácio Lula da Silva para disciplinar o procedimento de identificação, reconhecimento, delimitação, demarcação e titulação de terras quilombolas. O ato regulamentou diretamente o artigo 68 do Ato das Disposições Constitucionais Transitórias (ADCT) da CRFB/88, que assegura o direito dos remanescentes das comunidades dos quilombos de ver reconhecida pelo Estado a propriedade sobre as terras que histórica e tradicionalmente ocupam. No julgamento, a Corte assentou expressamente a possibilidade de um decreto disciplinar diretamente o texto constitucional sem o intermédio de lei.

2.2.1.7 A função simbólica dos decretos

Além das citadas justificativas, os presidentes também agem sozinhos para favorecer o seu eleitorado ou base de apoio de forma rápida e imediata. Decretos possuem uma importante função simbólica e retórica, sendo manejados para apaziguar os antigos apoiadores, atrair novos e compensar os eleitores pelos votos.[148] São uma ferramenta valiosa para que presidentes busquem apoio entre o público e cumpram promessas de campanha, criando mobilizações sociais a seu favor e angariando maior capital político.[149]

---

146 MEIRELLES, Hely Lopes. *Direito Administrativo brasileiro*. 13. ed. São Paulo: Revista dos Tribunais, 1987. p. 124.

147 STF, ADI nº 3.239, Rel. Min. Cezar Peluso, Rel.ª p/ acórdão Min.ª Rosa Weber, Tribunal Pleno, *Dje* 1.02.2019.

148 ROTINGHAUS, Brandon; WARBER, Adam L. Unilateral orders as constituency outreach: Executive orders, proclamations, and the public presidency. *Presidential Studies Quarterly*, [*S. l.*], v. 45, n. 2, p. 290, 2015.

149 ROTINGHAUS, Brandon; WARBER, Adam L. Unilateral orders as constituency outreach: Executive orders, proclamations, and the public presidency. *Presidential Studies Quarterly*, [*S. l.*], v. 45, n. 2, p. 295-296, 2015.

Para cultivar apoio, esses atos são utilizados para fins cerimoniais ou até mesmo exortatórios,[150] a fim de favorecer ou conclamar uma base eleitoral formada por grupos específicos, como minorias étnicas ou sociais, ambientalistas, sindicalistas, grandes empresários ou industriais. Com eles, presidentes podem agradar sua base de apoio mais rapidamente, sem enfrentar obstáculos no Legislativo, e receber todo o mérito pela implementação de determinada política.

No Brasil, decretos com teor altamente simbólico dirigidos a uma base de apoio específica são comuns em todos os mandatos presidenciais desde a redemocratização. A título de exemplo, os já citados "decretos das armas" foram expedidos pelo ex-Presidente Jair Bolsonaro para concretizar uma de suas principais promessas de campanha, que constava inclusive em seu plano de governo enviado ao Tribunal Superior Eleitoral (TSE), nos seguintes termos: "*Reformular o Estatuto do Desarmamento* para garantir o direito do cidadão à *legítima defesa* sua, de seus familiares, de sua propriedade e a de terceiros!".[151] Em entrevista a uma emissora de televisão, Bolsonaro chegou a afirmar:

> Pretendo, sim, no que depender de mim, *pois isso passa pelo Parlamento*, fazer com que todo cidadão de bem, homem ou mulher, caso queiram ter uma arma dentro de casa, cumprindo alguns critérios, possam tê-la. Quanto ao porte, ele não pode ser tão rígido como temos no momento.[152]

Nota-se que, tanto no seu plano de governo como em suas declarações públicas, o ex-Presidente reconheceu que a flexibilização das armas envolve "reformular o Estatuto do Desarmamento"[153] e que essa

---

[150] ROTINGHAUS, Brandon; WARBER, Adam L. Unilateral orders as constituency outreach: Executive orders, proclamations, and the public presidency. *Presidential Studies Quarterly*, [S. l.], v. 45, n. 2, p. 291, 2015.

[151] BOLSONARO, Jair Messias. *O caminho da prosperidade*. Proposta de Plano de Governo, [S. l.], 2018, grifos nossos. Disponível em: http://divulgacandcontas.tse.jus.br/candidaturas/oficial/2018/BR/BR/2022802018/280000614517/proposta_1534284632231.pdf. Acesso em: 3 jun. 2024.

[152] MUDANÇA no Estatuto do Desarmamento *é* promessa de campanha de Bolsonaro. *G1*, Brasília, DF, 15 jan. 2019. Disponível em: https://g1.globo.com/politica/noticia/2019/01/15/mudanca-no-estatuto-do-desarmamento-e-promessa-de-campanha-de-bolsonaro.ghtml. Acesso em: 3 jun. 2024.

[153] BOLSONARO, Jair Messias. *O caminho da prosperidade*. Proposta de Plano de Governo, [S. l.], 2018, grifos nossos. Disponível em: http://divulgacandcontas.tse.jus.br/candidaturas/oficial/2018/BR/BR/2022802018/280000614517/proposta_1534284632231.pdf. Acesso em: 3 jun. 2024.

nova política "passa[va] pelo Parlamento".[154] Ocorre que, após assumir o cargo, preferiu promover a flexibilização sem o Congresso, editando um decreto para cumprir sua promessa de campanha e agradar seus eleitores de forma mais rápida, sem percorrer o longo, polêmico e provavelmente malsucedido caminho do processo legislativo ordinário. Com o decreto, Bolsonaro pôde dar um "presente" a seus apoiadores logo nos primeiros meses de governo, angariando, sozinho, todo o "mérito" pela política de flexibilização.

Outro exemplo de decreto de teor altamente simbólico foi editado pelo ex-Presidente Fernando Henrique Cardoso, que concedeu "indenização à família de pessoa desaparecida ou morta em razão de participação, ou acusação de participação, em atividades políticas, no período de 2 de setembro de 1961 a 15 de agosto de 1979".[155] Com ele, o ex-Presidente demonstrou atenção e repúdio aos crimes políticos cometidos durante a ditadura militar, demarcando uma posição política clara e solidária às vítimas do regime.

Por sua vez, o já citado Decreto nº 4.887/2003, editado pelo ex-Presidente Lula para regulamentar a posse de terras quilombolas, também ostenta um teor altamente político e simbólico. As promessas de campanha do ex-Presidente foram marcadas pela igualdade no acesso à terra e proteção às minorias vulneráveis, de modo que o ato serviu para concretizar uma política que dificilmente seria aprovada pelo Congresso, historicamente conservador na questão agrária. Diante da possível oposição à medida, Lula optou por efetivá-la de forma unilateral, regulamentando diretamente o texto constitucional sem a intermediação do Legislativo.

Nota-se que o uso simbólico ou político desses atos consiste em uma estratégia comum em governos democráticos e não deve ser condenado *a priori*. É importante que presidentes tenham instrumentos normativos para demarcar posições, concretizar promessas políticas e dialogar diretamente com seus apoiadores. Ocorre que, para atingir

---

[154] MUDANÇA no Estatuto do Desarmamento é promessa de campanha de Bolsonaro. *G1*, Brasília, DF, 15 jan. 2019. Disponível em: https://g1.globo.com/politica/noticia/2019/01/15/mudanca-no-estatuto-do-desarmamento-e-promessa-de-campanha-de-bolsonaro.ghtml. Acesso em: 3 jun. 2024.

[155] Decreto nº 2.081, de 26 de novembro de 1996. Concede indenização à família de pessoa desaparecida ou morta em razão de participação, ou acusação de participação, em atividades políticas, no período de 2 de setembro de 1961 a 15 de agosto de 1979; Decreto nº 1.898, de 9 de maio de 1996. Concede indenização a familiar de pessoa desaparecida em virtude de participação ou acusação de participação em atividade política.

tais fins, não devem ignorar limites constitucionais e burlar instituições, editando decretos exorbitantes que violam princípios democráticos. Eles podem e devem concretizar promessas e agradar seu eleitorado, mas sempre com o instrumento normativo apropriado e dentro das balizas da Constituição.

2.2.1.8 Decretos deslocam o ônus político do Legislativo para o Executivo

Finalmente, decretos também podem ser utilizados para deslocar o ônus político do Legislativo para o Executivo. Nesse tema, John Carey e Matthew Shugart[156] possuem uma posição contrária ao *mainstream* da literatura que trata do poder unilateral de presidentes. Sustentam que o exercício frequente desse poder não constitui, necessariamente, uma forma de usurpação das competências do Legislativo. Para eles, é possível que as maiorias legislativas, na verdade, *prefiram* que determinadas decisões políticas sejam tomadas unilateralmente pelo Executivo, e não através de processos legislativos ordinários.[157] Os decretos, assim, não necessariamente representam a marginalização dos interesses institucionais e políticos do Congresso, mas simplesmente outra forma de elaborar reformas com maior eficiência política. Nas palavras de Carey e Shugart:

> Concordamos que, muitas vezes, o uso de decretos pelo Executivo tem acarretado a usurpação dos poderes legislativos, especialmente em sistemas presidencialistas. Isso, porém, está longe de representar uma verdade universal, e o argumento da usurpação com frequência tem sido exagerado (...). Sugerimos que, de forma mais comum do que se aceita correntemente, o decreto do Executivo é tolerado e mesmo preferido pelas maiorias parlamentares. (...) O uso de decretos pelo Executivo não é sempre a mesma coisa que "chamar os tanques".[158]

---

[156] CAREY, John M.; SHUGART, Matthew Soberg. Poder de decreto: chamando os tanques ou usando a caneta? *Revista Brasileira de Ciências Sociais*, São Paulo, v. 13, n. 37, p. 149, 1998.

[157] CAREY, John M.; SHUGART, Matthew Soberg. Poder de decreto: chamando os tanques ou usando a caneta? *Revista Brasileira de Ciências Sociais*, São Paulo, v. 13, n. 37, p. 150, 1998.

[158] CAREY, John M.; SHUGART, Matthew Soberg. Poder de decreto: chamando os tanques ou usando a caneta? *Revista Brasileira de Ciências Sociais*, São Paulo, v. 13, n. 37, p. 150; 181, 1998.

De fato, esses atos permitem que o Congresso escape da responsabilidade de aprovar políticas que eventualmente serão impopulares,[159] fazendo com o que o ônus político recaia integralmente sobre o presidente. Os parlamentares convivem com o *lobby* de diferentes grupos de interesse, preferindo às vezes pecar pela inércia e esquivar-se da votação de leis polêmicas. Nas palavras de um senador estadunidense, em determinados casos é melhor para o Congresso "delegar poderes para o presidente e depois se sentar, criticando ou aplaudindo, a depender da popularidade ou impopularidade da ação presidencial".[160] Ou seja, o Legislativo pode preferir tornar o presidente o único responsável – ou "culpado" – pela edição de certos atos.

No mesmo sentido, Fleishman e Aufses[161] apontam que, quando os objetivos políticos do Congresso são semelhantes aos do presidente, os atos unilaterais podem ser, informalmente, fruto de delegação parlamentar[162] e funcionar como um meio de presidentes anteciparem as preferências do Legislativo. Assim, em vez de burlarem a vontade do Congresso, decretos poderiam servir, na verdade, como meios de concretizar essa vontade.

Finalizado o exame das justificativas ao uso de decretos, serão exploradas, a seguir, as principais críticas direcionadas a essa prerrogativa presidencial.

2.2.2 Críticas ao poder de decreto

Os críticos afirmam que o uso excessivo dos poderes unilaterais representa uma ameaça ao constitucionalismo e ao princípio da separação dos Poderes.[163] A atuação solitária equivaleria à usurpação caprichosa

---

[159] PEREIRA, Carlos; POWER, Timothy J.; RENNÓ, Lucio R. Agenda power, executive decree authority, and the mixed results of reform in the Brazilian congress. *Legislative Studies Quarterly*, St. Louis, v. 33, n. 1, p. 11-12, 2008.

[160] FLEISHMAN, Joel L.; AUFSES, Arthur H. Law and orders: The problem of presidential legislation. *Law and Contemporary Problems*, [*S. l.*], v. 40, n. 3, p. 34, 1976, tradução nossa.

[161] FLEISHMAN, Joel L.; AUFSES, Arthur H. Law and orders: The problem of presidential legislation. *Law and Contemporary Problems*, [*S. l.*], v. 40, n. 3, p. 33, 1976.

[162] CAREY, John M.; SHUGART, Matthew Soberg. Poder de decreto: chamando os tanques ou usando a caneta? *Revista Brasileira de Ciências Sociais*, São Paulo, v. 13, n. 37, p. 151, 1998.

[163] Cf., *v. g.*, BRANUM, Tara L. President or King: The Use and Abuse of Executive Orders in Modern-Day America. *Journal of Legislation*, [*S. l.*], v. 28, p. 1-86, 2002; CAREY, John M.; SHUGART, Matthew Soberg. Poder de decreto: chamando os tanques ou usando a caneta? *Revista Brasileira de Ciências Sociais*, São Paulo, v. 13, n. 37, p. 149-184, 1998; COOPER, Phillip J. By order of the president: Administration by executive order and proclamation. *Administration & Society*, [*S. l.*], v. 18, n. 2, p. 233-262, 1986; DODDS, Graham G. *Take Up*

do poder e ao abuso de autoridade.[164] Os presidentes usariam seu poder normativo unilateral de maneira oportunista, de forma a buscar a expansão de suas prerrogativas e impor políticas públicas a despeito da vontade do Legislativo. No Brasil, por exemplo, os presidentes utilizariam medidas provisórias para controlar a agenda do Congresso e decretos exorbitantes para burlar o processo legislativo ordinário, de modo a engrandecer o Executivo em detrimento dos demais Poderes.[165] Na esteira do afirmado por Tara Branum, os poderes unilaterais seriam evidências de que o Parlamento está sendo marginalizado e de que as instituições democráticas são ineficazes.[166]

De fato, o uso excessivo e abusivo de atos unilaterais não apenas subverte o sistema constitucional de separação de Poderes, como também confere ao presidente um "controle direto e completo sobre o Poder Legislativo",[167] situação deveras perigosa que a Constituição brasileira procurou evitar. Branum, nessa perspectiva, afirma com acuidade que "a melhor maneira de nos protegermos de regras arbitrárias e tirânicas é exigindo que os agentes públicos permaneçam fiéis ao processo legislativo democrático delineado na Constituição".[168]

Nesse contexto, é temerário que decretos se tornem instrumentos cotidianos para legislar. Há o risco de que sejam utilizados para impulsionar qualquer política que o presidente considere importante ou conveniente, e não somente para questões regulamentares ou administrativas pontuais. De fato, o uso abusivo desse poder debilita os mecanismos de prestação de contas vertical e horizontal, deteriora a legitimidade do processo legislativo em um regime democrático e, por fim, mina a confiança dos cidadãos e demais agentes políticos nas

---

your Pen: Unilateral Presidential Directives in American Politics. Pennsylvania: University of Pennsylvania Press, 2013; MAYER, Kenneth R. *With the Stroke of a Pen*: Executive Orders and Presidential Power. Princeton: Princeton: Princeton University Press, 2002.

164 CAREY, John M.; SHUGART, Matthew Soberg. Poder de decreto: chamando os tanques ou usando a caneta? *Revista Brasileira de Ciências Sociais*, São Paulo, v. 13, n. 37, p. 149, 1998.

165 BRADLEY, Curtis A.; POSNER, Eric A. Presidential signing statements and executive power. *Constitutional Commentary*, v. 23, p. 359, 2006.

166 COOPER, Phillip J. By order of the president: Administration by executive order and proclamation. *Administration & Society*, v. 18, n. 2, p. 247, 1986; MAYER, Kenneth R. *With the Stroke of a Pen*: Executive Orders and Presidential Power. Princeton: Princeton University Press, 2002. p. 9.

167 BRANUM, Tara L. President or King: The Use and Abuse of Executive Orders in Modern-Day America. *Journal of Legislation*, [S. l.], v. 28, p. 21, 2002, tradução nossa.

168 BRANUM, Tara L. President or King: The Use and Abuse of Executive Orders in Modern-Day America. *Journal of Legislation*, [S. l.], v. 28, p. 33, 2002, tradução nossa.

decisões do governo, que passam a ser vistas como autocráticas.[169] Nessa fuga do Congresso, o presidente acaba sacrificando o consentimento e a responsividade popular,[170] desequilibrando as forças entre Executivo e Legislativo.[171] O problema do abuso do poder regulamentar, como bem diz Tara Branum, é que "políticas estão sendo impostas fora do processo democrático. Nada de bom pode sair dessa situação".[172]

Além disso, é preciso lembrar que a cúpula do Executivo costuma ser altamente centralizada, controlada por pessoas do mesmo partido político ou até mesmo por pessoas com nenhuma ligação partidária, que agem de forma completamente deferente ou subserviente à vontade do presidente. Nessa cúpula, raramente há membros da oposição ou pessoas com opiniões claramente contrárias à do presidente. Os decretos, nesse contexto, não resultam de ampla deliberação ou de compromissos entre forças políticas colidentes, mas são frutos de discussões e debates entre pessoas que, em linhas gerais, pensam igual e têm as mesmas opiniões. Decretos de alto teor político, assim, acabam ingressando no mundo jurídico e produzindo todos os seus efeitos sem a saudável e necessária discussão e supervisão prévias de outros agentes políticos.

Deve-se ressaltar, ainda, que o processo de elaboração desses atos é completamente diverso do processo de elaboração de uma lei em sentido estrito. Desde a proposição legislativa até a sanção final de uma lei, pode haver inúmeras manifestações sociais e midiáticas a respeito de seu conteúdo, o que faz com que parlamentares busquem um resultado compromissório e atento a todos os eventos e forças políticas envolvidos. Já com os decretos, basta o presidente determinar sua publicação que já começam a produzir efeitos. Não há uma abertura para que a sociedade ou os parlamentares tentem influenciar o conteúdo desses atos: eles são apresentados ao público como *fato consumado*, cabendo ao Legislativo, Judiciário e demais agentes políticos realizar um controle *a posteriori*, tentando minimizar ou sustar seus efeitos.

Em síntese, tais atos representam um grande desafio para a teoria democrática. Permitir que presidentes inovem na ordem jurídica e

---

169 NEGRETTO, Gabriel L. ¿Gobierna solo el Presidente? Poderes de decreto y diseño institucional en Brasil y Argentina. *Desarrollo Económico*, [S. l.], p. 401, 2002.

170 FLEISHMAN, Joel L.; AUFSES, Arthur H. Law and orders: The problem of presidential legislation. *Law and Contemporary Problems*, [S. l.], v. 40, n. 3, p. 39-40, 1976.

171 DIVER, Colin S. Presidential Powers. *American University Law Review*, [S. l.], v. 36, 1986, p. 530.

172 BRANUM, Tara L. President or King: The Use and Abuse of Executive Orders in Modern-Day America. *Journal of Legislation*, [S. l.], v. 28, p. 35, 2002, tradução nossa.

legislem sozinhos, criando direitos e obrigações, contraria o princípio da separação de Poderes e a moldura que a Constituição cria para o Poder Executivo. Certamente, concentrar a elaboração de atos normativos de ampla relevância política nas mãos de um órgão unipessoal e não deliberativo envolve um alto risco democrático. O procedimento unilateral de elaboração de políticas pelo Executivo deve, portanto, se dar de forma comedida, em situações e com propósitos específicos, dentro dos limites legais e constitucionais, não devendo ser utilizado como subterfúgio para burlar dificuldades políticas e partidárias no Congresso.

2.2.2.1 Decretos, constitucionalismo abusivo e o "jogo duro" constitucional

Há uma estreita relação entre o uso frequente de decretos e os fenômenos do "constitucionalismo abusivo", termo cunhado por David Landau para identificar medidas que, embora formalmente legais e constitucionais, acabam ferindo a própria ordem democrática de um país. Em suas palavras, o "constitucionalismo abusivo" consiste no "uso de mecanismos de mudança constitucional para tornar um estado significativamente menos democrático do que era antes".[173] Landau usa exemplos recentes da Hungria, Colômbia e Venezuela para ilustrar essa ameaça. Afirma que, nesses países, foram utilizados instrumentos de emenda constitucional para minar a democracia com relativa facilidade. Para ele, práticas constitucionalistas abusivas podem gerar constituições que formalmente parecem democráticas, mas que são autoritárias quanto à maneira como as instituições funcionam na prática.[174] Apesar de Landau tratar de casos que envolvem uma emenda à própria Constituição, suas considerações são importantes para ilustrar os riscos do uso abusivo de qualquer ferramenta normativa, inclusive decretos. Em suas palavras,

> Embora os métodos tradicionais de derrubada democrática, como o golpe militar, estejam em declínio há décadas, o uso de ferramentas constitucionais para criar regimes autoritários e semiautoritários é cada

---

[173] LANDAU, David. Abusive constitutionalism. *U.C. Davis Law Review*, [*S. l.*], v. 47, p. 7, 2013, tradução nossa.

[174] LANDAU, David. Abusive constitutionalism. *U.C. Davis Law Review*, [*S. l.*], v. 47, p. 65, 2013.

> vez mais predominante. Presidentes e partidos poderosos em exercício podem engendrar mudanças constitucionais de modo a dificultar sua destituição e a desarmar instituições, como os tribunais, que têm o objetivo de controlar seu exercício do poder. (...) Em contraste com a prática do passado, em que os regimes autoritários eram geralmente formados por meio de golpes militares ou outras práticas inconstitucionais, os aspirantes a autocratas agora têm incentivos significativos para parecer que estão cumprindo as regras constitucionais.[175]

Por sua vez, Mark Tushnet usa a expressão "jogo duro constitucional" para designar práticas políticas – legislativas ou executivas – que estão dentro dos limites da doutrina e da prática constitucionais, mas são utilizadas para fraudar a Constituição e enfraquecer adversários políticos. Joseph Fishkin e David Pozen, baseados no trabalho de Tushnet, ressaltam que "uma manobra política pode ser caracterizada como jogo duro constitucional quando viola ou estica em demasiado uma competência ou norma constitucional com fins partidários".[176] Também Steven Levitsky destaca que "jogo duro constitucional é usar as instituições como arma política contra seu oponente. Usar a letra da lei de maneira a diminuir o espírito da lei. É fruto da polarização, quando os dois lados começam a temer e desprezar o outro, passam a lançar mão de qualquer meio necessário para impedir que o outro vença".[177]

Por fim, o "infralegalismo autoritário" refere-se ao fenômeno em que uma agenda política autoritária é criada por meio da emissão de decretos, portarias e regulamentos administrativos. Tudo com o objetivo de erodir ou neutralizar vários direitos e valores estabelecidos pela Constituição e apoiados por pressões para-institucionais sobre os agentes públicos.[178] Nesse cenário, os chefes do Executivo editam decretos que, a pretexto de regulamentar leis, as contradizem e descaracterizam políticas públicas. A judicialização desses decretos e atos secundários pode ser dificultada pela estratégia do Executivo de revogar

---

[175] LANDAU, David. Abusive constitutionalism. *U.C. Davis Law Review*, [*S. l.*], v. 47, p. 191-195, 2013, tradução nossa.

[176] FISHKIN, Joseph; POZEN, David E. Asymmetric Constitutional Hardball. *Columbia Law Review*, New York, v. 118, n. 3, p. 915-982, 2018, tradução nossa.

[177] FERRAZ, Ricardo. Steven Levitsky: Por que este professor de Harvard acredita que a democracia brasileira está em risco. *BBC News*, 19 out. 2018. Disponível em: https://www.bbc.com/portuguese/brasil-45829323. Acesso em: 3 jun. 2024.

[178] VIEIRA, Oscar Vilhena; GLEZER, Rubens; BARBOSA, Ana Laura Pereira. Supremocracia e Infralegalismo Autoritário: o comportamento do Supremo Tribunal Federal durante o governo Bolsonaro. *Novos Estudos CEBRAP*, Brasília, DF, v. 41, p. 592, 2023.

frequentemente seus atos e, em seguida, emitir outros semelhantes. A cada novo ato, a tentativa de processar pode ser frustrada, e uma nova ação deve ser ajuizada no tribunal.[179]

Assim, é possível observar que instrumentos aparentemente legais e constitucionais podem ser usados para minar a democracia. A preocupação atual dos constitucionalistas deve ser com presidentes e primeiros-ministros que usam instrumentos formalmente legais para obter mais poder. Por meio da emissão constante de decretos - instrumentos aparentemente de menor valor normativo – toda uma burocracia estatal pode se tornar subserviente às diretrizes de um líder potencialmente autoritário. Conforme observado anteriormente, os decretos são ferramentas importantes e devem ser objeto de amplo estudo e análise.

Nesse contexto, o uso frequente de decretos de grande repercussão política, social e econômica para fugir do Congresso pode dar origem a um processo de grave erosão democrática. Esses atos têm um escopo estrito, e seu alcance não deve ser alargado para servir como instrumento de manobra política de presidentes que não querem ter diálogo com o Congresso. O passado ditatorial do Brasil justifica um grande temor em relação aos atos unilaterais de presidentes e uma valorização extra do sistema de freios e contrapesos e do Poder Legislativo. De fato, é necessário que as "checagens" que o Legislativo e Judiciário promovem em relação às ações presidenciais deixem de ser vistas como "interferência indevida" e passem a ser consideradas como parte importante de um sistema constitucional-democrático. Apenas o controle por parte das cortes, casas legislativas, mídia e sociedade civil pode impedir a expansão e normalização das "canetadas" autoritárias.

2.3 *Quando* o presidente legisla sozinho?

No presente tópico, será examinado *quando* presidentes editam decretos e como o contexto político e social afeta a frequência desses atos. Como já ressaltado, o número e os contornos dos atos normativos unilaterais editados pelo presidente não são explicados somente pela personalidade de quem está no governo, mas sim, por arranjos

---

179 VIEIRA, Oscar Vilhena; GLEZER, Rubens; BARBOSA, Ana Laura Pereira. Supremocracia e Infralegalismo Autoritário: o comportamento do Supremo Tribunal Federal durante o governo Bolsonaro. *Novos Estudos CEBRAP*, Brasília, DF, v. 41, p. 592, 2023.

institucionais definidos pela Constituição de cada país e pelo contexto político de cada período.[180]

A literatura sobre o tema indica que a frequência na edição varia de acordo com (i) a composição partidária do Congresso, *i.e.*, se o presidente possui ou não uma maioria legislativa; (ii) a popularidade do presidente; (iii) o período de seu mandato; (iv) a proximidade com o período de eleições e (v) a existência de uma crise econômica, política ou social.[181] A atuação unilateral, nesse contexto, seria fruto da interação do presidente com o Congresso, com as cortes, a mídia, o público e a economia, atendendo a estratégias políticas e motivações específicas.[182]

2.3.1 A composição partidária do Congresso

Acredita-se que presidentes recorrem a decretos quando não possuem uma base sólida no Congresso[183] ou quando sua ideologia política é muito diferente da maioria dos deputados e senadores.[184] Assim, agem unilateralmente para contornar um Congresso hostil e conseguir governar. Cientistas políticos brasileiros têm afirmado, por exemplo, que o alto número desses atos editados por Bolsonaro se deve principalmente à ausência de uma base consolidada com maioria no Congresso e à falta de diálogo com o Legislativo. Segundo Sérgio

---

180 MAYER, Kenneth R. Executive orders and presidential power. *The Journal of Politics*, [*S. l.*], v. 61, n. 2, p. 463, 1999; MOE, Terry M.; HOWELL, William G. The presidential power of unilateral action. *The Journal of Law, Economics, and Organization*, [*S. l.*], v. 15, n. 1, p. 134, 1999.

181 DEERING, Christopher J.; MALTZMAN, Forrest. The Politics of Executive Orders: Legislative Constraints on Presidential Power. *Political Research Quarterly*, [*S. l.*], v. 52, n. 4, p. 767-783, 1999; FINE, Jeffrey A.; WARBER, Adam L. Circumventing adversity: Executive orders and divided government. *Presidential Studies Quarterly*, [*S. l.*], v. 42, n. 2, p. 256-274, 2012; HOWELL, William G. *Power without Persuasion*: The Politics of Direct Presidential Action. Princeton: Princeton University Press, 2003; KRAUSE, George A.; COHEN, David B. Presidential use of executive orders, 1953-1994. *American Politics Quarterly*, [*S. l.*], v. 25, n. 4, p. 462, 1997; MAYER, Kenneth R. *With the Stroke of a Pen*: Executive Orders and Presidential Power. Princeton: Princeton University Press, 2002.

182 CAREY, John M.; SHUGART, Matthew Soberg. Poder de decreto: chamando os tanques ou usando a caneta? *Revista Brasileira de Ciências Sociais*, São Paulo, v. 13, n. 37, p. 151, 1998; HOWELL, William G. *Power without Persuasion*: The Politics of Direct Presidential Action. Princeton: Princeton University Press, 2003. p. 10-12.

183 CAREY, John M.; SHUGART, Matthew Soberg. Poder de decreto: chamando os tanques ou usando a caneta? *Revista Brasileira de Ciências Sociais*, São Paulo, v. 13, n. 37, p. 166, 1998; MAYER, Kenneth R. *With the Stroke of a Pen*: Executive Orders and Presidential Power. Princeton: Princeton University Press, 2002.

184 DEERING, Christopher J.; MALTZMAN, Forrest. The politics of executive orders: Legislative constraints on presidential power. *Political Research Quarterly*, [*S. l.*], v. 52, n. 4, p. 767-783, 1999.

Abranches, ele tem optado pelo confronto, e não pela construção de políticas articuladas com os parlamentares e, justamente por isso, "governa por decreto".[185]

Ocorre que, ao contrário do que possa parecer à primeira vista, dados apontam que, muitas vezes, quanto mais força o presidente tem no Congresso, maior é o número de decretos assinados. De acordo com a professora Magna Maria Inácio, na América Latina, não são os presidentes com coalizões pequenas e bases fracas os que governam por meio desses atos. Para ela, "presidentes com apoio majoritário no Congresso utilizam mais decretos porque também aprovam mais leis e as implementam rapidamente. Além disso, aqueles que formam coalizões utilizam esses decretos para gerenciar os seus aliados dentro do Executivo".[186] Ainda, a orientação ideológica, de acordo com Magna Ignácio, não influencia o número de decretos presidenciais na América Latina. Nas suas palavras, "essas decisões unilaterais dependem dos poderes que o presidente tem e do tamanho da maioria que o apoia. São utilizadas por presidentes com diferentes orientações ideológicas".[187]

Tais conclusões, que parecem ser "contraintuitivas", foram também confirmadas no cenário estadunidense. Segundo os dados analisados por George Krause e David Cohen,[188] os presidentes norte-americanos exercem com maior frequência o seu poder unilateral quando o governo está unificado, ou seja, quando o mesmo partido governa o Executivo e o Legislativo. É que, em razão do apoio parlamentar

---

185 SCHAFFNER, Fábio. Bolsonaro edita em média um decreto por dia. *Zero Hora*, [*S. l.*], 19 maio 2019. Disponível em: https://gauchazh.clicrbs.com.br/politica/noticia/2019/05/bolsonaro-edita-em-media-um-decreto-por-dia-cjvvkpuru05xg01mapiet70k2.html. Acesso em: 3 jun. 2024.

186 ODILLA, Fernanda. Dos EUA ao Brasil, como presidentes tentam governar sem Congresso. *BBC News Brasil*, Londres, 17 jun. 2019. Disponível em: https://www.bbc.com/portuguese/brasil-48505310. Acesso em: 5 maio 2020. Cf. INÁCIO, Magna Maria; LLANOS, Mariana. The Institutional Presidency in Latin America: A Comparative Analysis. *Presidential Studies Quarterly*, [*S. l.*], v. 46, n. 3, p. 531-549, 2016, tradução nossa.

187 ODILLA, Fernanda. Dos EUA ao Brasil, como presidentes tentam governar sem Congresso. *BBC News Brasil*, Londres, 17 jun. 2019. Disponível em: https://www.bbc.com/portuguese/brasil-48505310. Acesso em: 5 maio 2020. Cf. INÁCIO, Magna Maria; LLANOS, Mariana. The Institutional Presidency in Latin America: A Comparative Analysis. *Presidential Studies Quarterly*, [*S. l.*], v. 46, n. 3, p. 531-549, 2016. Nos Estados Unidos, porém, dados demonstram que presidentes democratas tendem a editar mais ordens executivas do que republicanos. Cf. MAYER, Kenneth R. *With the Stroke of a Pen*: Executive Orders and Presidential Power. Princeton: Princeton University Press, 2002. p. 102.

188 KRAUSE, George A.; COHEN, David B. Presidential use of executive orders, 1953-1994. *American Politics Quarterly*, [*S. l.*], v. 25, n. 4, p. 470, 1997, tradução nossa. No mesmo sentido: SHULL, Steven A. *Presidential-congressional relations*: Policy and time approaches. Lansing: University of Michigan Press, 2000.

recebido, presidentes se sentiriam mais encorajados a exercer seus poderes unilaterais, utilizando as ordens executivas como complemento ou reforço dos sucessos legislativos no Congresso. Nas palavras de Krause e Cohen, "presidentes irão editar mais ordens executivas quando sua taxa de sucesso na aprovação de leis aumenta, de modo que esse tipo de atuação unilateral reforça o poder que o presidente tem no Congresso".[189] Já quando o governo está dividido, presidentes se preocupariam com o escrutínio mais intenso do Congresso e, assim, teriam receio de editar esses atos e depois sofrer o ônus político de vê-los invalidados.[190]

Há, ainda, uma terceira posição, no sentido de que a composição partidária do Congresso, na verdade, não gera um efeito significativo na edição de atos unilaterais.[191] No Brasil, estudos de Carlos Pereira, Timothy Power e Lucio Rennó[192] e John Carey e Matthew Shugart[193] indicam, por exemplo, que o uso de medidas provisórias é altamente contingente a fatores políticos e econômicos, mas que não há uma relação direta e inexorável entre governos unificados ou divididos e o uso dessas medidas unilaterais pelo Executivo, especialmente quando se considera o sistema político de presidencialismo de coalização vigente no país.[194]

Nada obstante a profunda diferença entre decretos e medidas provisórias, tais conclusões podem ser relevantes para a compreensão

---

[189] KRAUSE, George A.; COHEN, David B. Presidential use of executive orders, 1953-1994. *American Politics Quarterly*, [*S. l.*], v. 25, n. 4, p. 470, 1997, tradução nossa.

[190] BOLTON, Alexander; THROWER, Sharece. Legislative capacity and executive unilateralism. *American Journal of Political Science*, [*S. l.*], v. 60, n. 3, p. 655-656, 2016; DEERING, Christopher J.; MALTZMAN, Forrest. The Politics of Executive Orders: Legislative Constraints on Presidential Power. *Political Research Quarterly*, [*S. l.*], v. 52, n. 4, p. 767-783, 1999.

[191] FINE, Jeffrey A.; WARBER, Adam L. Circumventing adversity: Executive orders and divided government. *Presidential Studies Quarterly*, [*S. l.*], v. 42, n. 2, p. 256-274, 2012; PEREIRA, Carlos; POWER, Timothy J.; RENNÓ, Lucio R. Under what conditions do presidents resort to decree power? Theory and evidence from the Brazilian case. *The Journal of Politics*, [*S. l.*], v. 67, n. 1, p. 195, 2005; MAYER, Kenneth R. Executive orders and presidential power. *The Journal of Politics*, [*S. l.*], v. 61, n. 2, p. 460-461, 1999.

[192] PEREIRA, Carlos; POWER, Timothy J.; RENNÓ, Lucio R. Under what conditions do presidents resort to decree power? Theory and evidence from the Brazilian case. *The Journal of Politics*, [*S. l.*], v. 67, n. 1, p. 196, 2005.

[193] CAREY, John M.; SHUGART, Matthew Soberg. Poder de decreto: chamando os tanques ou usando a caneta? *Revista Brasileira de Ciências Sociais*, São Paulo, v. 13, n. 37, p. 149-184, 1998.

[194] PEREIRA, Carlos; POWER, Timothy J.; RENNÓ, Lucio R. Under what conditions do presidents resort to decree power? Theory and evidence from the Brazilian case. *The Journal of Politics*, [*S. l.*], v. 67, n. 1, p. 196, 2005.

da dinâmica desses atos no país. Os presidentes brasileiros recordistas no número de decretos no primeiro ano de governo são Fernando Collor de Mello e Jair Bolsonaro, que não gozavam de uma base parlamentar sólida e majoritária no Congresso. Collor editou 795 decretos, enquanto Bolsonaro editou 536 no primeiro ano do mandato. A título de comparação, Fernando Henrique Cardoso editou 408 decretos, Lula 383, e Dilma Rousseff 240. Ocorre que, ao longo dos oito anos de governo, Lula e FHC, presidentes que possuíam bases relativamente consistentes no Congresso,[195] editaram um número total alto desses atos: FHC editou 3.203 decretos, e Lula, 2.860.[196] Assim, não há como afirmar que, no Brasil, governos divididos editam "muitos" decretos e governos unificados editam "poucos". Tal como ocorre com as medidas provisórias, não parece haver uma relação fixa, direta e inexorável entre a base parlamentar do Executivo e o número de decretos editados.

Diante da intensa controvérsia, Kenneth Mayer, um dos principais pesquisadores do tema, chegou a afirmar que "ainda não se entende perfeitamente como a dinâmica entre presidente e congresso afeta a edição de atos unilaterais".[197] Nota-se, portanto, que a relação entre a frequência no uso de decretos e a detenção de maioria no Congresso permanece incerta, sendo provável que dependa de arranjos políticos específicos, nem sempre observáveis apenas a partir da dicotomia maioria/minoria no Legislativo.

2.3.1.1 Índices de popularidade

Para a literatura estadunidense, os presidentes tenderão a agir unilateralmente quando experimentam baixos níveis de apoio popular.[198] É que adotariam uma estratégia compensatória para tomar decisões

---

[195] Ver Gráfico 12, constante do Capítulo 3, item 3.1.1. Apenas no segundo mandato, Lula passou a ter uma maioria consolidada no Congresso. Nada obstante, não é possível afirmar que possuía uma relação conflituosa com o Congresso no primeiro ano de governo. Ainda, não houve uma diferença significativa no número editados no primeiro e no segundo mandato.

[196] Ver Gráfico 1, constante no Capítulo 3, item 3.1.1.1.

[197] MAYER, Kenneth. Executive orders. *In*: BESSETTE, J. M.; TULIS, J. K. (ed.) *The Constitutional Presidency*. Baltimore: Johns Hopkins, 2009. p. 168.

[198] MAYER, Kenneth R. *With the Stroke of a Pen*: Executive Orders and Presidential Power. Princeton: Princeton University Press, 2002. p. 97; 102. No mesmo sentido, ver DEERING, Christopher J.; MALTZMAN, Forrest. The Politics of Executive Orders: Legislative Constraints on Presidential Power. *Political Research Quarterly*, v. 52, n. 4, 1999, p. 767-783 e FINE, Jeffrey A.; WARBER, Adam L. Circumventing adversity: Executive orders and divided government. *Presidential Studies Quarterly*, [*S. l.*], v. 42, n. 2, p. 256-274, 2012, p. 268-269.

políticas e fazer reformas para alavancar sua popularidade.[199] Decretos seriam usados, assim, como uma forma de diálogo direto com a população e, especialmente, com a base de apoio originária do presidente.[200] Funcionariam, ainda, para dar uma publicidade extra para determinada posição política, sendo uma forma de o presidente demonstrar atenção e solidariedade em relação a determinado problema social e dar um *feedback* direto à população.[201] Em síntese, para melhorar sua imagem, presidentes buscariam "fazer as coisas sozinhos, do seu próprio jeito" para demonstrar que ainda têm força política.

No Brasil, todavia, pode-se afirmar que a relação entre popularidade e número de decretos não acompanha a tendência observada nos Estados Unidos. A título de exemplo, apesar de a ex-Presidente Dilma Rousseff ter apresentado baixos níveis de aprovação popular durante o ano de 2016, quando sofreu o processo de *impeachment*, não houve qualquer aumento significativo no número de decretos editados.[202] A seu turno, presidentes que gozaram de alta popularidade, como Lula e Fernando Henrique Cardoso, editaram um alto número desses atos, bem maior do que a média de Dilma Rousseff. Ainda, Jair Bolsonaro gozava de índices positivos durante o seu primeiro ano de governo, justamente quando editou um número recorde desses atos, comparável apenas aos números do governo de Fernando Collor.[203]

2.3.1.2 Início ou fim do mandato

Outra questão interessante é a frequência na edição desses atos ao longo de um mandato. Presume-se que presidentes tendem a editar mais decretos nos primeiros e nos últimos meses de governo, ou seja, assim que chegam à Presidência e quando estão prestes a sair.[204] De

---

199 MAYER, Kenneth R. Executive orders and presidential power. *The Journal of Politics*, [*S. l.*], v. 61, n. 2, p. 460-461, 1999.

200 ROTINGHAUS, Brandon; WARBER, Adam L. Unilateral orders as constituency outreach: Executive orders, proclamations, and the public presidency. *Presidential Studies Quarterly*, [*S. l.*], v. 45, n. 2, p. 294, 2015.

201 ROTINGHAUS, Brandon; WARBER, Adam L. Unilateral orders as constituency outreach: Executive orders, proclamations, and the public presidency. *Presidential Studies Quarterly*, [*S. l.*], v. 45, n. 2, p. 294, 2015.

202 Cf. Gráfico 1, constante no Capítulo 3, item 3.1.1.1.

203 Cf. Gráfico 1, constante no Capítulo 3, item 3.1.1.1.

204 ROTINGHAUS, Brandon; WARBER, Adam L. Unilateral orders as constituency outreach: Executive orders, proclamations, and the public presidency. *Presidential Studies Quarterly*, [*S. l.*], v. 45, n. 2, p. 294, 2015.

fato, nos primeiros meses de mandato, estão gozando de ampla força política, que procuram manter ao concretizar imediatamente promessas de campanha. Nesse período, desejam alterar o *status quo* a fim de se diferenciarem de seus antecessores, realizando reformas e moldando o Executivo às novas diretrizes. Especialmente nos primeiros "100 dias" de governo, que ganham uma grande atenção da mídia, presidentes costumam apontar os erros da administração anterior e editam um número maior de atos para adaptar a burocracia aos "novos tempos"[205] e deixar sua "marca registrada".

De acordo com Magna Maria Inácio, aqueles com agendas de reformas mais ambiciosas e divergentes dos governos anteriores recorrem mais a decretos, "seja para rever regulamentação de leis e decretos prévios ou para reorganizar os órgãos do Executivo de acordo com as suas prioridades".[206] Assim, presidentes que vencem as eleições com ideologia política contrária à do governo anterior, com promessas de campanha acentuadamente reformistas, editarão mais desses atos para criticar e se desvincular da administração prévia.

Por outro lado, também é comum que presidentes editem decretos bem no final de seus mandatos, justamente para vincular o próximo presidente e perpetuar determinada política ou reforma.[207] Dessa forma, será criado um ônus político para que o próximo governante anule as medidas de seu predecessor. A doutrina estadunidense aponta, por exemplo, que, nos últimos meses de governo, presidentes costumam editar ordens executivas de teor altamente simbólico e controverso, relativas a direitos trabalhistas, sistema de saúde e meio ambiente.[208] No Brasil, por exemplo, foi justamente no último ano do governo que o ex-Presidente Fernando Henrique Cardoso mais editou decretos.[209] Ainda, haveria uma maior edição desses atos em anos de reeleição para demonstrar que o presidente "está no comando" e "fazendo seu

---

205 RUHL, J. B.; SALZMAN, James. Presidential Exit. *Duke Law Journal*, [*S. l.*], v. 67, p. 1732, 2017, tradução nossa.

206 BBC NEWS BRASIL. *Dos EUA ao Brasil, como presidentes tentam governar sem Congresso*. 17 jun. 2019. Disponível em: https://www.bbc.com/portuguese/brasil-48505310. Acesso em: 05 maio 2020. Cf. INÁCIO, Magna Maria; LLANOS, Mariana. The Institutional Presidency in Latin America: A Comparative Analysis. *Presidential Studies Quarterly*, v. 46, n. 3, p. 531-549, 2016.

207 MAYER, Kenneth. *With the Stroke of a Pen*: Executive Orders and Presidential Power. Princeton: Princeton University Press, 2002. p. 96.

208 MAYER, Kenneth R. Executive orders and presidential power. *The Journal of Politics*, [*S. l.*], v. 61, n. 2, p. 450-452, 1999.

209 Cf. Gráfico 1, constante no Capítulo 3, item 3.1.1.1.

trabalho". Esses atos, no geral, são voltados para seu público apoiador, reforçando posições políticas e consolidando reformas inauguradas no início dos mandatos.[210]

2.3.1.3 Cenários de crise

No contexto latino-americano, o número anual de decretos editados tende a atingir picos em momentos críticos. De acordo com Magna Maria Inácio e Mariana Llanos, o número disparou durante a implementação intensiva de reformas estruturais, como os "planos de estabilização da inflação e de privatização realizados por Carlos Menem (1989-1999) e no início do período dos Kirchner (2003-2015) na Argentina".[211] O Paraguai, por sua vez, "experimentou dois picos, durante as administrações minoritárias e politicamente instáveis de Juan Carlos María Wasmosy Monti (1993-1998) e Fernando Lugo (2008-2012)".[212] Já no Peru, houve um número crescente de decretos emitidos "especialmente após o período autoritário de Alberto Fujimori (1990-2000)".[213]

No mesmo sentido, Matthew Shugart e John Carey apontam que as graves crises econômicas que assolaram os países da América Latina nos anos 1980 foram enfrentadas através de pacotes de reformas econômicas elaborados unilateralmente por presidentes.[214] Também nos Estados europeus pós-socialistas, as reformas econômicas e políticas

---

[210] ROTINGHAUS, Brandon; WARBER, Adam L. Unilateral orders as constituency outreach: Executive orders, proclamations, and the public presidency. *Presidential Studies Quarterly*, [*S. l.*], v. 45, n. 2, p. 297, 2015. No mesmo sentido, MAYER, Kenneth. *With the Stroke of a Pen*: Executive Orders and Presidential Power. Princeton: Princeton University Press, 2002. p. 97.

[211] INÁCIO, Magna Maria; LLANOS, Mariana. The Institutional Presidency in Latin America: A Comparative Analysis. *Presidential Studies Quarterly*, [*S. l.*], v. 46, n. 3, p. 531-549, 2016. Cf. ODILLA, Fernanda. Dos EUA ao Brasil, como presidentes tentam governar sem Congresso. *BBC News Brasil*, Londres, 17 jun. 2019. Disponível em: https://www.bbc.com/portuguese/brasil-48505310. Acesso em: 25 ago. 2024.

[212] INÁCIO, Magna Maria; LLANOS, Mariana. The Institutional Presidency in Latin America: A Comparative Analysis. *Presidential Studies Quarterly*, [*S. l.*], v. 46, n. 3, p. 531-549, 2016.

[213] INÁCIO, Magna Maria; LLANOS, Mariana. The Institutional Presidency in Latin America: A Comparative Analysis. *Presidential Studies Quarterly*, [*S. l.*], v. 46, n. 3, p. 531-549, 2016.

[214] CAREY, John M.; SHUGART, Matthew Soberg. Poder de decreto: chamando os tanques ou usando a caneta? *Revista Brasileira de Ciências Sociais*, São Paulo, v. 13, n. 37, p. 149-184, 1998.

do início dos anos 1990 foram realizadas mediante atos dos chefes do Executivo, com uma participação ínfima dos parlamentos.[215]

No Brasil, o protagonismo do Executivo em cenários de crise econômica restou bem sintetizado em entrevista concedida pelo ex-Presidente Fernando Collor de Mello, que buscou debelar a alta inflação no país com planos econômicos veiculados por medidas provisórias. Quando questionado sobre a importância do uso dessas medidas, o ex-Presidente respondeu:

> (...) como poderíamos ter congelado todos os ativos líquidos [sem o uso de medidas provisórias]? Como poderíamos executar todas essas medidas dizendo: "Escute, precisamos congelar todos os ativos por um ano, (...) a fim de reduzir a quantidade de dinheiro em circulação e, assim, livrar-nos da inflação"? *Estas eram medidas que seriam impossíveis de adotar sem o uso de Medida Provisória. Assim como o Plano Cruzado, o Plano Bresser, o Plano Verão, todo plano econômico heterodoxo aqui no Brasil fez uso de Medida Provisória. Sem a MP, eles nunca teriam passado*. Isso não significa que estou defendendo a medida provisória. Eu sou contra isso. Mas é *o único instrumento de governabilidade e administração que temos hoje disponível para nós*. É isso aí. Não há outro caminho.[216]

Apesar de Collor ter citado apenas as MPs, é certo que seu governo fez um grande uso de decretos em matéria econômica, especialmente para iniciar processos de privatização de empresas públicas. Collor instituiu, através de decreto, o "Programa Federal de Desregulamentação" para concretizar sua promessa de campanha de diminuir a intervenção do Estado na economia[217] e incluiu um sem-número de empresas públicas no Programa Nacional de Desestatização (PND), como a Rede Ferroviária Federal S.A., a Rede Federal de Armazéns Gerais Ferroviários S.A., a Engenharia, Construções e Ferrovias S.A.,[218] o Banco

---

215 KUBICEK, Paul. Delegative democracy in Russia and Ukraine. *Communist and Post-Communist Studies*, v. 27, n. 4, 1994.

216 POWER, Timothy. The pen is mightier than the Congress. Presidential decree power in Brazil. *In*: CAREY, John M.; SHUGART, Matthew Soberg (ed.). *Executive Decree Authority*. Cambridge: Cambridge University Press, 1998. p. 216-217, tradução nossa.

217 Decreto nº 99.179, de 15 de março de 1990.

218 Decreto nº 473, de 10 de março de 1992. Dispõe sobre inclusão, no Programa Nacional de Desestatização - PND, da Rede Ferroviária Federal S.A. - RFFSA, da AGEF - Rede Federal de Armazéns Gerais Ferroviários S.A. e da VALEC - Engenharia, Construções e Ferrovias S.A.

Meridional do Brasil S.A.,[219] a Petrobras Fertilizantes S.A. e a Empresa de Navegação da Amazônia S.A.[220]

Outro exemplo de uma crise tratada por meio de decretos em vários países foi a pandemia da Covid-19. Como já mencionado, houve uma proliferação de atos unilaterais vindos de todos os níveis executivos do governo para impor restrições ao transporte público e à mobilidade urbana, ordenar o fechamento de estabelecimentos comerciais, limitar a liberdade de reunião etc. Pode-se dizer que essas decisões foram tomadas por meio de atos unilaterais justamente por causa de sua rapidez e flexibilidade, já que o cenário de crise teoricamente não permitia que se esperasse a formação de maiorias legislativas e que o processo legislativo normal seguisse seu curso.[221]

Durante a pandemia, houve uma tendência em alguns países em direção a um declínio democrático por meio da crescente autocratização dos governos. Com base em poderes emergenciais, líderes populistas e autoritários causaram uma intensa reação democrática e um crescente iliberalismo.[222] O declínio democrático operou principalmente por meio de ataques aos direitos civis, privando as minorias de seus direitos,

---

[219] Decreto nº 654, de 17 de setembro de 1992. Dispõe sobre inclusão, no Programa Nacional de Desestatização - PND, do Banco Meridional do Brasil S.A.

[220] Decreto nº 99.666, de 1º de novembro de 1990. Dispõe sobre inclusões no Programa Nacional de Desestatização.

[221] Cf. CORMACAIN, Ronan; BAR-SIMAN-TOV, Ittai. Legislatures in the Time of Covid-19. *The Theory and Practice of Legislation*, [*S. l.*], v. 8, n. 1-2, p. 8, 2020; DEERE, Kelly J. Governing by Executive Order during the Covid-19 Pandemic: Preliminary Observations Concerning the Proper Balance between Executive Orders and More Formal Rule Making. *Missouri Law Review*, [*S. l.*], v. 86, p. 721, 2021; FOURMONT, Alexis; RIDARD, Basile. Parliamentary oversight in the health crisis. *European Issues*, [*S. l.*], n. 558, p. 1-11, 2020; GINSBURG, Tom; VERSTEEG, Mila. The bound executive: Emergency powers during the pandemic. *International Journal of Constitutional Law*, [*S. l.*], v. 19, n. 5, p. 1527-1530, Dec. 2021; GROGAN, Joelle. Covid-19, The Rule of Law and Democracy. Analysis of Legal Responses to a Global Health Crisis. *Hague Journal on the Rule of Law*, [*S. l.*], v. 14, n. 2-3, p. 353, 2022; GROGAN, Joelle. Extraordinary or extralegal responses? Covid-19 and the rule of law in Europe. *Democracy Reporting International*, [*S. l.*], p. 9, 2021; HELLMEIER, Sebastian et al. State of the world 2020: autocratization turns viral. *Democratization*, [*S. l.*], v. 28, n. 6, p. 1053-1074, 2021; PETROV, Jan. The Covid-19 Emergency in the Age of Executive Aggrandizement: What Role for Legislative and Judicial Checks? *The Theory and Practice of Legislation*, [*S. l.*], v. 8, n. 1-2, p. 71-92, 2020.

[222] EICHLER, Jessika; SONKAR, Sumit. Challenging absolute executive powers in times of corona: re-examining constitutional courts and the collective right to public contestation as instruments of institutional control. *Review of Economics and Political Science*, [*S. l.*],v. 6, n. 1, p. 5, 2021; ROTH, Kenneth. How authoritarians are exploiting the Covid-19 crisis to grab power. *Human Rights Watch*, [*S. l.*],v. 3, p. 15, 2020.

ou por meio do controle ilegítimo das instituições públicas.[223] Como Alexander Cooley e Daniel Nexon observaram, "governos iliberais em todo o mundo estão usando a pandemia como cobertura para restringir a liberdade da mídia e reprimir a oposição política e a sociedade civil".[224] A pandemia foi então explorada pelos líderes para usar seus poderes de emergência de forma injustificada para atingir objetivos políticos e adotar medidas não relacionadas à crise de saúde pública.[225]

Na Hungria, por exemplo, o Parlamento aprovou uma lei que permitia o Primeiro-Ministro Victor Orbán governar por decreto. Orbán recebeu poderes indefinidos, extraordinários, abrangentes e ilimitados para enfrentar a crise. O Parlamento poderia eventualmente invalidar a delegação, mas somente com uma maioria de dois terços. Diversas restrições institucionais foram introduzidas, como a suspensão temporária do funcionamento dos tribunais, o que impediu a revisão judicial das ações do Executivo. Os cidadãos húngaros perderam uma parte significativa de seus direitos cívicos e ganharam muito pouca proteção contra a Covid-19.[226]

Na Turquia, a pandemia permitiu que o Presidente Recep Tayyip Erdogan aprofundasse seu governo autocrático, silenciando os críticos e aprovando rapidamente novas leis restritivas para limitar a dissidência. Em 2020, o Presidente usou a emergência como desculpa para proibir manifestações de partidos de oposição e críticos do governo. O governo aprofundou a censura das plataformas de mídia social e limitou a autoridade das associações de advogados que se manifestavam sobre a crise do Estado de Direito na Turquia. Nas palavras de Hugh Williamson, diretor da Human Rights Watch para a Europa e Ásia Central, "a pandemia de Covid-19 se tornou uma desculpa para o governo Erdogan dobrar o regime autocrático e reprimir as críticas

---

223 ROTH, Kenneth. How authoritarians are exploiting the Covid-19 crisis to grab power. *Human Rights Watch*, [S. l.],v. 3, p. 16, 2020.

224 COOLEY, Alexander; NEXON, Daniel H. *Foreign Affairs*, [S. l.], 14 Dec. 2021, tradução nossa. Disponível em: https://www.foreignaffairs.com/articles/world/2021-12-14/illiberalism-real-crisis-global-order. Acesso em: 6 jun. 2024.

225 COGLIANESE, Cary; MAHBOUBI, Neysun A. Administrative law in a time of crisis: comparing national responses to Covid-19. *Administrative Law Review*, [S. l.], v. 73, 2021, p. 12; BOLLEYER, Nicole; SALÁT, Orsolya. Parliaments in times of crisis: Covid-19, populism, and executive dominance. *West European Politics*, [S. l.], v. 44, n. 5-6, p. 1103-1128, 2021.

226 GUASTI, Petra. The impact of the Covid-19 pandemic in Central and Eastern Europe: The rise of autocracy and democratic resilience. *Democratic Theory*, [S. l.], v. 7, n. 2, p. 47-53, 2020.

e a oposição, em detrimento da união do país durante uma crise de saúde pública".[227] [228]

Em regimes autoritários como China, Arábia Saudita e Camboja, a resposta à pandemia também se baseou inteiramente em decretos e regulamentações executivas, e sua base jurídica formal nunca foi oficialmente esclarecida. Nesses países, a emergência levou a um aumento da violência policial, à perseguição de minorias e opositores políticos e a uma concentração ainda maior de poder nas mãos de líderes executivos.[229] É temerário que, em vários países, decretos tenham se tornado ferramentas diárias para legislar e gerenciar a crise.

2.4 Limites institucionais e políticos ao poder unilateral de presidentes

Presidentes sabem da importância e do impacto dos atos unilaterais para seu presente e futuro políticos. Sabem que a mídia e a população irão apoiar ou condenar sua ação solitária e que poderá haver respostas ou retaliações por parte do Congresso ou tribunais. Nesse contexto, realizam cálculos políticos prévios e buscam antecipar a reação dos demais Poderes a fim de avaliar se determinada medida deve ser tomada unilateralmente ou em conjunto com o Congresso.[230] A decisão de agirem sozinhos não é trivial e gera custos políticos, de modo que os presidentes "pensam politicamente" antes de editar decretos e medidas provisórias.[231]

De fato, na maior parte das vezes, presidentes enfrentam barreiras reais: uma burocracia ampla e sedimentada, um Congresso independente

---

[227] TURKEY: Covid-19 Pandemic Used to Strengthen Autocratic Rule". *Human Rights Watch*, [*S. l.*], 13 Jan. 2021, tradução nossa. Disponível em: https://www.hrw.org/news/2021/01/13/turkey-covid-19-pandemic-used-strengthen-autocratic-rule. Acesso em: 6 jun. 2024.

[228] TURKEY: Covid-19 Pandemic Used to Strengthen Autocratic Rule". *Human Rights Watch*, [*S. l.*], 13 Jan. 2021, tradução nossa. Disponível em: https://www.hrw.org/news/2021/01/13/turkey-covid-19-pandemic-used-strengthen-autocratic-rule. Acesso em: 6 jun. 2024.

[229] GINSBURG, Tom; VERSTEEG, Mila. The bound executive: Emergency powers during the pandemic. *International Journal of Constitutional Law*, [*S. l.*], v. 19, n. 5, p. 1527-1530, Dec. 2021.

[230] BAILEY, Jeremy D.; ROTTINGHAUS, Brandon. Reexamining the use of unilateral orders: Source of authority and the power to act alone. *American Politics Research*, v. 42, n. 3, p. 474, 2014.

[231] BAILEY, Jeremy D.; ROTTINGHAUS, Brandon. Reexamining the use of unilateral orders: Source of authority and the power to act alone. *American Politics Research*, v. 42, n. 3, p. 473, 2014.

e frequentemente recalcitrante, uma mídia que opera com interesses próprios, um público cada vez mais atento e um Judiciário que, por vezes, mostra as caras. Nesse cenário, o uso abusivo de poderes unilaterais pode ser combatido em diferentes frentes, de cunho formal e informal. Como mecanismos formais de controle, estão a possibilidade de o Congresso sustar decretos do Executivo (artigo 49, inciso V, da CRFB/88) e de o Judiciário controlá-los mediante ações de controle concentrado, mandado de segurança, ação civil pública e ação popular. Já entre os mecanismos informais estão a mídia e a opinião pública, que desempenham um papel relevante contra o uso abusivo desses atos e representam uma verdadeira fonte de "checagem" do presidente.[232]

Certamente, a publicação de reportagens alertando e conscientizando a população a respeito do uso frequente de instrumentos unilaterais espelha um importante escrutínio do presidente. Como exemplo, nos últimos meses foi comum no Brasil a publicação de manchetes anunciando: "Bolsonaro bate recorde de decretos nos primeiros 150 dias desde Collor";[233] "Com média de 1,3 por dia, governo Bolsonaro só fez menos decretos que Collor nos 6 primeiros meses"[234] e "Bolsonaro é presidente com mais decretos e MPs questionados no STF no primeiro ano de mandato".[235] Tais reportagens são importantes para avisar o público sobre um hábito presidencial abusivo e alertar para os riscos democráticos do uso excessivo de decretos. Mais do que as cortes e o Legislativo, é esse tipo de limite informal e político que explica por que, no geral, presidentes costumam não agir sozinhos de forma tão agressiva.[236]

---

232 POSNER, Eric A.; VERMEULE, Adrian. *The Executive Unbound*: After the Madisonian Republic. Oxford: Oxford University Press, 2011. p. 14, tradução nossa.

233 BOLSONARO é o presidente que menos aprovou propostas no primeiro ano. *Correio Braziliense*, Rio de Janeiro, 9 jan. 2020. Disponível em: https://www.correiobraziliense.com.br/app/noticia/politica/2020/01/09/interna_politica,819223/bolsonaro-e-o-presidente-que-menos-aprovou-propostas-no-primeiro-ano.shtml. Acesso em: 6 jun. 2020.

234 SALOMÃO, Lucas. Com média de 1,3 por dia, governo Bolsonaro só fez menos decretos que Collor nos 6 primeiros meses. *G1*, Brasília, DF, 29 jun. 2019. Disponível em: https://g1.globo.com/politica/noticia/2019/06/29/com-media-de-13-decreto-por-dia-governo-bolsonaro-so-editou-menos-que-collor-em-seis-meses.ghtml. Acesso em: 5 maio 2020.

235 OLIVEIRA, Mariana; VIVAS, Fernanda; D'AGOSTINO, Rosanne. Bolsonaro é presidente com mais decretos e MPs questionados no STF no primeiro ano de mandato. *G1*, Brasília, DF, 1 mar. 2020. Disponível em: https://g1.globo.com/politica/noticia/2020/03/01/bolsonaro-e-presidente-com-mais-decretos-e-mps-questionados-no-stf-no-primeiro-ano-de-mandato.ghtml. Acesso em: 6 jun. 2020.

236 CHRISTENSON, Dino P.; KRINER, Douglas L. Political constraints on unilateral executive action. *Case Western Reserve Law Review*, Atlanta, v. 65, p. 931, 2014.

É preciso, porém, que a mídia seja apenas *uma* dentre as *várias* ferramentas de controle do presidente. Uma democracia não pode depender somente de seus meios de comunicação para se manter nos limites constitucionais. Especialmente com o surgimento das tecnologias da informação e das redes sociais, muitos presidentes ignoram ou minimizam os alertas da mídia tradicional e buscam apoio em plataformas digitais, como Twitter e Facebook. Assim, não é suficiente a publicação de reportagens criticando "decretaços": são necessários um Legislativo e um Judiciário com coragem para agir de forma contramajoritária e impor limites ao presidente, principalmente quando este se utiliza de sua popularidade para governar sozinho. Como observa William Howell, "quando o Congresso é fraco e o Judiciário é leniente, os poderes unilaterais dos presidentes florescem; quando o Congresso é forte e unido, e o Judiciário decide restringir o poder presidencial, os presidentes passam a ter poderes unilaterais limitados".[237]

---

[237] HOWELL, William G. *Power without Persuasion*: The Politics of Direct Presidential Action. Princeton: Princeton University Press, 2003. p. 176, tradução nossa.

CAPÍTULO 3

DECRETOS PRESIDENCIAIS NO BRASIL

3.1 Decretos presidenciais publicados no Brasil entre 1990 e 2023

No presente capítulo, será feita a leitura dos dados estatísticos de decretos editados no Brasil entre 1990 e 2023 à luz das hipóteses suscitadas anteriormente. Será questionado *como* a relação entre presidente e Congresso e demais variáveis afetam a quantidade e o conteúdo desses atos editados no país.

Apesar da importância da análise quantitativa, também se mostra necessária uma análise qualitativa que verifique o teor dos decretos editados e compreenda a profundidade com que alteram a realidade social, política ou econômica. De fato, não é somente pela quantidade de atos expedidos que se afere eventual ingerência do Executivo no Parlamento. Em crítica direcionada ao governo brasileiro atual, Magna Maria Inácio ressalta que "é o teor dos decretos, mais do que o número, que parece sinalizar um movimento mais radical de unilateralismo presidencial no governo Bolsonaro".[238]

Assim, além da análise quantitativa, que envolve a influência de diferentes fatores nos números de cada presidente brasileiro desde 1990, também será realizada uma análise qualitativa, que buscará entender

238 ODILLA, Fernanda. Dos EUA ao Brasil, como presidentes tentam governar sem Congresso. *BBC News Brasil*, Londres, 17 jun. 2019. Disponível em: https://www.bbc.com/portuguese/brasil-48505310. Acesso em: 5 maio 2020. Cf. INÁCIO, Magna Maria; LLANOS, Mariana. The Institutional Presidency in Latin America: A Comparative Analysis. *Presidential Studies Quarterly*, [S. l.], v. 46, n. 3, p. 531-549, 2016.

quais os temas geralmente normatizados pelos decretos e quais as políticas sensíveis criadas com esse instrumento normativo.

3.1.1 Dados estatísticos

Os gráficos a seguir expressam (i) o número de decretos editados por presidentes brasileiros entre 1990 e 2023, (ii) o número de projetos de decretos legislativos apresentados para sustar atos do Executivo no período e (iii) o número de ações de controle concentrado de constitucionalidade ajuizadas contra decretos presidenciais editados entre 1990 e 2020 e julgadas pelo Plenário do STF.

Além desses, também serão apresentados gráficos com (i) o número total de projetos de lei, projetos de emenda constitucional e projetos de lei complementar apresentados por presidentes no primeiro ano de governo (1990-2020); (ii) o número de deputados que integraram a base de apoio do governo (1990-2019) e o (iii) o número de ações registradas no STF contra medidas provisórias e decretos editados por presidentes no primeiro ano de governo (2003-2019). Tais informações possibilitarão uma análise posterior da conjuntura política existente e da relação entre o número de decretos e demais variáveis.

3.1.1.1 Decretos presidenciais

Gráfico 1 - Decretos editados por presidentes brasileiros de acordo com o ano do governo (1990 a 2022)[239] [240]

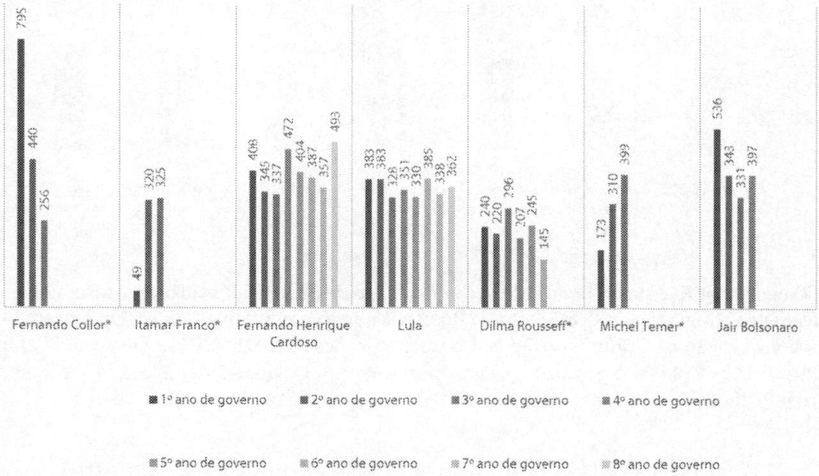

Fonte: Elaboração nossa a partir de dados extraídos de BRASIL. Presidência da República. Decretos editados pelo Presidente da República, regulamentam as leis e dispõem sobre a organização da administração pública. *Gov.br*, Brasília, DF, [2024]. Disponível em: http://www4.planalto.gov.br/legislacao/portal-legis/legislacao-1/decretos1. Acesso em: 16 jun. 2024.

---

239 No Gráfico 1, o primeiro ano de governo dos ex-Presidentes Fernando Collor, Itamar Franco e Michel Temer não equivale a um ano letivo completo: o ex-Presidente Fernando Collor de Mello assumiu a Presidência em março de 1990, de modo que seu primeiro ano de governo equivale ao período compreendido entre 15 de março de 1990 e 31 de dezembro de 1990. Já o ex-Presidente Itamar Franco assumiu interinamente a Presidência em 2 de outubro de 1992, sendo formalmente aclamado em 29 de dezembro de 1992. Assim, o Gráfico 1 demonstra que, no período compreendido entre 2 de outubro de 1992 e 31 de dezembro de 1992, Itamar Franco editou 49 decretos. Por sua vez, o ex-Presidente Michel Temer assumiu interinamente a Presidência em 12 de maio de 2016. Assim, o gráfico demonstra que, no período compreendido entre 12 de maio de 2016 e 31 de dezembro de 2016, Temer editou 173 decretos.

240 No Gráfico 1, o último ano de governo dos ex-Presidentes Fernando Collor e Dilma Rousseff não equivale a um ano letivo completo: o ex-Presidente Fernando Collor de Mello deixou a Presidência em 2 de outubro de 1992, quando Itamar Franco assumiu interinamente. Formalmente, contudo, Collor deixou a Presidência em 29 de dezembro de 1992, em decorrência de processo de *impeachment*. Já a ex-Presidente Dilma Rousseff deixou a Presidência em 12 de maio de 2016, quando Michel Temer assumiu interinamente. Formalmente, contudo, Dilma deixou a Presidência em 31 de agosto de 2016, em decorrência de processo de *impeachment*.

Gráfico 2 - Total de decretos editados por presidentes brasileiros (1990 a 2022)[241]

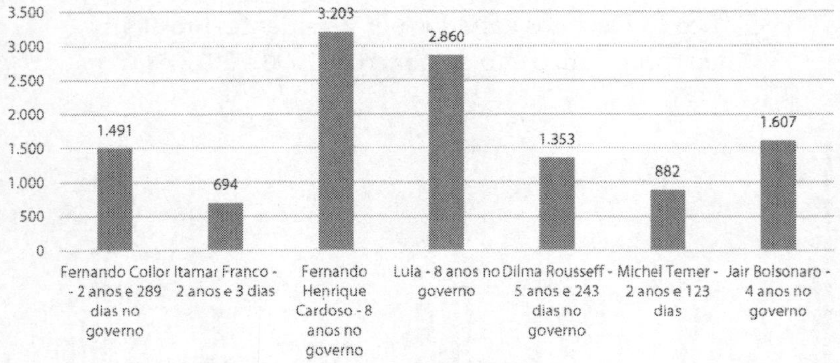

Fonte: Elaboração nossa a partir de dados extraídos de BRASIL. Presidência da República. Decretos editados pelo Presidente da República, regulamentam as leis e dispõem sobre a organização da administração pública. *Gov.br*, Brasília, DF, [2024]. Disponível em: http://www4.planalto.gov.br/legislacao/portal-legis/legislacao-1/decretos1. Acesso em: 16 jun. 2024.

Gráfico 3 - Total de decretos editados no primeiro semestre de governo por presidentes brasileiros (1990 a 2022)[242]

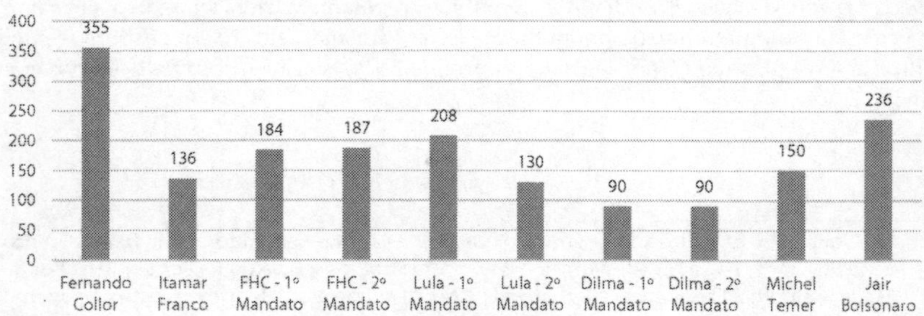

Fonte: Elaboração nossa a partir de dados extraídos de BRASIL. Presidência da República. Decretos editados pelo Presidente da República, regulamentam as leis e dispõem sobre a organização da administração pública. *Gov.br*, Brasília, DF, [2024]. Disponível em: http://www4.planalto.gov.br/legislacao/portal-legis/legislacao-1/decretos1. Acesso em: 16 jun. 2024.

---

241 No Gráfico 2, deve-se destacar a diferença temporal entre os mandatos dos diversos presidentes. Somente Fernando Henrique Cardoso e Luiz Inácio Lula da Silva governaram durante 8 anos. Fernando Collor (2 anos e 289 dias); Itamar Franco (2 anos e 3 dias); Fernando Henrique Cardoso; Luiz Inácio Lula da Silva (8 anos); Dilma Rousseff (5 anos e 243 dias); Michel Temer (2 anos e 123 dias) e Jair Bolsonaro (4 anos).

242 O Gráfico 3 é o que melhor compara a frequência na edição de decretos dos diferentes presidentes, visto englobar o mesmo lapso temporal.

3.1.1.2 Projetos de decretos legislativos para sustar atos do Executivo (art. 49, V, da CRFB)

Gráfico 4 - Total de projetos de decreto legislativo (PDLs) apresentados para sustar atos do Executivo (1990 a 2020)[243]

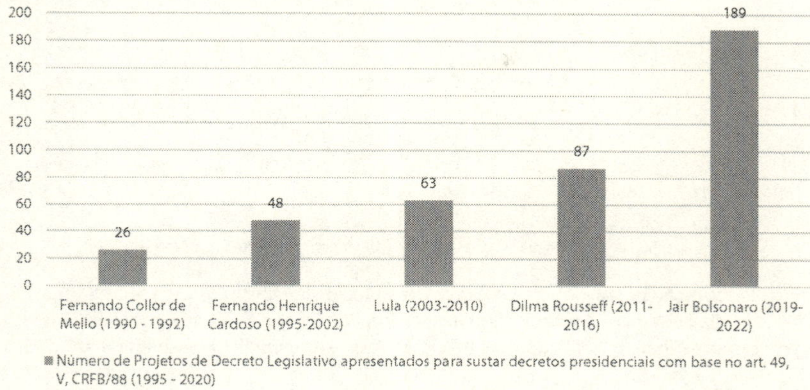

Fonte: Elaboração nossa a partir de dados extraídos de BRASIL. Câmara dos Deputados. Proposições. *Portal da Câmara dos Deputados*, Brasília, DF, [2024]. Disponível em: https://www.camara.leg.br/buscaProposicoesWeb/pesquisaAvancada. Acesso em: 6 jun. 2020, BRASIL. Senado Federal. Atividade Legislativa. *Portal do Senado*, Brasília, DF, [2024]. Disponível em: https://www25.senado.leg.br/web/atividade/materias. Acesso em: 6 jun. 2020.

243 O Gráfico 4 deve ser lido da seguinte forma: entre 1995 e 2002, foram apresentados 48 projetos de decreto legislativo na Câmara dos Deputados contra decretos editados pelo ex-Presidente Fernando Henrique Cardoso.

Gráfico 5 - Total de projetos de decreto legislativo (PDLs) apresentados para sustar decretos presidenciais – primeiro ano do mandato (1990 a 2020)[244]

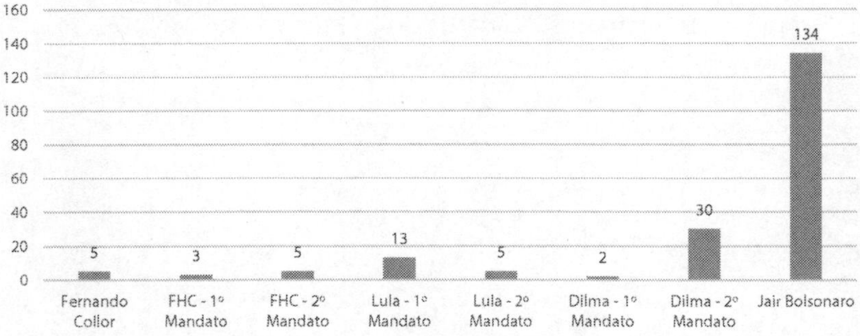

Fonte: Elaboração nossa a partir de dados extraídos de BRASIL. Câmara dos Deputados. Proposições. *Portal da Câmara dos Deputados*, Brasília, DF, [2024]. Disponível em: https://www.camara.leg.br/buscaProposicoesWeb/pesquisaAvancada. Acesso em: 6 jun. 2020.

Gráfico 6 - Projetos de decreto legislativo (PDLs) apresentados para sustar decretos de presidentes eleitos com base no artigo 49, V, da CRFB/88 e decretos efetivamente sustados (1995-2020)

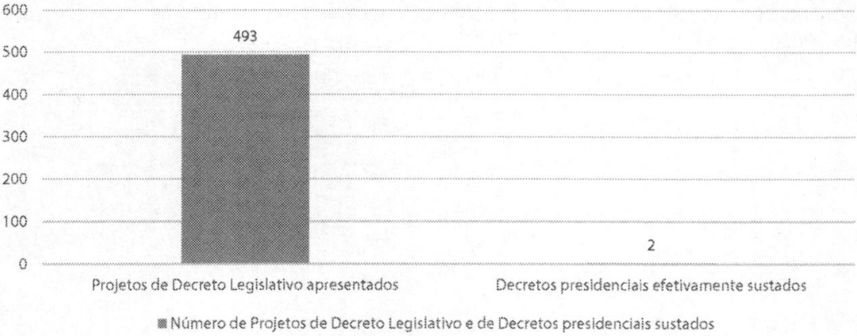

Fonte: Elaboração nossa a partir de dados extraídos de BRASIL. Câmara dos Deputados. Proposições. *Portal da Câmara dos Deputados*, Brasília, DF, [2024]. Disponível em: https://www.camara.leg.br/buscaProposicoesWeb/pesquisaAvancada. Acesso em: 6 jun. 2020.

244 O Gráfico 5 deve ser lido da seguinte forma: no ano de 1990, foi apresentado um total de 5 projetos de decreto legislativo na Câmara dos Deputados e no Senado Federal contra decretos editados pelo ex-Presidente Fernando Collor de Mello.

3.1.1.3 Ações de controle concentrado de constitucionalidade contra decretos presidenciais

Gráfico 7 - Número de ações registradas no STF contra medidas provisórias e decretos editados por presidentes no primeiro ano de mandato (2003-2019)

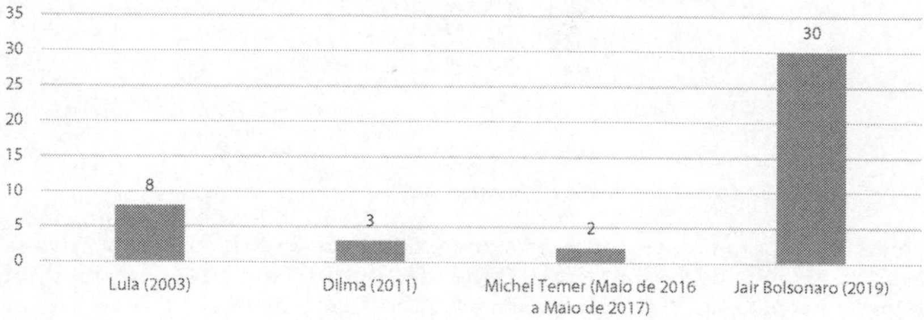

Fonte: OLIVEIRA, Mariana; VIVAS, Fernanda; D'AGOSTINO, Rosanne. Bolsonaro é presidente com mais decretos e MPs questionados no STF no primeiro ano de mandato. *G1*, Brasília, DF, 1 mar. 2020. Disponível em: https://g1.globo.com/politica/noticia/2020/03/01/bolsonaro-e-presidente-com-mais-decretos-e-mps-questionados-no-stf-no-primeiro-ano-de-mandato.ghtml. Acesso em: 6 jun. 2020.

Gráfico 8 - Número de ADIs e ADPFs julgadas pelo Plenário do STF contra decretos presidenciais editados entre 1990 e 2020[245]

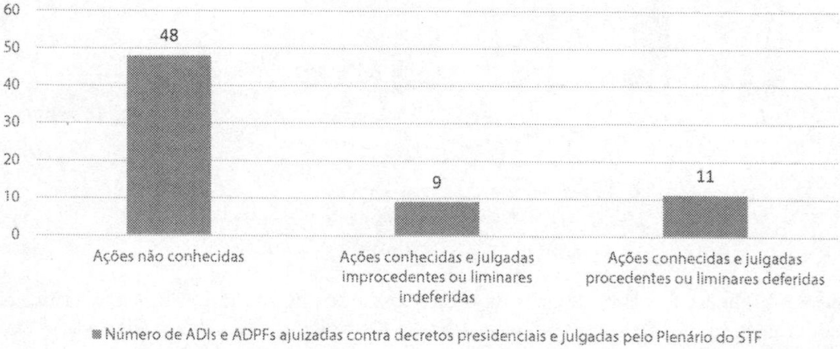

Fonte: Elaboração nossa a partir de dados extraídos de BRASIL. Supremo Tribunal Federal. Pesquisa de jurisprudência. *Portal STF*, Brasília, DF, [2024]. Disponível em: https://jurisprudencia.stf.jus.br/pages/search. Acesso em: 6 jun. 2020.

---

[245] Para uma análise pormenorizada dos dados e a referência completa de cada ação, cf. Capítulo 5, item 5.

Gráfico 9 - Número de ADIs e ADPFs julgadas pelo Plenário do STF contra decretos presidenciais editados entre 1990 e 2020[246]

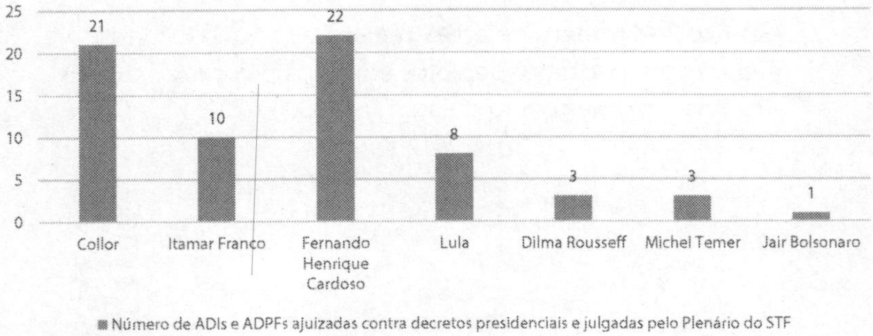

Fonte: Elaboração nossa a partir de dados extraídos de BRASIL. Supremo Tribunal Federal. Pesquisa de jurisprudência. *Portal STF*, Brasília, DF, [2024]. Disponível em: https://jurisprudencia.stf.jus.br/pages/search. Acesso em: 6 jun. 2020.

Gráfico 10 - ADIs e ADPFs ajuizadas contra decretos presidenciais editados entre 1990 e 2020 e julgadas pelo Plenário do STF[247]

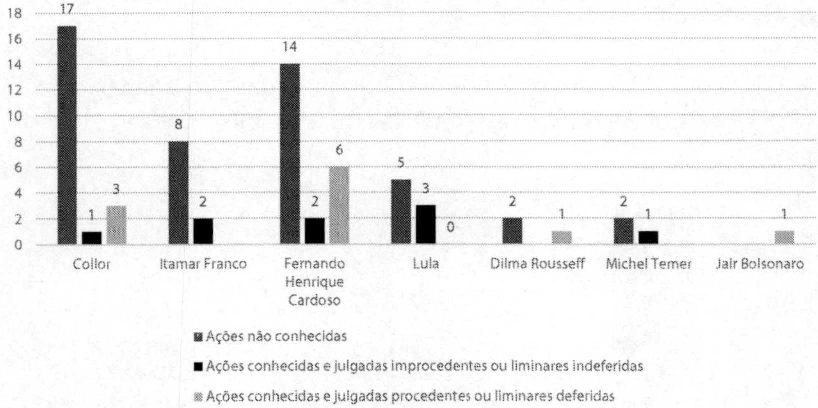

Fonte: Elaboração nossa a partir de dados extraídos de BRASIL. Supremo Tribunal Federal. Pesquisa de jurisprudência. *Portal STF*, Brasília, DF, [2024]. Disponível em: https://jurisprudencia.stf.jus.br/pages/search. Acesso em: 6 jun. 2020.

246 Para uma análise pormenorizada dos dados e a referência completa de cada ação, cf. Capítulo 5, item 5.

247 Destaque-se que a ADI nº 2.028 foi, a um só tempo, ajuizada contra um decreto editado por Itamar Franco e um decreto editado por Fernando Henrique Cardoso, de modo que o número total no gráfico contará 69, e não 68 ações.

3.1.1.4 Projetos de lei, de emenda constitucional e de lei complementar e medidas provisórias apresentados por presidentes no primeiro ano de governo e aprovados pelo Congresso

Gráfico 11 - Total de projetos de lei (PL), projetos de emenda constitucional (PEC) e projetos de lei complementar (PLC) apresentados por presidentes no primeiro ano de governo – 1990 a 2020

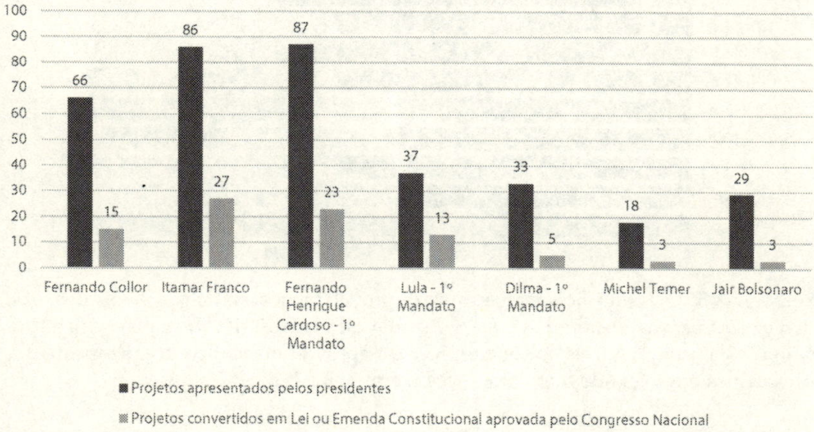

Fonte: Elaboração nossa a partir de dados de BOLSONARO é o presidente que menos aprovou propostas no primeiro ano. *Correio Braziliense*, Rio de Janeiro, 9 jan. 2020. Disponível em: https://www.correiobraziliense.com.br/app/noticia/politica/2020/01/09/interna_politica,819223/bolsonaro-e-o-presidente-que-menos-aprovou-propostas-no-primeiro-ano.shtml. Acesso em: 6 jun. 2020.

3.1.1.5 Base parlamentar do governo (1990-2019)

Gráfico 12 - Número de deputados por posição em relação ao governo[248]

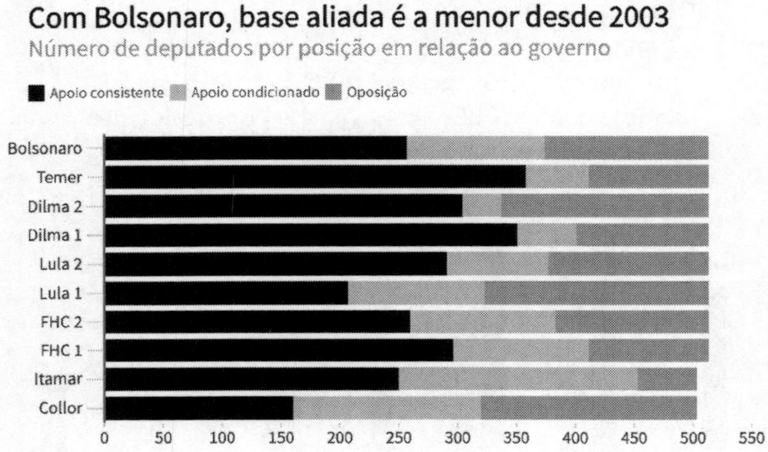

Fonte: FÁVERO, Bruno. Bolsonaro propôs e aprovou menos leis do que média dos presidentes em início de mandato. *Aos Fatos*, Brasília, DF, 24 jul. 2019. Disponível em: https://www.aosfatos.org/noticias/bolsonaro-propos-e-aprovou-menos-leis-do-que-media-dos-presidentes-em-inicio-de-mandato/. Acesso em: 6 jun. 2020.

3.2 Análise dos dados e conteúdo dos decretos

A análise pormenorizada dos dados será realizada nos próximos tópicos. Por ora, cumpre tecer breves considerações a respeito das impressões imediatas que as informações trazidas nos gráficos suscitam.

---

[248] "Apesar de Bolsonaro não ter formado uma base aliada formal no Congresso Nacional, o Diap (Departamento Intersindical de Assessoria Parlamentar) calculou, em dezembro, que o governo teria uma base de apoio consistente de 257 deputados de 12 partidos (PSL, PP, PR, DEM, PSD, PTB, PRB, Podemos, PSC, PHS, PRP e DC). A estimativa representa o menor número de aliados para o começo de um governo desde o primeiro mandato de Lula, que tinha 207 apoiadores em 2003. Há outros 117 congressistas que dariam apoio condicionado a Bolsonaro e 139 que fariam oposição. Na prática, muitos dos partidos listados no levantamento do Diap não formalizaram ingresso na base aliada de Bolsonaro, tendo condicionado seu aval às pautas econômicas do governo. É o caso de siglas que integram o Centrão do Congresso Nacional, como DEM, PP, PR, PSD e PRB. Desta forma, o tamanho real da base governista pode ser ainda menor do que o estimado pelo Diap" (FÁVERO, Bruno. Bolsonaro propôs e aprovou menos leis do que média dos presidentes em início de mandato. *Aos Fatos*, Brasília, DF, 24 jul. 2019. Disponível em: https://www.aosfatos.org/noticias/bolsonaro-propos-e-aprovou-menos-leis-do-que-media-dos-presidentes-em-inicio-de-mandato/. Acesso em: 6 jun. 2020).

O Gráfico 1 demostra que Jair Bolsonaro e Fernando Collor foram os presidentes que mais editaram decretos em seu respectivo primeiro ano de governo. A enorme cifra de 795 decretos editados por Collor e 536 editados por Bolsonaro contrasta com o número mais modesto de 383 editados por Lula, 240 por Dilma e 408 por FHC, no primeiro ano de governo. Analisando-se a totalidade de atos constantes do Gráfico 2, nota-se, inclusive, que, em menos de 3 anos de governo, Collor editou mais decretos do que Dilma Rousseff durante os 5 anos em que ela permaneceu na Presidência. Dilma, destaque-se, foi a presidente que menos recorreu a decretos desde 1990.

Os gráficos 4 a 6, relativos aos números de projetos de decreto legislativo (PDLs), demonstram que é grande a quantidade desses projetos, fundados no artigo 49, V, da CRFB/88, que tramitam no Congresso Nacional, mas é um número ínfimo que acaba sendo promulgado. Ainda, dos 9 decretos legislativos promulgados contra atos do Executivo, apenas 2 se voltaram contra decretos de presidentes: os demais impugnaram resoluções, portarias, notas conjuntas e outros regulamentos administrativos.

Os gráficos de 7 a 9 demonstram que, dos mais de 4.000 decretos editados por presidentes entre 1990 e 2020, apenas 68 ações contra decretos presidenciais foram objeto de análise pelo Plenário do STF. Dessas, 48 não ultrapassaram o juízo de admissibilidade, e, das ações conhecidas, apenas 11 tiveram seus pedidos julgados procedentes.

Os gráficos de 10 e 11, por sua vez, revelam a relação complexa entre o número de decretos editados e o número de projetos de lei e emenda constitucional apresentados por presidentes. A título de exemplo, Bolsonaro editou um número altíssimo de decretos, mas foi o presidente eleito que menos apresentou e aprovou projetos de lei e emenda constitucional no Congresso.

Finalmente, o Gráfico 12 expõe que Collor foi o presidente que governou com a menor base aliada entre 1990 e 2020. Coincidentemente, Collor é o grande recordista no número de decretos editados. Bolsonaro, por sua vez, não tem uma base de apoio majoritária formalizada e também editou um número alto de decretos. Por outro lado, Fernando Henrique Cardoso demonstrou possuir uma base consolidada no Congresso e, no número total, editou uma significante quantidade desses atos: foram 3.203 decretos em 8 anos de governo. É difícil fixar, assim, uma relação inexorável entre a quantidade de decretos e o apoio parlamentar.

3.2.1 Fernando Collor de Mello

Collor é o grande recordista no número de decretos editados no primeiro ano de governo. As explicações para tamanha quantidade são variadas, sendo difícil analisar o fenômeno sem pecar por reducionismo ou justificativas insuficientes. Mesmo com as limitações do presente trabalho, o presente tópico buscará entender por que Collor foi o recordista e quais temas foram objeto de regulamentação.

Collor venceu a primeira eleição direta após o fim da ditadura militar de 1964-1985 e foi eleito com um programa de governo amplamente reformista. Dentre suas promessas de campanha constavam o fim da inflação e a moralização da política, com um combate intensivo à corrupção e aos altos salários recebidos por funcionários públicos, o que gerou seu apelido de "caçador de Marajás".[249] No plano econômico, prometeu a redução da burocracia estatal, a diminuição da intervenção do Estado e a abertura da economia ao capital estrangeiro.[250] Ainda, Collor foi eleito por um partido pequeno e recém-criado na época, o Partido da Renovação Nacional (PRN), e sofria grandes embates com o Congresso, o que acabou culminando no seu processo de *impeachment* em 1992. Em entrevista concedida em 2016, Collor admitiu sua "relação inadequada" com Congresso e caracterizou o processo de *impeachment* como "golpe parlamentar":

> *Um dos equívocos que cometi como presidente da República* – potencializado pela caduquice, o anacronismo do sistema presidencialista a industrializar crises – *foi o de ter tido com o Congresso Nacional uma relação inadequada* [o processo de *impeachment*] (...) foi um *golpe parlamentar*, não foi popular. Não vimos nenhum 'pé descalço', descamisado. O movimento das ruas foram todos orquestrados (...) *A raiz de nossas mazelas reside nesse presidencialismo de coalizão, que ainda suspira. Esse sistema* é *uma verdadeira fábrica de crises. O Executivo já não é capaz de executar a contento o que* é *preciso.* O governo já não governa. O que vivemos hoje é o fenômeno da "não governabilidade", já conceituado por Noberto Bobbio, respeitado escritor e pensador político italiano.[251]

---

[249] O CAÇADOR de marajás. A eleição de Fernando Collor. *Memória O Globo*, Rio de Janeiro, 18 dez. 1989. Disponível em: http://memoria.oglobo.globo.com/jornalismo/primeiras-paginas/o-caccedilador-de-marajaacutes-8952245. Acesso em: 3 jun. 2024.

[250] O CAÇADOR de marajás. A eleição de Fernando Collor. *Memória O Globo*, Rio de Janeiro, 18 dez. 1989. Disponível em: http://memoria.oglobo.globo.com/jornalismo/primeiras-paginas/o-caccedilador-de-marajaacutes-8952245. Acesso em: 3 jun. 2024.

[251] MADEIRO, Carlos. Collor admite "relação inadequada" com Congresso no tempo de seu governo. *Uol*, [*S. l.*], 18 mar. 2016, grifos nossos. Disponível em: https://noticias.uol.com.

De fato, Collor não possuía uma maioria parlamentar consistente. Na composição de seus ministérios, o ex-Presidente não levou em conta a formação de uma coalizão, e a maioria de seus primeiros ministros não tinha filiação partidária.[252] Nas palavras de Oswaldo Amaral, professor de Ciência Política da Universidade Estadual de Campinas (Unicamp), Collor tinha "o próprio projeto personalista de poder, desprezava alianças e fazia amplo uso de medidas provisórias".[253] Nesse sentido, o Gráfico 9, elaborado pelo Departamento Intersindical de Assessoria Parlamentar (Diap) e publicado no portal *Aos Fatos*, demonstra que Collor é, até os dias atuais, o presidente que governou com a menor base aliada.

Diante dessa breve contextualização, é possível afirmar que o altíssimo número de decretos editados por Collor encontra justificativa (i) na sua agenda amplamente reformista, (ii) na relação "inadequada" com o Congresso e (iii) no seu projeto personalista de poder.

Com efeito, a maioria dos atos editados por Collor se voltou para reformas administrativas, diminuição da burocracia e medidas econômicas. A título de exemplo, o primeiro decreto expedido, de nº 99.177/1990, dispôs sobre o "regime de acumulação de cargos e empregos" e determinou uma varredura na administração federal à procura de casos de acumulação ilegal, em uma clara tentativa de cumprir sua promessa de campanha de moralização e eficiência administrativas. Os dados, assim, parecem confirmar a previsão de Magna Maria Inácio, para quem presidentes com agendas de reformas ambiciosas e divergentes do governo anterior tendem a editar muitos desses atos para adaptar a burocracia estatal ao novo governo.[254]

Também no primeiro mês de governo, Collor instituiu, através de decreto, o "Programa Federal de Desregulamentação", novamente para concretizar a promessa de campanha de diminuir a intervenção do

br/politica/ultimas-noticias/2016/03/18/collor-admite-relacao-inadequada-com-congresso-no-tempo-de-seu-governo.htm. Acesso em: 3 jun. 2024.

252 BRANDINO, Jéssica. *Nexo Jornal*, [*S. l.*], 14 dez. 2019. Disponível em: https://www.nexojornal.com.br/expresso/2019/11/14/De-Collor-a-Bolsonaro-o-elo-de-presidentes-e-seus-partidos. Acesso em: 3 jun. 2024.

253 BRANDINO, Jéssica. *Nexo Jornal*, [*S. l.*], 14 dez. 2019. Disponível em: https://www.nexojornal.com.br/expresso/2019/11/14/De-Collor-a-Bolsonaro-o-elo-de-presidentes-e-seus-partidos. Acesso em: 3 jun. 2024.

254 ODILLA, Fernanda. Dos EUA ao Brasil, como presidentes tentam governar sem Congresso. *BBC News Brasil*, Londres, 17 jun. 2019. Disponível em: https://www.bbc.com/portuguese/brasil-48505310. Acesso em: 5 maio 2020. Cf. INÁCIO, Magna Maria; LLANOS, Mariana. The Institutional Presidency in Latin America: A Comparative Analysis. *Presidential Studies Quarterly*, [*S. l.*], v. 46, n. 3, p. 531-549, 2016.

Estado na economia.[255] Esse ato, inclusive, ostenta um caráter claramente simbólico, visto que nele constam frases de viés político e exortatório, como "a atividade econômica privada será regida, basicamente, pelas regras do livre mercado" (art. 2º, inc. III, do Decreto nº 99.179/1990) e

> fica criado o Programa Federal de Desregulamentação, fundamentado no princípio constitucional da liberdade individual, com a finalidade de fortalecer a iniciativa privada, em todos os seus campos de atuação, reduzir a interferência do Estado na vida e nas atividades do indivíduo, contribuir para a maior eficiência e o menor custo dos serviços prestados pela Administração Pública Federal e sejam satisfatoriamente atendidos os usuários desses serviços (art. 1º do Decreto nº 99.179/1990).

Além de reformas administrativas, Collor editou inúmeros decretos referentes a orçamento,[256] alíquotas tributárias,[257] relações exteriores[258] e à regulamentação do Programa Nacional de Desestatização (PND), por meio do qual foi iniciada a privatização de diversas empresas brasileiras, como a Rede Ferroviária Federal S.A., a Rede Federal de Armazéns Gerais Ferroviários S.A., a Engenharia, Construções e Ferrovias S.A.,[259] o Banco Meridional do Brasil S.A.,[260] a Petrobras Fertilizantes S.A., a Empresa de Navegação da Amazônia S.A.,[261] entre várias outras. Por decreto, Collor ainda concedeu a empresas estrangeiras a autorização para funcionar no Brasil, como a Air Aruba S.A.[262] e a American Airlines

---

[255] Decreto nº 99.179/1990.

[256] Cf., *e.g.*, Decreto nº 640, de 26 de agosto de 1992. Autoriza a Caixa Econômica Federal a utilizar o Fundo de Desenvolvimento Social (FDS), para saldar compromissos de desembolso decorrentes de contratos de financiamento de habitação popular, saneamento básico e infraestrutura urbana, sob sua administração; Decreto nº 578, de 24 de junho de 1992. Dá nova regulamentação ao lançamento dos Títulos da Dívida Agrária.

[257] Cf., *e g.*, Decreto nº 665, de 1º de outubro de 1992. Altera as alíquotas do Imposto sobre Produtos Industrializados incidentes sobre os produtos que enumera.

[258] Cf., *e.g.*, Decreto nº 644, de 3 de setembro de 1992. Dispõe sobre a execução do Segundo Protocolo Adicional ao Acordo de Complementação Econômica nº 18, entre Brasil, Argentina, Paraguai e Uruguai e Decreto nº 660, de 25 de setembro de 1992. Institui o Sistema Integrado de Comércio Exterior - SISCOMEX.

[259] Decreto nº 473, de 10 de março de 1992. Dispõe sobre inclusão, no Programa Nacional de Desestatização - PND, da Rede Ferroviária Federal S.A. - RFFSA, da AGEF - Rede Federal de Armazéns Gerais Ferroviários S.A. e da VALEC - Engenharia, Construções e Ferrovias S.A.

[260] Decreto nº 654, de 17 de setembro de 1992. Dispõe sobre inclusão, no Programa Nacional de Desestatização - PND, do Banco Meridional do Brasil S.A.

[261] Decreto nº 99.666, de 1º de novembro de 1990. Dispõe sobre inclusões no Programa Nacional de Desestatização.

[262] Decreto nº 99.622, de 18 de outubro de 1990. Concede a empresa Air Aruba S.A. autorização para funcionar no Brasil.

Inc.;[263] criou a Loteria Federal;[264] instituiu programas sociais[265] e dispôs sobre imóveis rurais federais,[266] expropriação[267] e reservas extrativistas.[268]

Nota-se que Collor utilizou essa espécie normativa para realizar desde pequenas reformas administrativas – *e.g.*, o Decreto nº 486, de 7 de abril de 1992, que dispõe sobre o valor das diárias no exterior para autoridades – até grandes mudanças no cenário econômico, como o início de privatizações e a abertura da economia brasileira ao capital estrangeiro. Tal quadro é uma importante comprovação de que decretos não são usados somente para questões administrativas corriqueiras e de menor valor político, mas ostentam forte natureza simbólica e servem para a implementação rápida da agenda política do presidente.

Ademais, a relação conturbada com o Congresso e a presença de um "projeto personalista de poder" também tiveram uma influência direta no número de atos editados por Collor. O desejo de promover grandes e rápidas mudanças no país fez o ex-Presidente optar, muitas vezes, pelo caminho mais rápido dos decretos e medidas provisórias. Nada obstante, é preciso registrar que Collor apresentou e aprovou um número alto de projetos de leis e emendas constitucionais e, nessa variável, perde apenas para o ex-Presidente Fernando Henrique Cardoso entre os presidentes eleitos. Collor, assim, legislou muito em todas as frentes: leis, emendas constitucionais e medidas provisórias. Por tal razão, não é possível afirmar de modo definitivo que Collor editou muitos decretos somente para fugir do Congresso, visto que o número é consentâneo com sua alta produção normativa.

No tocante ao controle pelo Legislativo, destaque-se que apenas 1 decreto de Collor foi sustado pelo Congresso sob a alegação de exorbitância dos limites regulamentares. Mediante o Decreto Legislativo (DL)

---

263 Decreto nº 99.338, de 22 de junho de 1990. Concede à empresa American Airlines Inc. autorização para funcionar no Brasil.

264 Decreto nº 99.268, de 31 de maio de 1990. Cria a Loteria Federal sob a modalidade instantânea e dá outras providências:
"Art. 1º Fica autorizada a Caixa Econômica Federal a executar, e explorar, os serviços de Loteria Federal, sob a modalidade instantânea, em todo o território nacional.
Art. 2º A Renda Líquida proporcionada pela venda de bilhetes lotéricos, sob a modalidade de que trata o artigo 1º, será destinada a aplicações em programas sociais, particularmente nas áreas de alfabetização, saúde, alimentação, esporte e lazer da criança".

265 Decreto nº 519, de 13 de maio de 1992. Institui o Programa Nacional de Incentivo à Leitura PROLER e dá outras providências.

266 Decreto nº 433, de 24 de janeiro de 1992. Dispõe sobre a aquisição de imóveis rurais, para fins de reforma agrária, por meio de compra e venda.

267 Decreto nº 577, de 24 de junho de 1992. Dispõe sobre a expropriação das glebas, onde forem encontradas culturas ilegais de plantas psicotrópicas, e dá outras providências.

268 Decreto nº 536, de 20 de maio de 1992. Cria a Reserva Extrativista do Quilombo Flexal.

nº 3, de 26 de março de 1992, o Congresso Nacional sustou o Decreto nº 430, de 20 de janeiro de 1992, que tratava do pagamento de precatórios. O projeto que deu origem ao DL foi apresentado pelo então deputado federal Miro Teixeira, que integrava a oposição. Segundo ele, Collor editou o ato para descumprir a decisão judicial que havia determinado o reajuste de 147% nos benefícios previdenciários de aposentados e pensionistas. De acordo com a justificativa do PDL, o ato de Collor tinha, na verdade, o objetivo de "produzir as condições para que o Sr. Presidente da República deixe de cumprir decisão da Justiça". Destaco os seguintes trechos da justificativa apresentada pelo deputado:

> O descumprimento de decisão judicial pode se dar de variadas maneiras, de menor ou de maior sofisticação. *O Decreto 430 pretende, claramente, produzir as condições para que o sr. Presidente da República deixe de cumprir decisão da Justiça, sem afrontá-la diretamente, mas termina afrontando a responsabilidade pública dos membros dos Poderes Judiciário e Legislativo.* É direito adquirido dos aposentados e pensionistas, reconhecido pela Justiça, ou, em alguns casos, ainda sub judice, o reajuste de 147% em seus benefícios e o Decreto 430, mais uma vez, fere a Constituição, no inc. XXXVI do art. 5º, que manda: "a lei não prejudicará o direito adquirido, o ato jurídico perfeito e a coisa julgada". *Cumpre ao Congresso Nacional, sem prejuízo das discussões do Judiciário, exercer suas prerrogativas e indicar à nação que o Poder Legislativo está apto a defendê-la e às instituições, sempre que ameaçadas.*[269]

Ao final da tramitação, o Congresso entendeu que o ato de Collor continha um acentuado desvio de finalidade, promovendo alterações em matérias que não estavam explicitamente regulamentadas em seu texto.

Por fim, vale ressaltar que o Plenário do STF julgou 21 ações de controle concentrado de constitucionalidade ajuizadas contra decretos editados por Collor. A maior parte das ações, todavia, não foi conhecida pela Corte sob a justificativa de que os decretos ostentavam natureza secundária e, assim, não se submetiam "à jurisdição constitucional de controle *in abstracto*, pois tais atos estatais (...) [tinham] por finalidade, em última análise, viabilizar, de modo direto e imediato, a própria execução da lei". Apenas 4 ações foram conhecidas e, dessas, 3 tiveram seus pedidos julgados procedentes ou parcialmente procedentes. Essa

---

[269] BRASIL. Câmara dos Deputados. *Projeto de Decreto Legislativo nº 153, de 13 de março de 1992*. Brasília, DF: Câmara dos Deputados, 1992. grifos nossos. Disponível em: https://www.camara.leg.br/proposicoesWeb/fichadetramitacao?idProposicao=168007. Acesso em: 6 jun. 2020.

espécie de jurisprudência defensiva da corte será, inclusive, objeto do Capítulo 5 do presente livro, que criticará o "ponto cego" existente no controle de constitucionalidade de decretos presidenciais.

Verifica-se, assim, que o alto número editado por Collor não foi acompanhado por um controle proporcional por parte do Congresso ou da Suprema Corte brasileira. Em menos de 3 anos de governo, Collor editou 1.491 decretos, mas apenas 1 foi sustado pelo Congresso e 3 foram parcialmente sustados ou anulados pela Suprema Corte em ações de controle concentrado de constitucionalidade. Tais dados são indicativos de que o controle de decretos pelos demais Poderes é escasso e que os presidentes gozam de uma preocupante liberdade para dar "canetadas" e inovar no ordenamento unilateralmente.

3.2.2 Fernando Henrique Cardoso

Os ex-Presidentes Fernando Henrique Cardoso e Luiz Inácio Lula da Silva foram os únicos desde a redemocratização a permanecerem no cargo durante oito anos. Ambos gozaram de uma base parlamentar, no geral, consistente, vieram de partidos políticos consolidados de grande projeção nacional e tiveram altos índices de popularidade durante seus mandatos.

Fernando Henrique Cardoso promoveu regulamentações no campo econômico e mudanças administrativas voltadas à diminuição da burocracia estatal, editando decretos voltados às pautas centrais de sua agenda política. Além de questões administrativas, tributárias[270] e de política internacional,[271] FHC editou vários regulamentos dedicados à proteção do meio ambiente. Por decreto, ele criou o "Fórum Brasileiro de Mudanças Climáticas"[272] e instituiu "princípios e diretrizes para a implementação da Política Nacional da Biodiversidade".[273] Ainda, criou o Conselho Nacional de Desenvolvimento Rural Sustentável (CNDRS)[274]

---

[270] Cf. Decreto nº 2.078, de 22 de novembro de 1996. Dispõe sobre a centralização obrigatória de recolhimento de tributos e contribuições federais e Decreto nº 1.733, de 7 de dezembro de 1995. Regulamenta a legislação do Imposto sobre a Renda na parte relativa a incentivos fiscais.

[271] Decreto nº 1.373, de 17 de janeiro de 1995. Cria o Consulado-Geral do Brasil em Tóquio. 1.973 de 1ºde agosto de 96. Promulga a Convenção Interamericana para Prevenir, Punir e Erradicar a Violência contra a Mulher, concluída em Belém do Pará, em 9 de junho de 1994.

[272] Decreto nº 3.515, de 20 de junho de 2000.

[273] Decreto nº 4.339, de 22 de agosto de 2002.

[274] Decreto nº 3.508, de 14 de junho de 2000.

e a área de reserva ambiental "Floresta Nacional do Xingu",[275] no estado do Pará. No campo social, decretos de FHC geraram avanços no combate à fome e à pobreza no país. Com esse instrumento, foi instituído o Cadastramento Único para programas sociais do governo federal, que permitiu um melhor alcance da população mais vulnerável por políticas sociais,[276] e aprovado o Regulamento do Programa Nacional de Renda Mínima vinculado à saúde Bolsa-Alimentação.[277] [278]

Relevantes medidas econômicas também foram inauguradas por decreto no governo FHC. Além de incluir inúmeras sociedades empresárias, rodovias e empreendimentos hidrelétricos no Programa Nacional de Desestatização (PND),[279] como a Companhia Vale do Rio do Doce,[280] também reconheceu como de interesse do governo brasileiro a participação estrangeira no capital de empresas brasileiras, como o Excel Banco S.A.[281] e aprovou o regulamento do Procedimento Licitatório Simplificado da Petróleo Brasileiro S.A. (Petrobras).[282]

Verifica-se que, nos 8 anos de governo, FHC editou 3.203 decretos sobre temas variados. Registre-se que o ex-Presidente também apresentou muitas medidas provisórias, projetos de lei e de emenda constitucional, de modo que não parece ter utilizado decretos para "governar sozinho", mas sim para avançar sua agenda política em determinados

---

[275] Decreto nº 2.484, de 2 de fevereiro de 1998.

[276] Decreto nº 3.877, de 24 de julho de 2001.

[277] Decreto nº 3.934, de 20 de setembro de 2001.

[278] No campo dos direitos humanos, Fernando Henrique Cardoso instituiu, por decreto, a Rede Nacional de Direitos Humanos (Decreto nº 3.637, de 20 de outubro de 2000) e o Programa Nacional de Direitos Humanos (PNDH) (Decreto nº 1.904/1996). Ainda, criou o Conselho Nacional de Combate à Discriminação (CNCD) (Decreto nº 3.952, de 4 de outubro de 2001), autorizou a doação de alimentos à República de Angola (Decreto nº 3.603, de 20 de setembro de 2000) e concedeu indenização à família de pessoa desaparecida ou morta em razão de participação, ou acusação de participação, em atividades políticas durante a ditadura militar (Decreto nº 2.081, de 26 de novembro de 1996 e Decreto 1.898, de 9 de maio de 1996). No tocante à questão fundiária, o Decreto nº 3.475/2000 regulamentou a criação do Fundo de Terras e da Reforma Agrária (Banco da Terra), e o Decreto nº 1.775/1996 dispôs sobre o procedimento administrativo de demarcação das terras indígenas.

[279] Decreto nº 2.444, de 30 de dezembro de 1997. Dispõe sobre a inclusão, no Programa Nacional de Desestatização - PND, das rodovias federais que menciona, e dá outras providências; Decreto nº 2.061, de 5 de novembro de 1996. Dispõe sobre a inclusão, no Programa Nacional de Desestatização - PND, de aproveitamentos hidroelétricos; Decreto nº 1.639, de 18 de setembro de 1995. Dispõe sobre a inclusão, no Programa Nacional de Desestatização - PND, da COMPANHIA DE NAVEGAÇÃO LLOYD BRASILEIRO - LLOYDBRÁS; Decreto nº 1.503, de 25 de maio de 1995. Inclui empresas no Programa Nacional de Desestatização PND.

[280] Decreto nº 1.510, de 1º de junho de 1995.

[281] Decreto nº 1.868, de 17 de abril de 1996.

[282] Decreto nº 2.745, de 24 de agosto de 1998.

pontos sensíveis. Não se pode negar, todavia, que algumas das políticas empreendidas por decretos dificilmente seriam aprovadas pelo Congresso, especialmente as relacionadas à questão fundiária e à indenização de vítimas da ditadura civil-militar de 1964.[283]

Por fim, destaque-se que nenhum decreto de FHC foi sustado pelo Congresso e que o Plenário do STF julgou 22 ações de controle concentrado contra esses atos. Dessas, 14 não ultrapassaram o juízo de admissibilidade e, dentre as conhecidas, 6 tiveram seus pedidos julgados procedentes ou parcialmente procedentes.

3.2.3 Luiz Inácio Lula da Silva

Lula disciplinou por decretos questões atinentes à educação, saúde, cultura, combate à fome, à miséria e à discriminação racial,[284] ao meio ambiente,[285] à reforma agrária,[286] à questão indígena,[287] aos direitos

---

283 Decreto nº 2.081, de 26 de novembro de 1996, e Decreto nº 1.898, de 9 de maio de 1996.

284 Pelo Decreto nº 4.738, de 6 de novembro de 2003, Lula promulgou a Declaração Facultativa prevista no art. 14 da Convenção Internacional sobre a Eliminação de Todas as Formas de Discriminação Racial, reconhecendo a competência do Comitê Internacional para a Eliminação da Discriminação Racial para receber e analisar denúncias de violação dos direitos humanos cobertos na mencionada convenção.

285 No campo do meio ambiente, Lula definiu regras para identificação de áreas prioritárias para conservação, utilização sustentável e repartição dos benefícios da biodiversidade (Decreto nº 5.092, de 21 de maio de 2004); especificou sanções aplicáveis às condutas e atividades lesivas ao meio ambiente (Decreto nº 4.592, de 11 de fevereiro de 2003); dispôs sobre a instituição dos Planos de Áreas para o combate à poluição por óleo em águas sob jurisdição nacional (Decreto nº 4.871, de 6 de novembro de 2003); sobre ações relativas à prevenção, monitoramento e controle de desmatamento no Bioma Amazônia (Decreto nº 6.321, de 21 de dezembro de 2007) e suspendeu a exploração da espécie de madeira Mogno (Swietenia macrophylla King) no Território Nacional, pelo período de 150 dias (Decreto nº 4.593, de 13 de fevereiro de 2003). Na temática, ainda editou os seguintes decretos: Decreto nº 6.323, de 27 de dezembro de 2007 (Regulamenta a Lei nº 10.831, de 23 de dezembro de 2003, que dispõe sobre a agricultura orgânica, e dá outras providências; Decreto nº 5.982, de 6 de dezembro de 2006. Institui a Medalha e o Diploma Iniciativa para o Desenvolvimento Sustentável da Agropecuária); Decreto nº 4.680, de 24 de abril de 2003 (Regulamenta o direito à informação, assegurado pela Lei nº 8.078, de 11 de setembro de 1990, quanto aos alimentos e ingredientes alimentares destinados ao consumo humano ou animal que contenham ou sejam produzidos a partir de organismos geneticamente modificados, sem prejuízo do cumprimento das demais normas aplicáveis); Decreto nº 4.854, de 8 de outubro de 2003 (Dispõe sobre a composição, estruturação, competências e funcionamento do Conselho Nacional de Desenvolvimento Rural Sustentável - CONDRAF, e dá outras providências).

286 Decreto nº 7.352, de 4 de novembro de 2010. Dispõe sobre a política de educação do campo e o Programa Nacional de Educação na Reforma Agrária - PRONERA. O já analisado Decreto nº 4.887/2003 regulamentou o procedimento para identificação, reconhecimento, delimitação, demarcação e titulação das terras ocupadas por remanescentes das comunidades dos quilombos.

287 Decreto nº 6.861, de 27 de maio de 2009. Dispõe sobre a Educação Escolar Indígena, define sua organização em territórios etnoeducacionais, e dá outras providências.

humanos[288] e à economia.[289] O primeiro ato editado por Lula definiu o órgão gestor do Fundo de Combate e Erradicação da Pobreza e o funcionamento do seu Conselho Consultivo e de Acompanhamento, dispondo sobre doações de pessoas físicas ou jurídicas, nacionais ou estrangeiras,

---

[288] No campo dos direitos humanos e combate à discriminação, Lula, por decreto, aprovou o Programa Nacional de Direitos Humanos (PNDH-3) (Decreto nº 7.037 de 21 de dezembro de 2009); autorizou a Secretaria Especial dos Direitos Humanos da Presidência da República a dar cumprimento à sentença proferida pela Corte Interamericana de Direitos Humanos (Decreto 6.185, de 13 de agosto de 2007); aprovou o Plano Nacional de Promoção da Igualdade Racial - PLANAPIR (Decreto nº 6.872, de 4 de junho de 2009) e instituiu a Comissão Interministerial com a finalidade de obter informações que levem à localização dos restos mortais de participantes da Guerrilha do Araguaia, entre outras providências (Decreto nº 4.850, de 2 de outubro de 2003). No campo dos direitos humanos, destaquem-se ainda os seguintes decretos: Decreto nº 6.261, de 20 de novembro de 2007 (Dispõe sobre a gestão integrada para o desenvolvimento da Agenda Social Quilombola no âmbito do Programa Brasil Quilombola, e dá outras providências); Decreto nº 6.412, de 25 de março de 2008 (Dispõe sobre a composição, estruturação, competências e funcionamento do Conselho Nacional dos Direitos da Mulher - CNDM, e dá outras providências); Decreto nº 7.047 de 22 de dezembro de 2009 (Institui o Prêmio Mais Mulheres); Decreto nº 6.872, de 4 de junho de 2009 (Aprova o Plano Nacional de Promoção da Igualdade Racial - PLANAPIR, e institui o seu Comitê de Articulação e Monitoramento); Decreto nº 6.924, de 5 de agosto de 2009 (Institui o Prêmio de Boas Práticas na Aplicação, Divulgação ou Implementação da Lei Maria da Penha); Decreto nº 5.089, de 20 de maio de 2004 (Dispõe sobre a composição, estruturação, competências e funcionamento do Conselho Nacional dos Direitos da Criança e do Adolescente - CONANDA, e dá outras providências); Decreto nº 4.886, de 20 de novembro de 2003 (Institui a Política Nacional de Promoção da Igualdade Racial - PNPIR e dá outras providências); Decreto nº 6.215, de 26 de setembro de 2007 (Estabelece o Compromisso pela Inclusão das Pessoas com Deficiência, com vistas à implementação de ações de inclusão das pessoas com deficiência, por parte da União Federal, em regime de cooperação com Municípios, Estados e Distrito Federal, institui o Comitê Gestor de Políticas de Inclusão das Pessoas com Deficiência - CGPD, e dá outras providências).

[289] Decreto nº 6.326, de 27 de dezembro de 2007 (Discrimina ações do Programa de Aceleração do Crescimento - PAC a serem executadas por meio de transferência obrigatória); Decreto 4.925, de 19 de dezembro de 2003 (Institui o Programa de Mobilização da Indústria Nacional de Petróleo e Gás Natural - PROMINP, e dá outras providências); Decreto nº 4.922, de 18 de dezembro de 2003 (Fixa os preços mínimos básicos para sementes e produtos agrícolas das safras de verão e de produtos regionais 2003/2004 e do Norte e Nordeste 2004); Decreto nº 4.846, de 25 de setembro de 2003 (Regulamenta o art. 3º da Medida Provisória nº 131, de 25 de setembro de 2003, que estabelece normas para o plantio e comercialização da produção de soja da safra de 2004 e dá outras providências); Decreto nº 4.783, de 17 de julho de 2003 (Fixa preços mínimos básicos para cafés arábica e robusta, safra 2002/2003); Decreto nº 4.782, de 17 de julho de 2003 (Fixa os preços mínimos para aveia, canola, cevada, trigo, triticale, sementes de cevada, de trigo e de triticale, safra de inverno 2003); Decreto nº 6.025, de 22 de janeiro de 2007 (Institui o Programa de Aceleração do Crescimento - PAC, o seu Comitê Gestor, e dá outras providências); Decreto nº 6.413, de 25 de março de 2008 (Dispõe sobre a exclusão, do Programa Nacional de Desestatização - PND, de empresas controladas pela União, responsáveis pela administração de portos marítimos e fluviais, e dá outras providências); Decreto nº 4.565, de 1º de janeiro de 2003 (Reduz as alíquotas da Contribuição de Intervenção no Domínio Econômico incidente sobre a importação e a comercialização de petróleo e seus derivados, gás natural e seus derivados, e álcool etílico combustível, instituída pela Lei nº 10.336, de 19 de dezembro de 2001, e dá outras providências).

para o Fundo de Combate e Erradicação da Pobreza (Decreto nº 4.564, de 1º de janeiro de 2003). No combate à fome e à pobreza, Lula, por decreto, regulamentou o benefício de prestação continuada da assistência social devido à pessoa com deficiência e ao idoso,[290] definiu as ações continuadas de assistência social,[291] criou a Câmara Interministerial de Segurança Alimentar e Nutricional[292] e dispôs sobre as competências, a composição e o funcionamento do Conselho Nacional de Segurança Alimentar e Nutricional (CONSEA).[293] [294]

No campo da educação, Lula disciplinou o Programa Caminho da Escola,[295] que buscou garantir transportes públicos, gratuitos e efetivos para os estudantes chegarem às instituições de ensino e instituiu o Programa de Extensão Universitária (PROEXT).[296] [297] No direito à saúde e moradia, instituiu o Programa Saúde na Escola (PSE),[298] o Programa Farmácia Popular do Brasil,[299] o Programa Nacional de Universalização do Acesso e Uso da Energia Elétrica ("Luz para Todos")[300] e ainda dispôs sobre contratos do Programa de Subsídio à Habitação de Interesse Social (PSH).[301] Finalmente, no campo da cultura, Lula promoveu importantes avanços por meio de decretos, determinando a obrigatoriedade de

290 Decreto nº 6.214, de 26 de setembro de 2007.

291 Decreto nº 5.085, de 19 de maio de 2004.

292 Decreto nº 6.273, de 23 de novembro de 2007.

293 Decreto nº 6.272, de 23 de novembro de 2007.

294 Na matéria, Lula ainda regulamentou o Programa Nacional de Acesso à Alimentação ("Cartão Alimentação") (Decreto nº 4.675, de 16 de abril de 2003) e aprovou a estrutura do Gabinete do Ministro de Estado Extraordinário de Segurança Alimentar e Combate à Fome (Decreto nº 4.794, de 25 de julho de 2003).

295 Decreto nº 6.768, de 10 de fevereiro de 2009.

296 Decreto nº 6.495, de 30 de junho de 2008.

297 No campo da educação, Lula ainda dispôs sobre a reorganização do Programa Brasil Alfabetizado, visando à universalização da alfabetização de jovens e adultos de quinze anos ou mais (Decreto nº 6.093, de 24 de abril de 2007); instituiu o Programa de Apoio a Planos de Reestruturação e Expansão das Universidades Federais (REUNI) (Decreto nº 6.096, de 24 de abril de 2007); criou o Programa Brasil Alfabetizado, instituindo a Comissão Nacional de Alfabetização e a Medalha Paulo Freire (Decreto nº 4.834, de 8 de setembro de 2003), regulamentou o Programa Nacional de Inclusão de Jovens - ProJovem (Decreto nº 5.557, de 5 de outubro de 2005), instituiu o Projeto Cidadão Conectado - Computador para Todos, no âmbito do Programa de Inclusão Digital (Decreto nº 5.542, de 20 de setembro de 2005) e regulamentou o Programa Universidade para Todos (PROUNI) (Decreto nº 5.245, de 15 de outubro de 2004).

298 Decreto nº 6.286, de 5 de dezembro de 2007.

299 Decreto nº 5.090, de 20 de maio de 2004.

300 Decreto nº 4.873, de 11 de novembro de 2003.

301 Decreto nº 5.345, de 18 de janeiro de 2005.

exibição de obras audiovisuais cinematográficas brasileiras,[302] criando mecanismos de fomento à atividade audiovisual,[303] fixando o número de dias para a exibição de obras audiovisuais cinematográficas brasileiras no ano de 2004, instituindo o Sistema Brasileiro de Museus,[304] entre outras providências.[305]

A análise do conteúdo dos decretos editados por Lula comprova o espectro amplíssimo de matérias que podem ser disciplinadas por esses atos, que, repita-se, são extremamente importantes para a implementação de políticas públicas em todos os campos. Nota-se que, em razão da sua alta produção em todas as espécies normativas, ele também não parece ter se utilizado de forma maciça de decretos para burlar o Congresso. Em certos casos, porém, usou esses atos para avançar agendas políticas próprias, que dificilmente seriam aprovadas no Congresso sem certo desgaste político. Como exemplo, o Decreto nº 7.352/2010, editado por Lula, estabeleceu a política de educação no campo e o Programa Nacional de Educação na Reforma Agrária, enquanto o Decreto nº 4.887/2003 regulamentou o procedimento para identificação, reconhecimento, delimitação, demarcação e titulação das terras ocupadas por remanescentes das comunidades dos quilombos. É improvável que ambos fossem aprovados no Congresso Nacional, historicamente conservador e contrário a políticas distributivas fundiárias, como a desapropriação de terras para fins de reforma agrária.

3.2.4 Dilma Rousseff

Dilma Rousseff foi a presidente que, em comparação com os demais eleitos, editou a menor quantidade de decretos. O número baixo pode ser explicado pelo fato de seu governo ter representado

---

302 Decreto nº 7.061 de 30 de dezembro de 2009. Dispõe sobre a obrigatoriedade de exibição de obras audiovisuais cinematográficas brasileiras, e dá outras providências.

303 Decreto nº 6.304, de 12 de dezembro de 2007.

304 Decreto nº 5.264, de 5 de novembro de 2004.

305 Decreto nº 6.226, de 4 de outubro de 2007 (Institui o Programa Mais Cultura); Decreto nº 4.747, de 16 de junho de 2003 (Fixa o valor absoluto do limite global das deduções do imposto sobre a renda devido, relativas a doações e a patrocínios em favor de projetos culturais e a incentivos à atividade audiovisual); Decreto nº 5.761, de 27 de abril de 2006 (Regulamenta a Lei nº 8.313, de 23 de dezembro de 1991, estabelece sistemática de execução do Programa Nacional de Apoio à Cultura - PRONAC e dá outras providências); Decreto nº 4.858, de 13 de outubro de 2003 (Dispõe sobre a composição e funcionamento do Conselho Superior do Cinema, e dá outras providências); Decreto nº 4.890, de 21 de novembro de 2003 (Cria a Câmara de Política Cultural, do Conselho de Governo).

uma continuidade do governo anterior, e não uma ruptura. Sua agenda não era reformista e, assim, não promoveu grandes transformações na burocracia administrativa. Ainda, o conteúdo dos atos não espelha uma tentativa de burla do processo legislativo ordinário e, mesmo em 2016, ano de seu processo de *impeachment*, não houve um aumento significativo na quantidade em relação ao ano anterior (ver Gráfico 1).

No campo da luta contra a discriminação contra a mulher e pelos direitos humanos, Dilma instituiu, por decreto, o Programa Mulher: Viver sem Violência,[306] estabeleceu diretrizes para o atendimento às vítimas de violência sexual pelos profissionais de segurança pública e da rede de atendimento do Sistema Único de Saúde[307] e instituiu o Programa de Proteção aos Defensores de Direitos Humanos.[308] No campo dos direitos sociais, instituiu o Programa de Prorrogação da Licença-Paternidade para os servidores federais,[309] o Programa Ciência sem Fronteiras,[310] o Programa Nacional de Universalização do Acesso e Uso da Água ("Água para Todos")[311] e o Programa Nacional de Universalização do Acesso e Uso da Energia Elétrica ("Luz para Todos").[312] [313] Ainda, na área da cultura, dispôs sobre o Programa de Apoio ao Desenvolvimento do Audiovisual Brasileiro (PRODAV),

306 Decreto nº 8.086, de 30 de agosto de 2013.

307 Decreto nº 7.958, de 13 de março de 2013.

308 Decreto nº 8.724, de 27 de abril de 2016.

309 Decreto nº 8.737, de 3 de maio de 2016.

310 Decreto nº 7.642, de 13 de dezembro de 2011.

311 Decreto nº 7.535, de 26 de julho de 2011.

312 Decreto nº 7.520, de 8 de julho de 2011.

313 Dilma ainda instituiu o Pacto Nacional para Alimentação Saudável (Decreto nº 8.553, de 3 de novembro de 2015) e o Plano Brasil Sem Miséria (Decreto nº 7.492, de 2 de junho de 2011). Merecem destaque, ainda, os seguintes atos: Decreto nº 8.777, de 11 de maio de 2016 (Institui a Política de Dados Abertos do Poder Executivo federal); Decreto nº 8.736, de 3 de maio de 2016 (Institui o Plano Nacional de Juventude e Sucessão Rural); Decreto nº 8.416, de 5 de março de 2015 (Convoca a V Conferência Nacional de Segurança Alimentar e Nutricional); Decreto nº 8.114, de 30 de setembro de 2013 (Estabelece o Compromisso Nacional para o Envelhecimento Ativo e institui Comissão Interministerial para monitorar e avaliar ações em seu âmbito e promover a articulação de órgãos e entidades públicos envolvidos em sua implementação); Decreto nº 7.626, de 24 de novembro de 2011 (Institui o Plano Estratégico de Educação no âmbito do Sistema Prisional); Decreto nº 7.612, de 17 de novembro de 2011 (Institui o Plano Nacional dos Direitos da Pessoa com Deficiência - Plano Viver sem Limite); Decreto nº 7.602, de 7 de novembro de 2011 (Dispõe sobre a Política Nacional de Segurança e Saúde no Trabalho - PNSST); Decreto nº 7.583, de 13 de outubro de 2011 (Regulamenta a aplicação da Tarifa Social de Energia Elétrica, e dá outras providências); Decreto nº 7.872, de 26 de dezembro de 2012 (Regulamenta a Lei nº 12.382, de 25 de fevereiro de 2011, que dispõe sobre o valor do salário mínimo e a sua política de valorização de longo prazo); Decreto nº 7.559, de 2 de setembro de 2011 (Dispõe sobre o Plano Nacional do Livro e Leitura - PNLL e dá outras providências).

instituiu o Prêmio Brasil Audiovisual[314] e determinou a obrigatoriedade de exibição de obras audiovisuais cinematográficas brasileiras.[315] [316]

Finalmente, cumpre destacar que a importância desses atos foi comprovada no processo de *impeachment* de Dilma Rousseff, fundamentado em decretos que teriam aberto créditos suplementares para atrasar pagamentos da União a bancos públicos e, assim, manobrar o orçamento sem a aprovação do Congresso. Esse fato é outro comprovativo da importância desses instrumentos unilaterais e dos riscos que os presidentes correm ao tentar utilizá-los como fuga do Congresso.

3.2.5 Jair Bolsonaro

Bolsonaro foi o presidente que mais editou decretos no primeiro ano de governo desde Fernando Collor.[317] O instrumento tem sido usado para medidas de grande repercussão: modificar regras sobre o uso de armas de fogo,[318] extinguir conselhos federais de participação,[319] modificar a Lei de Acesso à Informação,[320] flexibilizar a cobrança de multas ambientais,[321] alterar a autoridade responsável pela concessão de florestas públicas[322] e incluir salões de beleza e academias como "atividades essenciais" durante a pandemia de Covid-19.[323] No dia 28 de maio de 2019, em reunião com chefes do Legislativo e do Judiciário, Bolsonaro chegou a declarar que "com a caneta" tinha "muito mais poder" do que o Presidente da Câmara dos Deputados, Rodrigo Maia: "Hoje pela manhã tomando café com Dias Toffoli, Alcolumbre e Maia

---

[314] Decreto nº 8.281, de 1º de julho de 2014

[315] Decreto nº 7.874, de 27 de dezembro de 2012.

[316] Já na área ambiental, Dilma Rousseff regulamentou o Programa de Revitalização da Bacia Hidrográfica do Rio São Francisco (Decreto nº 8.834, de 9 de agosto de 2016) e, no tocante aos direitos dos índios, instituiu o Conselho Nacional dos Povos e Comunidades Tradicionais (Decreto nº 8.750, de 9 de maio de 2016) e a Política Nacional de Gestão Territorial e Ambiental de Terras Indígenas (PNGATI) (Decreto nº 7.747, de 5 de junho de 2012).

[317] Ver Gráfico 1.

[318] O ex-Presidente brasileiro Jair Bolsonaro expediu 7 decretos regulamentando o Estatuto do Desarmamento e dispondo sobre a aquisição, o cadastro, o registro, a posse, o porte e a comercialização de armas de fogo: decretos nº 9.844/2019, 9.845/2019, 9.846/2019, 9.847/2019, 9.785/2019, 9.797/2019 e 9.981/2019. Desses, foram revogados os decretos nº 9.844/2019, 9.785/2019 e 9.797/2019.

[319] Decreto nº 9.759, de 11 de abril de 2019, e Decreto nº 9.812, de 30 de maio de 2019.

[320] Decreto nº 9.690, 23 de janeiro de 2019.

[321] Decreto nº 9.760, de 11 de abril de 2019, e Decreto nº 10.198, de 3 de janeiro de 2020.

[322] Decreto nº 10.347, de 13 de maio de 2020.

[323] Decreto nº 10.344, de 11 de maio de 2020.

eu disse para Maia: com a caneta eu tenho muito mais poder do que você. Apesar de você, na verdade, fazer as leis, eu tenho o poder de fazer decreto. Logicamente decretos com fundamento".[324]

De acordo com cientistas políticos e juristas, o alto número de decretos editados por Bolsonaro se deve à ausência de uma base consolidada com maioria no Congresso e à falta de diálogo com o Legislativo. O Departamento Intersindical de Assessoria Parlamentar (Diap) calculou, em dezembro de 2019, que o governo Bolsonaro teria uma base de apoio de 257 deputados de 12 partidos (PSL, PP, PR, DEM, PSD, PTB, PRB, Podemos, PSC, PHS, PRP e DC). A estimativa representa o menor número de aliados para o começo de um governo desde 2003. De acordo com a pesquisa, haveria outros 117 congressistas que dariam apoio condicionado a Bolsonaro e 139 que fariam oposição.[325]

Para o professor Geraldo Tadeu, da Universidade Estadual do Rio de Janeiro (UERJ), o governo Bolsonaro "não prima pela negociação política, pela busca de consenso. Não tem nenhuma estratégia de relacionamento com o Legislativo. Há um vácuo entre o Planalto e o Congresso".[326] No mesmo sentido, Lúcio Rennó, professor da Universidade de Brasília (UnB), considera que o alto número de decretos é fruto de um governo com dificuldades nas relações com o Congresso – especialmente com a Câmara dos Deputados.[327] Nas suas palavras, os dados indicam que "o Executivo opta por um mecanismo de legislar com alcance menor do

---

[324] "Dias Toffoli" é o Presidente do Supremo, "Alcolumbre" é o Presidente do Senado Federal e "Maia" é o Presidente da Câmara dos Deputados. Pronunciamento de Jair Bolsonaro durante lançamento da Frente Parlamentar Mista da Marinha Mercante Brasileira ocorrido em Brasília, em 28 de maio de 2020 (FERNANDES, Talita. Bolsonaro diz ter-mais-poder-que-maia-por-ter-caneta-para editar decretos. *Folha de S.Paulo*, São Paulo, 28 maio 2019. Disponível em: https://www1.folha.uol.com.br/poder/2019/05/bolsonaro-diz-ter-mais-poder-que-maia-por-ter-caneta-para-editar-decretos.shtml. Acesso em: 7 jun. 2020).

[325] Ver Gráfico 10 (FÁVERO, Bruno. Bolsonaro propôs e aprovou menos leis do que média dos presidentes em início de mandato. *Aos Fatos*, Brasília, DF, 24 jul. 2019. Disponível em: https://www.aosfatos.org/noticias/bolsonaro-propos-e-aprovou-menos-leis-do-que-media-dos-presidentes-em-inicio-de-mandato/. Acesso em: 6 jun. 2020).

[326] BOLSONARO é o presidente que menos aprovou propostas no primeiro ano. *Correio Braziliense*, Rio de Janeiro, 9 jan. 2020. Disponível em: https://www.correiobraziliense.com.br/app/noticia/politica/2020/01/09/interna_politica,819223/bolsonaro-e-o-presidente-que-menos-aprovou-propostas-no-primeiro-ano.shtml. Acesso em: 6 jun. 2020.

[327] OLIVEIRA, Mariana; VIVAS, Fernanda; D'AGOSTINO, Rosanne. Bolsonaro é presidente com mais decretos e MPs questionados no STF no primeiro ano de mandato. *G1*, Brasília, DF, 1 mar. 2020. Disponível em: https://g1.globo.com/politica/noticia/2020/03/01/bolsonaro-e-presidente-com-mais-decretos-e-mps-questionados-no-stf-no-primeiro-ano-de-mandato.ghtml. Acesso em: 6 jun. 2020.

que o da MP, mas que evita esse ambiente conturbado para o governo no Congresso".[328]

Por sua vez, Sérgio Abranches destaca que o Congresso no governo Bolsonaro exerceu um papel mais proativo, aprovando um número muito maior de propostas de elaboração própria, ao contrário do que ocorria em gestões anteriores, quando o Executivo pautava a agenda legislativa. Abranches afirma que Bolsonaro optou pelo confronto, e não pela construção de políticas articuladas com os parlamentares: "O governo não aprova nada, daí ele governa por decreto. É autocrático, e a reação é imediata. Os decretos mais relevantes são contestados. Há um ambiente de instabilidade permanente".[329] Destacando o caráter político desses atos, Abranches afirma que Bolsonaro "prioriza[va] os decretos porque ainda está preso à agenda da campanha eleitoral. Ele só dá atenção às pautas ideológicas, como liberação de armas, repressão de liberdades. É um governo de miudezas e picuinhas, sem foco nos grandes temas nacionais".[330]

Na mesma direção, Antônio Queiroz, analista político e Diretor de Documentação do Diap, sustenta que a "recusa ao diálogo e à prática de concessões políticas, combinada com uma postura de confronto permanente, e a necessidade de apresentar respostas às demandas de determinados grupos de apoio fizeram com que o Planalto priorizasse os decretos". Ainda, Daniel Sarmento conclui que Bolsonaro editou decretos a fim de "evitar submeter as decisões ao Congresso": "Bolsonaro usa decretos para alterar leis. Exemplo mais claro é o decreto das armas, o decreto sobre os conselhos. Tem a ver com o estilo de governar. Não quis construir coalizão que permitisse a governabilidade e por isso adota medidas autocráticas".[331]

---

[328] OLIVEIRA, Mariana; VIVAS, Fernanda; D'AGOSTINO, Rosanne. Bolsonaro é presidente com mais decretos e MPs questionados no STF no primeiro ano de mandato. *G1*, Brasília, DF, 1 mar. 2020. Disponível em: https://g1.globo.com/politica/noticia/2020/03/01/bolsonaro-e-presidente-com-mais-decretos-e-mps-questionados-no-stf-no-primeiro-ano-de-mandato.ghtml. Acesso em: 6 jun. 2020.

[329] SCHAFFNER, Fábio. 19 maio 2019. Bolsonaro edita em média um decreto por dia. *Zero Hora*, [*S. l.*], 19 maio 2019. Disponível em: https://gauchazh.clicrbs.com.br/politica/noticia/2019/05/bolsonaro-edita-em-media-um-decreto-por-dia-cjvvkpuru05xg01mapiet70k2.html. Acesso em: 3 jun. 2024.

[330] SCHAFFNER, Fábio. 19 maio 2019. Bolsonaro edita em média um decreto por dia. *Zero Hora*, [*S. l.*], 19 maio 2019. Disponível em: https://gauchazh.clicrbs.com.br/politica/noticia/2019/05/bolsonaro-edita-em-media-um-decreto-por-dia-cjvvkpuru05xg01mapiet70k2.html. Acesso em: 3 jun. 2024.

[331] OLIVEIRA, Mariana; VIVAS, Fernanda; D'AGOSTINO, Rosanne. Bolsonaro é presidente com mais decretos e MPs questionados no STF no primeiro ano de mandato. *G1*, Brasília,

O número elevado desses atos no governo Bolsonaro tem gerado diversas críticas de parlamentares, que o acusam de querer governar sozinho e se sobrepor ao Congresso, regulamentando pontos cuja responsabilidade entendem ser de deputados e senadores. Para integrantes da oposição, o uso frequente desse instrumento revela seu pouco apreço pelas regras do jogo democrático e um *modus operandi* que tende a uma postura autocrática.[332]

De fato, em seu primeiro ano de governo, Bolsonaro abriu mão de organizar uma maioria governista no Congresso e dispensou maior interlocução com os parlamentares. A frequência no número de decretos editados, nesse sentido, espelha uma tentativa de contornar o Congresso e implementar de forma imediata promessas de campanha, sem precisar enfrentar o processo legislativo ordinário. A base dispersa no Congresso, que dificulta a articulação e não garante certeza de apoio em votações importantes, pode ser, assim, um dos fatores para entender a frequência do uso de atos unilaterais por Bolsonaro.

Deve-se registrar, no entanto, as dificuldades em fixar uma relação inexorável entre atos do Executivo e a base parlamentar: por um lado, Collor e Bolsonaro editaram muitos decretos no primeiro ano de governo com uma base dispersa; por outro, a quantidade de decretos editados por presidentes com bases fortes, em número totais, também não é pequena. Parece, assim, que outras variáveis também impactam a quantidade de decretos, e não somente o fato de o governo estar dividido ou unificado.

Vale destacar que Jair Bolsonaro, no primeiro ano de mandato, foi o presidente eleito que apresentou o menor número de projetos de lei e propostas de emenda constitucional (PECs) desde 1990. No primeiro ano, propôs diretamente ao Congresso 29 projetos de lei (PLs) e propostas de emenda à Constituição (PECs), mas apenas 3 foram aprovadas até dezembro de 2019. O número é o mais baixo entre todos

---

DF, 1 mar. 2020. Disponível em: https://g1.globo.com/politica/noticia/2020/03/01/bolsonaro-e-presidente-com-mais-decretos-e-mps-questionados-no-stf-no-primeiro-ano-de-mandato.ghtml. Acesso em: 6 jun. 2020.

332 SALOMÃO, Lucas. Com média de 1,3 por dia, governo Bolsonaro só fez menos decretos que Collor nos 6 primeiros meses. *G1*, Brasília, DF, 29 jun. 2019. Disponível em: https://g1.globo.com/politica/noticia/2019/06/29/com-media-de-13-decreto-por-dia-governo-bolsonaro-so-editou-menos-que-collor-em-seis-meses.ghtml. Acesso em: 5 maio 2020.

os presidentes eleitos diretamente após redemocratização – e contrasta com o alto número de decretos.[333]

Ainda, ele é o presidente que, nos últimos 20 anos, teve mais decretos e medidas provisórias questionados no STF no primeiro ano de mandato. Os 537 decretos e 48 medidas provisórias editados por Bolsonaro em 2019 geraram 30 ações no Supremo para questionar a constitucionalidade das normas. Foram 6 MPs questionadas em 16 ações e 5 decretos em outras 14 ações.[334] Destaque-se que o Plenário do STF sustou parcialmente apenas um decreto de Bolsonaro, o de nº 9.759/2019, que extinguiu conselhos de participação na administração federal.[335]

A seu turno, o Congresso Nacional chegou às vias de aprovar decretos legislativos que sustavam dois decretos de Bolsonaro: o que modifica a regulamentação do porte de armas no Brasil (rejeitado pelo Senado)[336] e outro que altera a regulamentação da Lei de Acesso à Informação (rejeitado pela Câmara).[337] Ambos, todavia, não chegaram a ser efetivamente suspensos pelo Congresso, pois Bolsonaro, dada a iminência da derrota no Parlamento, revogou ou modificou os atos antes que a tramitação do decreto legislativo fosse concluída.

Apesar de nenhum decreto de Bolsonaro ter sido efetivamente sustado pelo Congresso, ele é o presidente com o maior número desses atos impugnados por projetos de decreto legislativo (PDL) no primeiro ano de governo: foram 134 projetos de decreto legislativo (PDL)

---

333 Ver Gráfico 10 (BOLSONARO é o presidente que menos aprovou propostas no primeiro ano. *Correio Braziliense*, Rio de Janeiro, 9 jan. 2020. Disponível em: https://www.correiobraziliense.com.br/app/noticia/politica/2020/01/09/interna_politica,819223/bolsonaro-e-o-presidente-que-menos-aprovou-propostas-no-primeiro-ano.shtml. Acesso em: 6 jun. 2020).

334 OLIVEIRA, Mariana; VIVAS, Fernanda; D'AGOSTINO, Rosanne. Bolsonaro é presidente com mais decretos e MPs questionados no STF no primeiro ano de mandato. *G1*, Brasília, DF, 1 mar. 2020. Disponível em: https://g1.globo.com/politica/noticia/2020/03/01/bolsonaro-e-presidente-com-mais-decretos-e-mps-questionados-no-stf-no-primeiro-ano-de-mandato.ghtml. Acesso em: 6 jun. 2020.

335 STF, ADI nº 6.121 MC, Rel. Min. Marco Aurélio, Tribunal Pleno, *Dje* 28.11.2019. Registre-se que o Ministro Roberto Barroso suspendeu monocraticamente trechos do Decreto nº 10.003/2019, editado por Bolsonaro, que alterou o composição e funcionamento do Conanda (cf. ADPF nº 622).

336 BRASIL. Senado Federal. Plenário aprova projeto que anula decreto que flexibiliza posse e porte de arma. *Senado Notícias*, Brasília, DF, 18 jun. 2019. Disponível em: https://www12.senado.leg.br/noticias/materias/2019/06/18/senado-derruba-decreto-sobre-armas. Acesso em: 3 jun. 2024.

337 BRASIL. Câmara dos Deputados. Câmara aprova suspensão de decreto sobre sigilo de documentos. *Agência Câmara de Notícias*, Brasília, DF, 19 fev. 2019. Disponível em: https://www.camara.leg.br/noticias/552179-camara-aprova-suspensao-de-decreto-sobre-sigilo-de-documentos/. Acesso em: 3 jun. 2024.

propostos com o fim de sustar 32 decretos de Bolsonaro.[338] O de nº 9.785, por exemplo, que versava sobre o porte de armas, foi objeto de 20 projetos de decreto legislativo de autoria diversa. Em comparação com os presidentes eleitos anteriormente, o número de PDLs também impressiona: no primeiro ano de governo, foram apresentados 5 PDLs contra decretos de Collor, 3 de FHC, 13 de Lula e dois de Dilma.[339]

Nesse contexto, o alto número de decretos, combinado com o baixo número de projetos de lei e propostas de emenda à Constituição, denota, de fato, um governo que busca governar sozinho, alijado do Poder Legislativo. Há uma acentuada "fuga do Congresso", marcada pela busca de efetivação de promessas de campanha e grandes reformas sem enfrentar os entraves democráticos do processo legislativo, sem construir coalizações ou tecer diálogos com os líderes partidários. Bolsonaro demonstra seu desejo de governar sem obstáculos, promovendo sua agenda política e grandes mudanças sociais, econômicas e administrativas com o poder da caneta, sem qualquer diálogo ou escrutínio popular ou parlamentar prévio. O número de ações ajuizadas perante o STF e de projetos de decreto legislativo contra seus decretos demonstra, ainda, que esses atos solitários são muitas vezes efetivados à revelia dos limites constitucionais. Essas "canetadas" parecem justificar as críticas dirigidas ao seu modo de governar, considerado despótico, antidemocrático e arbitrário.[340]

Além da relação complicada com o Congresso, outros fatores, como a agenda reformista e o projeto personalista de poder, explicam o alto número de decretos editados por Bolsonaro.

No campo administrativo, ele foi eleito com uma agenda política que pretendia reduzir o tamanho do Estado e "cortar gastos inúteis" com a máquina pública.[341] Especialmente no início de governo, foram

---

[338] Destaque-se que um mesmo decreto do presidente pode ser alvo de diversos PDLs de autoria de diversos parlamentares (SZPACENKOPF, Marta. Bolsonaro bate Lula em número de decretos. *O Globo*, Rio de Janeiro, 10 set. 2019. Disponível em: https://blogs.oglobo.globo.com/lauro-jardim/post/bolsonaro-bate-lula-em-numero-de-decretos.html. Acesso em: 3 jun. 2024).

[339] Ver Gráfico 5, constante do Capítulo 3.

[340] BOLSONARO cria uma atmosfera antidemocrática. *O Globo*, Rio de Janeiro, 20 fev. 2020. Disponível em: https://oglobo.globo.com/opiniao/bolsonaro-cria-uma-atmosfera-antidemocratica-1-24259024. Acesso em: 3 jun. 2024.

[341] FERNANDES, Adriana; TOMAZELLI, Idiana, RODRIGUES, Lorenna; RODRIGUES, Eduardo. *Estadão*, São Paulo, 5 nov. 2019. Disponível em: https://economia.estadao.com.br/noticias/geral,guedes-entrega-primeira-parte-de-novo-pacote-de-reformas-veja-quais-sao-as-medidas,70003076456. Acesso em: 3 jun. 2024.

editados inúmeros atos para moldar a administração a suas diretrizes políticas. Como exemplo de reformas administrativas promovidas por Bolsonaro, ressalte-se o Decreto nº 9.660, de 1º de janeiro de 2019, que vinculou o Instituto Nacional de Colonização e Reforma Agrária (Incra) ao Ministério da Agricultura, Pecuária e Abastecimento. O ato foi editado com base na MP nº 870, de 2019, publicada no mesmo dia 1º de janeiro de 2019, que reorganizou os órgãos da Presidência, os ministérios e suas atribuições, transferindo, por exemplo, a demarcação de terras indígenas para o Ministério da Agricultura e extinguindo do Ministério do Trabalho.[342]

Ainda, entre os dias 1º e 3 de janeiro de 2019, ou seja, nos 3 primeiros dias de governo, Bolsonaro editou 19 decretos reorganizando cargos e estruturas administrativas. Apesar de mudanças desse gênero serem comuns nos primeiros dias de presidentes eleitos com pautas políticas divergentes do antecessor, o altíssimo número de decretos administrativos em tão pouco tempo não encontra paralelo em outros governos. No primeiro dia de governo, editou o Decreto nº 9.662, de 1º de janeiro de 2019, que aprovou "a Estrutura Regimental e o Quadro Demonstrativo dos Cargos em Comissão e das Funções de Confiança do Ministério da Justiça e Segurança Pública" e remanejou "cargos em comissão e funções de confiança e transforma cargos em comissão do Grupo-Direção e Assessoramento Superiores - DAS". Reestruturações de cargos análogas foram realizadas no Ministério do Turismo,[343] Ministério da Educação,[344] Ministério do Desenvolvimento Regional,[345] Ministério da Agricultura, Pecuária e Abastecimento,[346] Gabinete de

---

[342] A MP nº 870/2019 foi posteriormente transformada na Lei nº 13.844, de 13 de junho de 2019.

[343] Decreto nº 9.664, de 2 de janeiro de 2019. Aprova a Estrutura Regimental e o Quadro Demonstrativo dos Cargos em Comissão e das Funções de Confiança do Ministério do Turismo, remaneja cargos em comissão e funções de confiança e transforma cargos em comissão do Grupo-Direção e Assessoramento Superiores (DAS) e Funções Comissionadas do Poder Executivo (FCPE).

[344] Decreto nº 9.665, de 2 de janeiro de 2019. Aprova a Estrutura Regimental e o Quadro Demonstrativo dos Cargos em Comissão e das Funções de Confiança do Ministério da Educação, remaneja cargos em comissão e funções de confiança e transforma cargos em comissão do Grupo-Direção e Assessoramento Superiores (DAS) e Funções Comissionadas do Poder Executivo (FCPE).

[345] Decreto nº 9.666, de 2 de janeiro de 2019. Aprova a Estrutura Regimental e o Quadro Demonstrativo dos Cargos em Comissão e das Funções de Confiança do Ministério do Desenvolvimento Regional, remaneja cargos em comissão e funções de confiança e substitui cargos em comissão do Grupo-Direção e Assessoramento Superiores (DAS) por Funções Comissionadas do Poder Executivo (FCPE).

[346] Decreto nº 9.667, de 2 de janeiro de 2019. Aprova a Estrutura Regimental e o Quadro Demonstrativo dos Cargos em Comissão e das Funções de Confiança do Ministério da

Segurança Institucional da Presidência da República,[347] Secretaria de Governo da Presidência da República,[348] Secretaria-Geral da Presidência da República,[349] Assessoria Especial do Presidente da República e do Gabinete Pessoal do Presidente da República,[350] Ministério do Meio Ambiente,[351] Ministério da Mulher, da Família e dos Direitos Humanos,[352] Ministério da Cidadania,[353] Ministério de Minas e Energia,[354] Ministério

Agricultura, Pecuária e Abastecimento, remaneja cargos em comissão e funções de confiança, transforma cargos em comissão e funções de confiança e altera o Decreto nº 6.464, de 27 de maio de 2008, que dispõe sobre a designação e atuação de adidos agrícolas junto a missões diplomáticas brasileiras no exterior.

347 Decreto nº 9.668, de 2 de janeiro de 2019. Aprova a Estrutura Regimental e o Quadro Demonstrativo dos Cargos em Comissão e das Funções de Confiança do Gabinete de Segurança Institucional da Presidência da República e altera o quantitativo de Gratificações de Exercício de Cargo em Confiança devida a Militares (RMP).

348 Decreto nº 9.669, de 2 de janeiro de 2019. Aprova a Estrutura Regimental e o Quadro Demonstrativo dos Cargos em Comissão e das Funções de Confiança da Secretaria de Governo da Presidência da República, remaneja cargos em comissão e funções de confiança e transforma cargos em comissão do Grupo-Direção e Assessoramento Superiores (DAS) e Funções Comissionadas do Poder Executivo (FCPE).

349 Decreto nº 9.670, de 2 de janeiro de 2019. Aprova a Estrutura Regimental e o Quadro Demonstrativo dos Cargos em Comissão e das Funções de Confiança da Secretaria-Geral da Presidência da República, remaneja cargos em comissão e funções de confiança, substitui cargos em comissão do Grupo-Direção e Assessoramento Superiores (DAS) por Funções Comissionadas do Poder Executivo (FCPE) e transforma cargos em comissão do Grupo-DAS.

350 Decreto nº 9.671, de 2 de janeiro de 2019. Altera o Decreto nº 9.054, de 17 de maio de 2017, que aprova a Estrutura Regimental e o Quadro Demonstrativo dos Cargos em Comissão e das Funções de Confiança da Assessoria Especial do Presidente da República e do Gabinete Pessoal do Presidente da República, e remaneja cargos em comissão do Grupo-Direção e Assessoramento Superiores (DAS).

351 Decreto nº 9.672, de 2 de janeiro de 2019. Aprova a Estrutura Regimental e o Quadro Demonstrativo dos Cargos em Comissão e das Funções de Confiança do Ministério do Meio Ambiente, remaneja cargos em comissão e funções de confiança e substitui cargos em comissão do Grupo-Direção e Assessoramento Superiores (DAS) por Funções Comissionadas do Poder Executivo (FCPE).

352 Decreto nº 9.673, de 2 de janeiro de 2019. Aprova a Estrutura Regimental e o Quadro Demonstrativo dos Cargos em Comissão e das Funções de Confiança do Ministério da Mulher, da Família e dos Direitos Humanos, remaneja cargos em comissão, Funções Comissionadas do Poder Executivo e Funções Gratificadas, transforma cargos em comissão do grupo-Direção e Assessoramento Superiores (DAS) e substitui cargos em comissão do Grupo-Direção e Assessoramento Superiores (DAS) por Funções Comissionadas do Poder Executivo (FCPE).

353 Decreto nº 9.674, de 2 de janeiro de 2019. Aprova a Estrutura Regimental e o Quadro Demonstrativo dos Cargos em Comissão e das Funções de Confiança do Ministério da Cidadania, remaneja cargos em comissão e funções de confiança, transforma cargos em comissão do Grupo-Direção e Assessoramento Superiores (DAS) e Funções Comissionadas do Poder Executivo (FCPE) e substitui cargos em comissão do Grupo-Direção e Assessoramento Superiores (DAS) por Funções Comissionadas do Poder Executivo (FCPE).

354 Decreto nº 9.675, de 2 de janeiro de 2019. Aprova a Estrutura Regimental e o Quadro Demonstrativo dos Cargos em Comissão e das Funções de Confiança do Ministério de Minas

da Infraestrutura,[355] Ministério da Ciência, Tecnologia, Inovações e Comunicações,[356] Casa Civil da Presidência da República,[357] Ministério da Economia,[358] Fundação Escola Nacional de Administração Pública (Enap)[359] e Controladoria-Geral da União.[360]

Destaque-se que mesmo após mais de 1 ano e 5 meses no governo, Bolsonaro continua editando uma quantidade surpreendente de decretos voltados a remanejar cargos em comissão e funções de confiança e alterar estruturas administrativas. Apenas no mês de maio de 2020, fez significativas mudanças administrativas no Ministério da Infraestrutura,[361] Ministério da Economia,[362] Ministério da Justiça e Segurança

---

e Energia, remaneja cargos em comissão e funções de confiança e substitui cargos em comissão do Grupo-Direção e Assessoramento Superiores - DAS por Funções Comissionadas do Poder Executivo (FCPE) e transforma cargos em comissão do Grupo-Direção e Assessoramento Superiores (DAS).

[355] Decreto nº 9.676, de 2 de janeiro de 2019. Aprova a Estrutura Regimental e o Quadro Demonstrativo dos Cargos em Comissão e das Funções de Confiança do Ministério da Infraestrutura.

[356] Decreto nº 9.677, de 2 de janeiro de 2019. Aprova a Estrutura Regimental e o Quadro Demonstrativo dos Cargos em Comissão e das Funções de Confiança do Ministério da Ciência, Tecnologia, Inovações e Comunicações, remaneja cargos em comissão e funções de confiança, transforma cargos em comissão do Grupo-Direção e Assessoramento Superiores (DAS) e substitui cargos em comissão do Grupo-Direção e Assessoramento Superiores (DAS) por Funções Comissionadas do Poder Executivo (FCPE).

[357] Decreto nº 9.678, de 2 de janeiro de 2019. Aprova a Estrutura Regimental e o Quadro Demonstrativo dos Cargos em Comissão e das Funções de Confiança da Casa Civil da Presidência da República, remaneja cargos em comissão e funções de confiança.

[358] Decreto nº 9.679, de 2 de janeiro de 2019. Aprova a Estrutura Regimental e o Quadro Demonstrativo dos Cargos em Comissão e das Funções de Confiança do Ministério da Economia, remaneja cargos em comissão e funções de confiança e substitui cargos em comissão do Grupo-Direção e Assessoramento Superiores (DAS) por Funções Comissionadas do Poder Executivo (FCPE).

[359] Decreto nº 9.680, de 2 de janeiro de 2019. Aprova o Estatuto e o Quadro Demonstrativo dos Cargos em Comissão e das Funções de Confiança da Fundação Escola Nacional de Administração Pública (Enap), remaneja cargos em comissão, Funções Comissionadas do Poder Executivo e Funções Gratificadas, transforma cargos em comissão do grupo-Direção e Assessoramento Superiores (DAS) e substitui cargos em comissão do Grupo-Direção e Assessoramento Superiores (DAS) por Funções Comissionadas do Poder Executivo (FCPE).

[360] Decreto nº 9.681, de 3 de janeiro de 2019. Aprova a Estrutura Regimental e o Quadro Demonstrativo dos Cargos em Comissão e das Funções de Confiança da Controladoria-Geral da União, remaneja cargos em comissão e funções de confiança e substitui cargos em comissão do Grupo-Direção e Assessoramento Superiores (DAS) por Funções Comissionadas do Poder Executivo (FCPE).

[361] Decreto nº 10.368, de 22 de maio de 2020. Aprova a Estrutura Regimental e o Quadro Demonstrativo dos Cargos em Comissão e das Funções de Confiança do Ministério da Infraestrutura e remaneja e transforma cargos em comissão e funções de confiança.

[362] Decreto nº 10.366, de 22 de maio de 2020. Altera o Decreto nº 9.745, de 8 de abril de 2019, que aprova a Estrutura Regimental e o Quadro Demonstrativo dos Cargos em Comissão e das Funções de Confiança do Ministério da Economia, e remaneja e transforma cargos em comissão e funções de confiança.

Pública,[363] Ministério do Turismo,[364] Ministério da Cidadania,[365] Departamento Nacional de Infraestrutura de Transportes (DNIT)[366] e Secretaria-Geral da Presidência da República.[367]

No campo administrativo, ainda editou decretos dispondo sobre a alienação, cessão, transferência e doação de bens públicos federais,[368] instituindo condições para indicar servidores já concursados para cargos de confiança na administração federal[369] e extinguindo, de uma só vez, mais de 20.000 funções gratificadas.[370] Esse decreto de extinção de cargos foi, inclusive, parcialmente suspenso pela 10ª Vara Federal de Porto Alegre no julgamento da Ação Civil Pública (ACP) nº 5043209-58.2019.4.04.7100, impetrada pelo Ministério Público Federal, que sustentou que a extinção de cargos ocupados em universidades e institutos federais no Rio Grande do Sul viola o princípio da autonomia universitária[371] e desborda das competências constitucionalmente outorgadas ao presidente.

---

363 Decreto nº 10.365, de 22 de maio de 2020. Altera o Decreto nº 9.662, de 1º de janeiro de 2019, que aprova a Estrutura Regimental e o Quadro Demonstrativo dos Cargos em Comissão e das Funções de Confiança do Ministério da Justiça e Segurança Pública, remaneja funções de confiança e declara extintos cargos em comissão.

364 Decreto nº 10.359, de 20 de maio de 2020. Aprova a Estrutura Regimental e o Quadro Demonstrativo dos Cargos em Comissão e das Funções de Confiança do Ministério do Turismo e remaneja e transforma cargos em comissão e funções de confiança.

365 Decreto nº 10.357, de 20 de maio de 2020. Aprova a Estrutura Regimental e o Quadro Demonstrativo dos Cargos em Comissão e das Funções de Confiança do Ministério da Cidadania e remaneja cargos em comissão e funções de confiança.

366 Decreto nº 10.367, de 22 de maio de 2020. Altera o Decreto nº 8.489, de 10 de julho de 2015, que aprova a Estrutura Regimental e o Quadro Demonstrativo dos Cargos em Comissão e das Funções de Confiança do Departamento Nacional de Infraestrutura de Transportes (DNIT) e remaneja e transforma cargos em comissão e funções de confiança.

367 Decreto nº 10.358, de 20 de maio de 2020. Altera o Decreto nº 9.982, de 20 de agosto de 2019, que aprova a Estrutura Regimental e o Quadro Demonstrativo dos Cargos em Comissão e das Funções de Confiança da Secretaria-Geral da Presidência da República e remaneja cargos em comissão e funções de confiança.

368 Cf., *e.g.*, Decreto nº 10.340, de 5 de maio de 2020. Altera o Decreto nº 9.373, de 11 de maio de 2018, que dispõe sobre a alienação, a cessão, a transferência, a destinação e a disposição final ambientalmente adequadas de bens móveis no âmbito da administração pública federal direta, autárquica e fundacional, e Decreto nº 10.314, de 6 de abril de 2020. Altera o Decreto nº 9.764, de 11 de abril de 2019, que dispõe sobre o recebimento de doações de bens móveis e de serviços, sem ônus ou encargos, de pessoas físicas ou jurídicas de direito privado pelos órgãos e pelas entidades da administração pública federal direta, autárquica e fundacional.

369 Decreto nº 9.727, de 15 de março de 2019.

370 Decreto nº 9.725/2019, de 12 de março de 2019.

371 TRF4, ACP 5043209-58.2019.4.04.7100, Tutela: Deferida, Juízo Federal da 10ª Vara Federal de Porto Alegre, Juíza: Ana Paula de Bortoli, (Disponível em: https://www2.trf4.jus.br/trf4/controlador.php?acao=consulta_processual_resultado_pesquisa).

Verifica-se, assim, sua pretensão de alterar profundamente a estrutura administrativa federal, esculpindo-a de acordo com sua vontade. Apesar da prática ser comum em novos governos, as mudanças constantes são indicativos de um governo centralizador, criado em torno de um projeto personalista – e não institucional – de poder. Na pandemia de Covid-19, por exemplo, essa prática de mudanças constantes de pessoal foi explicitada com a saída de dois Ministros da Saúde, Luiz Henrique Mandetta e Nelson Teich, em menos de dois meses, causando grande instabilidade e retrocessos no combate à pandemia.

Além das pretensões reformistas e da falta de diálogo com o Congresso, o número alto de decretos também é explicado pela postura personalista do governo Bolsonaro, que foi eleito sob a áurea de ser um "messias", "salvador da Pátria" ou "mito" que livraria o país da corrupção e lutaria por valores morais e pela "família tradicional". Assim, inúmeros decretos têm acentuado valor simbólico, como os já mencionados decretos das armas, o que institui o Programa Nacional das Escolas Cívico-Militares[372] e o que dispõe sobre a forma de tratamento e de endereçamento nas comunicações com agentes públicos da administração pública federal.[373]

O decreto que institui o Programa Nacional das Escolas Cívico-Militares, por exemplo, afirma a importância do "fortalecimento de valores humanos e cívicos" e da "adoção de modelo de gestão escolar baseado nos colégios militares". Já o Decreto nº 9.758, de 11 de abril de 2019, veda a utilização de pronomes de tratamento como "Vossa Excelência ou Excelentíssimo", "Vossa Senhoria", "doutor", "ilustre ou ilustríssimo" ou "digno ou digníssimo" na comunicação com agentes públicos federais, devendo ser utilizado somente o pronome "senhor", a ser flexionado para o feminino ou para o plural conforme a ocasião.[374]

---

372 Decreto nº 10.004, de 5 de setembro de 2019.

373 Decreto nº 9.758, de 11 de abril de 2019.

374 Decreto nº 9.758, de 11 de abril de 2019:
"Pronome de tratamento adequado
Art. 2º O único pronome de tratamento utilizado na comunicação com agentes públicos federais é "senhor", independentemente do nível hierárquico, da natureza do cargo ou da função ou da ocasião.
Parágrafo único. O pronome de tratamento é flexionado para o feminino e para o plural.
Formas de tratamento vedadas
Art. 3º É vedado na comunicação com agentes públicos federais o uso das formas de tratamento, ainda que abreviadas:
I - Vossa Excelência ou Excelentíssimo;
II - Vossa Senhoria;
III - Vossa Magnificência;

Ambos os decretos espelham promessas de campanha, relativas à militarização da educação e ao combate a privilégios de agentes públicos.

No plano econômico, Bolsonaro também tem realizado importantes reformas por "canetadas". Com o Decreto nº 10.029, de 26 de setembro de 2019, ele autorizou o Banco Central do Brasil a reconhecer como de interesse do governo brasileiro a instalação, no país, de "novas agências de instituições financeiras domiciliadas no exterior, e o aumento do percentual de participação, no capital de instituições financeiras com sede no País, de pessoas físicas ou jurídicas residentes ou domiciliadas no exterior". Pelo Decreto nº 9.787, de 8 de maio de 2019, o ex-Presidente delegou competência ao Ministro de Estado da Economia para decidir e praticar os atos de autorização de funcionamento no país de sociedade estrangeira. Já com o Decreto nº 9.768, de 16 de abril de 2019, reconheceu como de interesse do governo brasileiro a participação estrangeira no capital social do Banco Inter S.A. e de sua controlada, "Inter Distribuidora de Títulos e Valores Mobiliários Ltda.".

Além desses, ainda editou 19 atos incluindo empresas, entidades e debêntures no Programa Nacional de Desestatização (PND). Foram incluídos nesse programa sociedades empresárias e entidades de relevante interesse nacional, como a Empresa de Tecnologia e Informações da Previdência,[375] o Serviço Federal de Processamento de Dados,[376] o Centro Nacional de Tecnologia Eletrônica Avançada S.A.,[377] a Nuclebrás Equipamentos Pesados S.A. (Nuclep)[378] e a Casa da Moeda do Brasil.[379]

Com efeito, Bolsonaro chegou a incluir unidades de conservação ambiental no Programa Nacional de Desestatização, como o Parque Nacional de Aparados da Serra, nos estados do Rio Grande do Sul e

---

IV - doutor;
V - ilustre ou ilustríssimo;
VI - digno ou digníssimo; e
VII - respeitável.
§1º O agente público federal que exigir o uso dos pronomes de tratamento de que trata o *caput*, mediante invocação de normas especiais referentes ao cargo ou carreira, deverá tratar o interlocutor do mesmo modo.
§2º É vedado negar a realização de ato administrativo ou admoestar o interlocutor nos autos do expediente caso haja erro na forma de tratamento empregada".

[375] Decreto nº 10.199, de 15 de janeiro de 2020.

[376] Decreto nº 10.206, de 22 de janeiro de 2020.

[377] Decreto nº 10.297, de 30 de março de 2020.

[378] Decreto nº 10.322, de 15 de abril de 2020.

[379] Decreto nº 10.054, de 14 de outubro de 2019.

de Santa Catarina,[380] o Parque Nacional da Serra Geral, nos estados do Rio Grande do Sul e de Santa Catarina,[381] o Parque Nacional dos Lençóis Maranhenses, no estado do Maranhão,[382] Parque Nacional de Jericoacoara, no estado do Ceará,[383] e o Parque Nacional do Iguaçu, no estado do Paraná.[384] Os decretos afirmam que a inclusão dessas unidades de conservação no PND se dá para "fins de concessão da prestação dos serviços públicos de apoio à visitação, com previsão do custeio de ações de apoio à conservação, à proteção e à gestão das referidas unidades".

Ainda, foram incluídos no Programa Nacional de Desestatização (PND) sociedades empresárias que prestam relevantes serviços públicos, como a Companhia Docas do Espírito Santo (Codesa),[385] a Empresa de Trens Urbanos de Porto Alegre S.A. (Trensurb),[386] a Companhia Brasileira de Trens Urbanos (CBTU),[387] a Companhia de Entrepostos e Armazéns Gerais de São Paulo (Ceagesp),[388] bem como empreendimentos dos setores portuário, aeroportuário, rodoviário, ferroviário e hidroviário, incluindo aeroportos e trechos de rodovias.[389]

Bolsonaro também incluiu no PND ações ordinárias e debêntures da União, como as ações ordinárias da União representativas do capital social do IRB Brasil Resseguros S.A.,[390] debêntures participativas de emissão da Vale S.A. detidas pela União,[391] ações ordinárias de emissão do Banco do Brasil S.A. excedentes à manutenção do controle acionário da União[392] e debêntures participativas de emissão da Vale S.A. detidas pela União.[393] Incluiu, ainda, sociedades gestoras de fundos de garantia, como a Agência Brasileira Gestora de Fundos Garantidores e Garantias S.A. (ABGF)[394] e a Empresa Gestora de Ativos S.A. (Emgea).[395]

---

380 Decreto nº 10.331, de 28 de abril de 2020.
381 Decreto nº 10.331, de 28 de abril de 2020.
382 Decreto nº 10.147, de 2 de dezembro de 2019.
383 Decreto nº 10.147, de 2 de dezembro de 2019.
384 Decreto nº 10.147, de 2 de dezembro de 2019.
385 Decreto nº 9.852, de 25 de junho de 2019.
386 Decreto nº 9.998, de 3 de setembro de 2019.
387 Decreto nº 9.999, de 3 de setembro de 2019.
388 Decreto nº 10.045, de 4 de outubro de 2019.
389 Decreto nº 9.972, de 14 de agosto de 2019.
390 Decreto nº 9.811, de 30 de maio de 2019.
391 Decreto nº 9.820, de 3 de junho de 2019.
392 Decreto nº 9.984, de 22 de agosto de 2019.
393 Decreto nº 9.820, de 3 de junho de 2019.
394 Decreto nº 10.007, de 5 de setembro de 2019.
395 Decreto nº 10.008, de 5 de setembro de 2019.

Finalmente, destacam-se os seguintes decretos editados por Bolsonaro no plano econômico:

- Decreto nº 10.245, de 18 de fevereiro de 2020. Dispõe sobre o Conselho do Programa de Parcerias de Investimentos.
- Decreto nº 10.320, de 9 de abril de 2020. Institui o Programa para Aprimoramento das Licitações de Exploração e Produção de Petróleo e Gás Natural e o seu Comitê Interministerial Executivo.
- Decreto nº 10.337, de 5 de maio de 2020. Dispõe sobre a qualificação da décima sétima rodada de licitações de blocos exploratórios de petróleo e gás natural sob o regime de concessão no âmbito do Programa de Parcerias de Investimentos da Presidência da República.
- Decreto nº 10.338, de 5 de maio de 2020. Dispõe sobre a qualificação dos leilões de geração de energia existente A-4 e A-5, ambos de 2020, no âmbito do Programa de Parcerias de Investimentos da Presidência da República.
- Decreto nº 10.349, de 13 de maio de 2020. Dispõe sobre a qualificação da política de atração de investimentos privados para o setor de turismo, no âmbito do Programa de Parcerias de Investimentos da Presidência da República.
- Decreto nº 10.356, de 20 de maio de 2020. Dispõe sobre a política industrial para o setor de tecnologias da informação e comunicação.

Já no campo ambiental, Bolsonaro esvaziou o Conselho Nacional do Meio Ambiente (Conama),[396] afrouxou as sanções administrativas ao meio ambiente, flexibilizou as cobranças de multas ambientais[397] e atribuiu ao Ministério da Agricultura a competência para a concessão de florestas públicas.[398] Esses decretos ambientais materializam declarações do próprio presidente, que, em diversas ocasiões, afirmou que os utilizaria para retirar regulamentações da área ambiental. Esses atos

396 Decreto nº 9.806, de 28 de maio de 2019.

397 Decreto nº 10.198, de 3 de janeiro de 2020, e Decreto nº 9.760, de 11 de abril de 2019.

398 Decreto nº 10.347, de 13 de maio de 2020.

seriam justificados pela sua crença de que há um "ativismo ambiental xiita" no Brasil e uma "indústria da multa" no setor do meio ambiente.[399]

Nesse ponto, cumpre tecer algumas considerações a respeito do Decreto nº 9.760, de 11 de abril de 2019, que flexibilizou a cobrança de multas ambientais, tornando mais fácil a conversão de indenizações em outras sanções que não exigem pagamento. Em síntese, o ato trouxe duas mudanças importantes na legislação anterior sobre o assunto: a criação de "núcleos de conciliação" para apurar a aplicação de multas ambientais e a modificação do programa de conversão de multas em projetos de restauração florestal. A partir dele, as infrações ambientais passaram a ser analisadas previamente por um "núcleo de conciliação ambiental", que pode analisar a multa para confirmá-la, ajustá-la ou anulá-la, caso se entenda que houve alguma irregularidade, após pronunciamento da Procuradoria-Geral Federal (PGF). Os críticos têm afirmado que esses núcleos de conciliação representam mais uma facilidade ao infrator ambiental, que já pode recorrer administrativamente e judicialmente das multas aplicadas.[400]

De fato, com a alteração normativa, o infrator ambiental que opta pela conciliação é beneficiado pela imediata suspensão da instrução do processo sancionador que poderia levar à cobrança da multa, até que a audiência de conciliação seja realizada. Posteriormente, caso o núcleo não aceite converter a multa em recuperação ambiental, como prevê o decreto, o infrator ainda poderá apresentar até três recursos no próprio Instituto Brasileiro do Meio Ambiente e dos Recursos Naturais Renováveis (Ibama) ou recorrer à Justiça. Nesse contexto, Carlos Bocuhy, Presidente do Instituto Brasileiro de Preservação Ambiental (Proam), afirma que a criação dos "núcleos de conciliação" é, na verdade, uma medida de "anistia antecipada" às infrações ambientais e representa a falência funcional das instituições de fiscalização. Em suas palavras:

> O governo aponta para a impunidade. Primeiro porque sinaliza que o sistema instituído para multar carece de saneamento posterior, enquanto, na verdade, como poder público, ele deveria capacitá-lo para ser mais

---

[399] BRANDINO, Jéssica. *Nexo Jornal*, [*S. l.*], 14 dez. 2019. Disponível em: https://www.nexojornal.com.br/expresso/2019/11/14/De-Collor-a-Bolsonaro-o-elo-de-presidentes-e-seus-partidos. Acesso em: 3 jun. 2024.

[400] Cf. Inicial da ADPF nº 592, ajuizada pela Rede perante o STF. Ainda, cf. PRIZIBISCZKI, Cristiane. Governo institui anistia prévia a criminosos ambientais. *O Eco*, [*S. l.*], 14 abr. 2019. Disponível em: https://www.oeco.org.br/reportagens/governo-institui-anistia-previa-a-criminosos-ambientais/. Acesso em: 3 jun. 2024.

eficiente. Segundo, porque esses núcleos estão, pela lei, subordinados à indicação política do governo.[401]

Ainda, o decreto permite que o próprio infrator ambiental implemente um projeto de serviço de preservação, melhoria e recuperação da qualidade do meio ambiente a fim de escapar à multa aplicada pelo Ibama:

> Decreto nº 9.760/2019
> Art. 142-A. A conversão da multa se dará por meio de uma das seguintes modalidades, a ser indicada em cada caso pela administração pública federal ambiental:
> I - pela implementação, pelo próprio autuado, de projeto de serviço de preservação, melhoria e recuperação da qualidade do meio ambiente, no âmbito de, no mínimo, um dos objetivos de que tratam os incisos I ao X do *caput* do art. 140; ou
> II - pela adesão do autuado a projeto previamente selecionado na forma de que trata o art. 140-A, observados os objetivos de que tratam os incisos I ao X do *caput* do art. 140.
> §1º A administração pública federal ambiental indicará o projeto ou a cota-parte de projeto de serviço a ser implementado.
> §2º A hipótese de que trata o inciso II do *caput* fica condicionada à regulação dos procedimentos necessários a sua operacionalização.
> §3º Os projetos a que se refere o §1º deverão ser executados prioritariamente no Estado em que ocorreu a infração.

O ato, inclusive, foi impugnado pelo Partido Rede Sustentabilidade mediante a ADPF nº 592, ajuizada perante o STF e distribuída à Ministra Rosa Weber. Segundo a Rede, o decreto ofende o dever de proteção ao meio ambiente e a garantia ao ambiente ecologicamente equilibrado, contido no artigo 225 da CRFB/88, além do preceito fundamental da separação dos Poderes. A inicial da arguição ressalta que "embora haja um esforço institucional para o fortalecimento das vias consensuais de solução de conflitos, a participação do Poder Legislativo é fundamental e imprescindível nesse processo. A observância das regras no Estado Democrático de Direito impõe o respeito aos ditames do processo legislativo". O partido alega que a norma é leniente com o poluidor na

---

401 PRIZIBISCZKI, Cristiane. Governo institui anistia prévia a criminosos ambientais. *O Eco*, [*S. l.*], 14 abr. 2019. Disponível em: https://www.oeco.org.br/reportagens/governo-institui-anistia-previa-a-criminosos-ambientais/. Acesso em: 3 jun. 2024.

medida em que permite a postergação indeterminada dos prazos de defesa e pagamento, com a possibilidade de remarcação da audiência em caso de ausência. Além do risco ao meio ambiente, o partido sustenta que há evidente desvio de finalidade na edição do decreto, visto que, "a pretexto de exercer sua prerrogativa constitucional, o chefe do Executivo busca reduzir os instrumentos de proteção ambiental disponíveis aos agentes fiscalizadores, em claro descumprimento de seu dever legal". A ação, todavia, como muitas outras ajuizadas contra decretos do governo, não teve seu pedido de liminar apreciado e não foi sequer liberada para a pauta de julgamentos.

A seu turno, o Decreto nº 9.806/2019, que esvaziou o Conama, foi impugnado pela Procuradoria-Geral da República (PGR) perante o STF através da ADPF nº 623, também distribuída à Ministra Rosa Weber. De acordo com a PGR, o decreto alterou o funcionamento do Conama de forma a reduzir a representação da sociedade civil, o que afeta a participação popular direta na elaboração de políticas públicas de proteção ao meio ambiente. A inicial da arguição ressalta que a redução da participação popular resultou em profunda disparidade representativa em relação aos demais setores sociais representados no órgão. Afirma, ainda, que o desequilíbrio entre representantes de interesses exclusivamente ambientais e os que defendem outros múltiplos interesses prejudica a função do conselho de elaboração de políticas de proteção ao meio ambiente pela coletividade, "impondo lesão ao preceito fundamental da proteção ao meio ambiente equilibrado".[402] A ação também não teve seu pedido de liminar apreciado e não foi liberada para a pauta de julgamentos.

Finalmente, o Decreto nº 10.347/2020, que atribuiu ao Ministério da Agricultura a competência para a concessão de florestas públicas, também tem sido objeto de várias críticas e reputado como inconstitucional por especialistas. Segundo Flávio Ahmed, Presidente da Comissão de Direito Ambiental da Ordem dos Advogados do Rio de Janeiro (OAB-RJ), o decreto colide com a Lei da Política Nacional de Meio Ambiente (Lei nº 6.938, de 31 de agosto de 1981), que rege, entre outros fatores, a gestão florestal. Para ele:

> O modo adequado para substituir a lei é através de um novo projeto de lei, que tramite pelo Congresso Nacional. A concessão da gestão

[402] Cf. Inicial da ADPF nº 623 (STF, Tribunal Pleno, Rel.ª Min.ª Rosa Weber, *Dje* 18.07.2023).

de florestas é o modo como governo federal cede para terceiros a exploração de recursos ambientais de uma determinada área, mas impondo a obediência a normas de sustentabilidade. Para seguir este processo, o ministério precisa dominar diversas informações, como zoneamento da área concedida, as espécies que vivem ali e sua situação de vulnerabilidade.[403]

Além de utilizá-los para o campo ambiental, decretos foram muito utilizados por Bolsonaro para questões de segurança pública e de combate às drogas, temas centrais de sua campanha. Em pelo menos duas ocasiões, ele determinou o emprego das Forças Armadas na Amazônia Legal a fim de garantir a "lei e a ordem" em faixas de fronteira, nas terras indígenas, nas unidades federais de conservação ambiental e em outras áreas federais.[404] A seu turno, com o Decreto nº 9.761, de 11 de abril de 2019, ele aprovou a Política Nacional sobre Drogas, alterando importantes aspectos da normativa anterior. A Política sobre Drogas deixou de ser de "redução de danos", passando a promover a "abstinência", o que é criticado por especialistas na área.[405] Para o tratamento dos usuários, o decreto põe foco nas comunidades terapêuticas, privadas e religiosas, que, segundo a norma, devem ser estimuladas e apoiadas pelo Estado, "inclusive financeiramente". Quanto ao tráfico, o decreto estabelece que a diferenciação entre traficante e usuário deve se dar não só com base na quantidade de drogas, mas com elementos como "o local e as condições em que se desenvolveu a ação de apreensão, as circunstâncias sociais", o que comprovadamente acentua discriminações raciais e sociais.[406]

Por sua vez, o Decreto nº 9.926/2019 instituiu grandes modificações no Conselho Nacional de Políticas sobre Drogas (Conad), excluindo de sua composição representantes da sociedade civil, inclusive o indicado

---

403 GRANDELLE, Renato. Bolsonaro transfere concessão de florestas públicas para Ministério da Agricultura. *O Globo*, Brasília, DF, 15 maio 2020. Disponível em: https://oglobo.globo.com/sociedade/bolsonaro-transfere-concessao-de-florestas-publicas-para-ministerio-da-agricultura-24427684. Acesso em: 3 jun. 2024.

404 Decreto nº 9.985, de 23 de agosto de 2019, e Decreto nº 10.341, de 5 de maio de 2020.

405 BRANDINO, Jéssica. *Nexo Jornal*, [S. l.], 14 dez. 2019. Disponível em: https://www.nexojornal.com.br/expresso/2019/11/14/De-Collor-a-Bolsonaro-o-elo-de-presidentes-e-seus-partidos. Acesso em: 3 jun. 2024.

406 Cf. MACHADO, Nara Borgo Cypriano. *Usuário ou traficante?* A seletividade penal na nova lei de drogas. *In:* ENCONTRO NACIONAL DO CONPEDI, 19., [*S. l.*], 2010. *Anais* (...). [*S. l.*]: CONPENDI, 2010. Disponível em: https://www1.folha.uol.com.br/cotidiano/2019/04/nova-politica-de-drogas-exclui-reducao-de-danos.shtml. Acesso em: 3 jun. 2024.

pela Ordem dos Advogados do Brasil (OAB). Com o ato, deixaram de fazer parte do conselho: um jurista, indicado pela OAB; um médico, indicado pelo Conselho Federal de Medicina (CFM); um psicólogo, indicado pelo Conselho Federal de Psicologia (CFP); um assistente social, indicado pelo Conselho Federal de Serviço Social; um enfermeiro, indicado pelo Conselho Federal de Enfermagem (Cofen); um educador, indicado pelo Conselho Nacional de Educação (CNE); um cientista, indicado pela Sociedade Brasileira para o Progresso da Ciência (SBPC) e um estudante, indicado pela União Nacional dos Estudantes (UNE).

Outro ato polêmico de Bolsonaro foi o Decreto nº 9.690/2019, que regulamentou a Lei do Acesso à Informação. O decreto alterou o número de autoridades que podem impor sigilo a documentos públicos, permitindo que dirigentes de órgãos da administração pública indireta, bem como servidores comissionados, pudessem classificar informações como ultrassecretas, fixando sigilo de até 25 anos. No mês seguinte à edição do ato, a Câmara aprovou o Projeto de Decreto Legislativo (PDL) nº 3/19, apresentado pelo Deputado Aliel Machado (PSB-PR) e outros, para sustar o decreto, sob a alegação de exorbitância dos limites da Lei de Acesso à Informação (Lei nº 12.527, de 18 de novembro de 2011). O projeto seria então encaminhado ao Senado para que pudesse ser convertido em decreto legislativo.[407] Na sequência à aprovação da Câmara, diante da derrota iminente, Bolsonaro revogou o ato.[408]

Ainda, com o Decreto nº 9.731/2019, retirou a obrigatoriedade de vistos a turistas americanos, canadenses, japoneses e australianos. O ato foi objeto de críticas por contrariar o princípio da reciprocidade, que rege as relações diplomáticas, visto que brasileiros que viajam para os Estados Unidos, Canadá, Japão e Austrália continuarão precisando de visto. Para o Ministério do Turismo, todavia, "a isenção do visto de forma unilateral é um aceno que fazemos para países estratégicos no sentido de estreitar as nossas relações".[409]

---

407 Cf. BRASIL. Senado Federal. Plenário aprova projeto que anula decreto que flexibiliza posse e porte de arma. *Senado Notícias*, Brasília, DF, 18 jun. 2019. Disponível em: https://www12.senado.leg.br/noticias/materias/2019/06/18/senado-derruba-decreto-sobre-armas. Acesso em: 3 jun. 2024.

408 Decreto nº 9.716, 26 de fevereiro de 2019.

409 Cf. MAZUI, Guilherme. Bolsonaro libera turistas de EUA, Austrália, Canadá e Japão a entrar no Brasil sem visto. *G1*, Brasília, DF, 18 mar. 2019. Disponível em: https://g1.globo.com/politica/noticia/2019/03/18/bolsonaro-libera-cidadaos-de-eua-australia-canada-e-japao-de-visto-de-visita-ao-brasil.ghtml. Acesso em: 3 jun. 2024.

Finalmente, cumpre destacar outros dois decretos do Bolsonaro de grande repercussão: o Decreto nº 10.060, de 14 de outubro de 2019, que dispõe sobre o trabalho temporário, e o já citado Decreto nº 10.344/2020, que define os serviços públicos e as atividades essenciais.

O primeiro esclarece pontos do regramento laboral, assentando que, "independentemente do ramo da empresa tomadora de serviços ou cliente", não existe vínculo empregatício entre esta e os trabalhadores contratados pelas empresas de trabalho temporário. O decreto determina, ainda, que a jornada de trabalho de oito horas diárias, prevista pela Consolidação das Leis do Trabalho (CLT), poderá ter uma duração superior caso a empresa tomadora de serviços utilize jornadas de trabalho específicas. O ato também faz parte da agenda política de Bolsonaro prometida durante a campanha, no sentido da flexibilização de regras trabalhistas.

Já o Decreto nº 10.344/2020 inclui academias, salões de beleza, cabeleireiros e barbearias como atividades essenciais, permitindo que continuem exercendo suas atividades durante a pandemia de Covid-19. O ato foi objeto de inúmeras críticas, por claramente desvirtuar o sentido de "serviços essenciais" e promover a agenda política do presidente, que defende o fim da quarentena em detrimento da saúde pública.

Com efeito, a quantidade e a importância dos decretos anteriormente analisados comprovam, mais uma vez, o quanto esse instrumento normativo, aparentemente insignificante, pode tomar grandes proporções e promover grandes reformas no país. Já foi o tempo em que decretos eram utilizados para questões administrativas corriqueiras: atualmente, chegam ao ponto de flexibilizar a posse de armas, incluir unidades de conservação ambiental em programas de privatização, flexibilizar relações de trabalho, alterar a política de drogas, esvaziar conselhos de participação social e enfraquecer a legislação ambiental. São, assim, de grande necessidade o estudo desse tema pelos constitucionalistas, a atenção da mídia em relação aos decretos e um aumento no controle desses atos por parte do Legislativo e Judiciário.

PARTE 2

O CONTROLE JUDICIAL E LEGISLATIVO DE DECRETOS PRESIDENCIAIS

CAPÍTULO 4

O CONTROLE LEGISLATIVO

4.1 O poder congressual de sustar atos normativos do Poder Executivo (art. 49, V, da CRFB/88)

O inciso V do artigo 49 da Constituição Federal possibilita o controle de regulamentos exorbitantes do Poder Executivo pelo Congresso Nacional. De acordo com o texto constitucional, "é da competência exclusiva do Congresso Nacional: (...) sustar os atos normativos do Poder Executivo que exorbitem do poder regulamentar ou dos limites de delegação legislativa". Trata-se de inovação trazida pela Constituição de 1988, que não consta das constituições republicanas anteriores.[410] Com o dispositivo, o Congresso passou a ter controle direto e específico sobre regulamentos expedidos pelo presidente da República,[411] o que, para parte da doutrina, representou a introdução, em nível constitucional, do veto legislativo, que coloca nas mãos do Congresso Nacional um instrumento de freio do poder presidencial.[412]

A ferramenta, todavia, tem tido pouco sucesso: entre 1988 e 2020, apenas dois decretos presidenciais foram sustados mediante decretos legislativos (DLs) promulgados pelo Congresso. Mediante o

[410] CUNHA, Anna Cândida Ferraz da. Comentários ao art. 49, V, da Constituição Federal de 1988. *In:* CANOTILHO, J. J. Gomes; MENDES, Gilmar Ferreira; SARLET, Ingo Wolfgang; STRECK, Lenio Luiz; LEONCY, Leo Ferreira (org.). *Comentários à Constituição do Brasil*. São Paulo: Saraiva Jur, 2018. *E-book*. p. 1956.

[411] CUNHA, Anna Cândida Ferraz da. *Conflito entre Poderes*: o poder congressual de sustar atos normativos do Poder Executivo. São Paulo: Revista dos Tribunais, 1994. p. 82.

[412] CUNHA, Anna Cândida Ferraz da. *Conflito entre Poderes*: o poder congressual de sustar atos normativos do Poder Executivo. São Paulo: Revista dos Tribunais, 1994. p. 84.

Decreto nº 3, de 1992, o Congresso sustou o Decreto nº 430, de 20 de janeiro de 1992, editado por Fernando Collor, e mediante o Decreto nº 3, de 1989, o Congresso sustou os efeitos do Decreto nº 97.455, de 15 de janeiro de 1989, expedido por José Sarney. Além desses, outros Decretos Legislativos (DLG) sustaram portarias, resoluções e notas conjuntas.[413] Nesse contexto, o altíssimo número de decretos editados por presidentes contrasta com o baixíssimo número de DLGs promulgados para sustá-los.

Sem embargo, é importante destacar que, por vezes, a mera tramitação da proposta de DL é capaz de promover a alteração do ato normativo impugnado, especialmente quando a matéria é capaz de angariar apoio suprapartidário. Um exemplo ocorreu recentemente, quando foram aprovados DLGs que sustavam dois atos de Bolsonaro: o que modifica a regulamentação do porte de armas no Brasil (rejeitado pelo Senado) e outro que altera a regulamentação da Lei de Acesso à Informação (rejeitado pela Câmara). Ambos os DLGs não chegaram a ser promulgados, mas levaram Bolsonaro a revogar ou modificar os decretos antes que a tramitação do PDL fosse concluída.

Em dissertação sobre o tema, Alexis Sales de Paula e Souza[414] analisou 521 PDLs que tramitaram no Congresso entre janeiro de 1995 e maio de 2017 e concluiu que, diferentemente do que pode transparecer o pequeno número de decretos legislativos promulgados, esse instrumento de controle parlamentar tem sua eficiência. De acordo com Paula e Souza, dos 521 PDLs examinados, 67 importaram a alteração do ato normativo impugnado, no prazo de um ano da apresentação do projeto, havendo, assim, uma taxa de efetividade de 12%.

Quanto aos efeitos jurídicos, destaque-se que os DLs editados com base no artigo 49, V, da CRFB/88 paralisam a eficácia jurídico-normativa

---

413 Decreto Legislativo nº 293/2015 (Susta os efeitos da Portaria Interministerial nº 192, de 5 de outubro de 2015, do Ministério da Agricultura, Pecuária e Abastecimento e do Meio Ambiente); Decreto Legislativo nº 273/2014 (Susta a RDC nº 52, de 6 de outubro de 2011, da Agência Nacional de Vigilância Sanitária); Decreto Legislativo nº 207/2002 (Susta os efeitos da Nota Conjur-Minfra nº 24/92, do Ministro de Estado da Infraestrutura); Decreto Legislativo nº 177/2017 (Susta o art. 1º e o parágrafo único do art. 2º da Portaria nº 1.253/2013 do Ministério da Saúde) e Decreto Legislativo nº 170/2018 (Susta a Portaria Interministerial MDIC-MMA nº 78/2019). Cf. MENDES, Gilmar Ferreira; BRANCO, Paulo Gonet. *Curso de Direito Constitucional*. 15. ed. São Paulo: Saraiva Educação, 2020. *E-book*. cap. 10, p. 1799, nota 233.

414 PAULA E SOUZA, Alexis Sales de. *A efetividade do decreto legislativo como instrumento de controle da atividade normativa do Poder Executivo*. 2017. 82 f. Dissertação (Mestrado em Administração Pública) – Instituto Brasiliense de Direito Público, Escola Americana de Brasília, Brasília, DF, 2017.

do regulamento impugnado. Eles "sustam" os efeitos do ato do Poder Executivo, suspendendo sua vigência e eficácia, mas não promovem uma revogação no sentido estrito do termo.[415] O texto constitucional, nesse sentido, não confere ao Congresso Nacional o poder para apreciar a existência ou a validade do ato do Executivo.[416] Para Anna Cândida da Cunha Ferraz, inclusive, a sustação tem apenas efeitos *ex nunc*, não podendo alcançar fatos pretéritos.[417]

É possível inferir, assim, que a Constituição buscou instituir uma situação transitória, pretendendo que a sustação gere um diálogo entre o Legislativo e o Executivo. O ideal é que o Poder Executivo reformule ou revogue o ato regulamentador sustado, ou que o Congresso Nacional edite uma lei sobre a matéria controversa. Nas palavras de Anna Cândida da Cunha Ferraz, o decreto legislativo

> é ato político, pela origem; mas é ato jurídico primário, de natureza legislativa, pela forma e pelos efeitos. Produz efeitos externos vinculantes, porque paralisa "erga omnes" um ato normativo até então eficaz dentro do ordenamento jurídico. Segue o procedimento dos projetos de lei ordinária, não sendo, todavia, sujeito à sanção ou veto. Subsume, do ato que susta, o caráter normativo, embora a "sustação" seja o único efeito específico visado. É ato exteriorizador da função legislativa, ato com força de lei, ainda que em sentido negativo; é, pois, ato de caráter normativo, porquanto paralisa uma espécie de ato normativo, e é geral e abstrato, ainda que se revista da aparência de ato de conteúdo concreto e individual. Destarte, embora com força de lei, o decreto legislativo não revoga o regulamento. Susta-o, suspende-o, tão somente. É este o efeito específica e expressamente determinado pela Constituição.[418]

O DL é, ainda, suscetível de controle pelo Poder Judiciário. Caso a sustação importe em excesso de poder do Congresso, é possível o

---

[415] VALADÃO, Marcos Aurélio Pereira. Sustação de atos do Poder Executivo pelo Congresso Nacional com base no artigo 49, inciso V, da Constituição de 1988. *Revista de Informação Legislativa*, Brasília, DF, ano 38, n. 153, p. 291, jan./mar. 2002.

[416] CUNHA, Anna Cândida Ferraz da. *Conflito entre Poderes*: o poder congressual de sustar atos normativos do Poder Executivo. São Paulo: Revista dos Tribunais, 1994. p. 96-97.

[417] CUNHA, Anna Cândida Ferraz da. Comentários ao art. 49, V, da Constituição Federal de 1988. *In:* CANOTILHO, J. J. Gomes; MENDES, Gilmar Ferreira; SARLET, Ingo Wolfgang; STRECK, Lenio Luiz; LEONCY, Leo Ferreira (org.). *Comentários à Constituição do Brasil*. São Paulo: Saraiva Jur, 2018. *E-book*. p. 1962.

[418] CUNHA, Anna Cândida Ferraz da. *Conflito entre Poderes*: o poder congressual de sustar atos normativos do Poder Executivo. São Paulo: Revista dos Tribunais, 1994. p. 90-91.

ajuizamento de ADI contra ele, tal como ocorreu com a ADI nº 748,[419] de relatoria do Ministro Celso de Mello. No caso, a Corte entendeu que a Assembleia Legislativa do Rio de Grande do Sul (ALRS) excedeu seu poder de sustar, visto que o decreto editado pelo Governador do estado se ajustava perfeitamente aos limites do poder regulamentar do Executivo. A ementa da ADI nº 748 destaca que o DL possui carga de normatividade suficiente para abrir a via do controle concentrado, nos seguintes termos:

> (...) O decreto legislativo, editado com fundamento no art. 49, V, da Constituição Federal, não se desveste dos atributos tipificadores da normatividade pelo fato de limitar-se, materialmente, a suspensão de eficácia de ato oriundo do poder executivo. Também realiza função normativa o ato estatal que exclui, extingue ou suspende a validade ou a eficácia de uma outra norma jurídica. A eficácia derrogatória ou inibitória das conseqüências jurídicas dos atos estatais constitui um dos momentos concretizadores do processo normativo. A supressão da eficácia de uma regra de direito possui força normativa equiparável à dos preceitos jurídicos que inovam, de forma positiva, o ordenamento estatal, eis que (*sic*) a deliberação parlamentar de suspensão dos efeitos de um preceito jurídico incorpora, ainda que em sentido inverso, a carga de normatividade inerente ao ato que lhe constitui o objeto. O exame de constitucionalidade do decreto legislativo que suspende a eficácia de ato do Poder Executivo impõe a análise, pelo Supremo Tribunal Federal, dos pressupostos legitimadores do exercício dessa excepcional competência deferida a instituição parlamentar. Cabe à corte suprema, em conseqüência, verificar se os atos normativos emanados do Executivo ajustam-se, ou não, aos limites do poder regulamentar ou aos da delegação legislativa.[420]

Relativamente ao objeto de decretos legislativos (DLG), Anna Cândida da Cunha Ferraz e Marcos Aurélio Pereira Valadão defendem que somente aqueles editados pelo chefe do Executivo de conteúdo abstrato e geral podem ser sustados. Assim, atos de ministros, de secretários, coordenadores dos ministérios e outras autoridades hierarquicamente inferiores estariam imunes a esse tipo de controle. O presente trabalho defende, todavia, que os decretos legislativos podem sustar quaisquer tipos de regulamentos editados por qualquer agente ou órgão do Poder

---

[419] STF, ADI nº 748 MC, Tribunal Pleno, Rel. Min. Celso de Mello, *Dje* 6.11.1992.

[420] STF, ADI nº 748 MC, Tribunal Pleno, Rel. Min. Celso de Mello, *Dje* 6.11.1992.

Executivo. Essa posição ampliativa, inclusive, parece ser a adotada pelo Congresso Nacional, que já sustou uma portaria interministerial editada pelo Ministério da Agricultura, Pecuária e Abastecimento e do Meio Ambiente, uma resolução editada pela Anvisa e uma nota da consultoria jurídica do Ministério da Infraestrutura.[421] Ainda, o próprio STF admitiu, em tese, que uma resolução do Sistema Integrado de Administração Financeira (SIAFI) fosse impugnada por decreto legislativo.[422]

Certamente, uma leitura restritiva do inciso V do artigo 49 diminui o controle almejado pela Constituição sem que haja qualquer razão para tanto. Em uma interpretação teleológica, pode-se afirmar que o dispositivo buscou instituir um mecanismo de freio e controle do todo o Poder Executivo – e não somente do chefe do Executivo. Ainda, em uma interpretação literal, nota-se o uso da frase "atos normativos do Poder Executivo que exorbitem do poder regulamentar ou dos limites de delegação legislativa", o que demonstra que o constituinte originário em momento algum buscou restringir o controle a "decretos do chefe do Poder Executivo". Tem-se, assim, que a utilização de tal modalidade de controle político deve ser ampla e capaz de frear qualquer expansão indevida do Executivo. E, consoante já destacado, sempre que o DL espelhar uma interferência ilegítima no âmbito reservado ao Poder Executivo e violar o princípio da separação dos Poderes, poderá ser objeto de ADI perante o STF.

Finalmente, parte da doutrina sustenta que o controle exercido pelo Legislativo com base no artigo 49, inciso V, é constitucionalmente delimitado e restringe-se às hipóteses de extrapolação do poder regulamentar. Nessa perspectiva, o Legislativo não poderia realizar o cotejo direto do ato infralegal com a Constituição – mas tão somente com a

---

[421] Decreto Legislativo nº 293/2015 (Susta os efeitos da Portaria Interministerial nº 192, de 5 de outubro de 2015, do Ministério da Agricultura, Pecuária e Abastecimento e do Meio Ambiente; Decreto Legislativo nº 273/2014 (Susta a Resolução – RDC nº 52, de 6 de outubro de 2011, da Anvisa, que dispõe sobre a proibição do uso das substâncias anfepramona, femproporex e mazindol, seus sais e isômeros, bem como intermediários e medidas de controle da prescrição e dispensação de medicamentos que contenham a substância sibutramina, seus sais e isômeros, bem como intermediários; Decreto Legislativo nº 207/2002 (Susta os efeitos da Nota Conjur-Minfra nº 24/92, aprovada pelo Senhor Presidente da República, segundo despacho publicado em 24 de março de 1992, na Exposição de Motivos nº 19/92, do Ministro de Estado da Infraestrutura); Decreto Legislativo nº 106/1995 (Susta a execução do contrato firmado entre a FUFMS – Fundação Universidade Federal de Mato Grosso do Sul e a AME – Assistência ao Menor Enfermo, por encontrar-se eivado de irregularidade, contrariando os ditames das Leis nº 6.019, de 1974, e nº 7.102, de 1983, bem como do Decreto-Lei nº 2.300, de 1986).

[422] STF, ACO-QO nº 1.048, Tribunal Pleno, Rel. Min. Celso de Mello, *Dje* 31.10.2007.

lei. O dispositivo, assim, não possibilitaria o controle da constitucionalidade de atos que não se destinem especificamente à regulamentação de leis, a exemplo dos decretos autônomos.[423]

Defende-se novamente, porém, uma interpretação ampliativa do inciso V do artigo 49 da Constituição, que possibilita ao Congresso Nacional também realizar o controle de constitucionalidade de decretos, inclusive daqueles de natureza autônoma. É que, como será discutido no Capítulo 6, as fronteiras entre decretos regulamentares exorbitantes e decretos autônomos são, por vezes, tênues. Não parece compatível com o objetivo do dispositivo constitucional retirar da apreciação do Congresso atos inconstitucionais. Ao contrário, se é possível ao Congresso fazer o controle de um regulamento que ofende uma lei, com maior razão poderá fazer o controle de um que ofende a própria Constituição Federal.

Destaque-se, por fim, que o inciso V do artigo 49 da Constituição Federal é dispositivo constitucional extensível, que pode ser repetido nas constituições estaduais, consoante reconhecido pelo STF nas ADIs nº 748 e 1.553,[424] ajuizadas contra decretos legislativos estaduais e distritais. Além do Rio de Grande do Sul, reproduzem o dispositivo as constituições dos estados de São Paulo (art. 29), Minas Gerais (art. 62) e Rio de Janeiro (art. 99, VII).[425]

4.1.1 O rito do decreto legislativo (DLG)

Os Decretos Legislativos (DLG) são atos normativos primários, cujo rito está disciplinado nos Regimentos Internos do Senado Federal (art. 90, VII), da Câmara dos Deputados (arts. 24, XII; 109, II e §2º; 138, d) e no Regimento Comum do Congresso Nacional (art. 116 e ss.). O PDL pode ser apresentado por qualquer deputado ou senador, comissão

---

[423] VALADÃO, Marcos Aurélio Pereira. Sustação de atos do Poder Executivo pelo Congresso Nacional com base no artigo 49, inciso V, da Constituição de 1988. *Revista de Informação Legislativa*, Brasília, DF, ano 38, n. 153, p. 299, jan./mar. 2002.

[424] STF, ADI nº 1.553, Tribunal Pleno, Rel. Min. Marco Aurélio, *Dje* 17.09.2004.

[425] CUNHA, Anna Cândida Ferraz da. Comentários ao art. 49, V, da Constituição Federal de 1988. *In:* CANOTILHO, J. J. Gomes; MENDES, Gilmar Ferreira; SARLET, Ingo Wolfgang; STRECK, Lenio Luiz; LEONCY, Leo Ferreira (org.). *Comentários à Constituição do Brasil*. São Paulo: Saraiva Jur, 2018. *E-book*. p. 1957.

da Câmara, do Senado ou do Congresso.[426] O Senado funciona como casa revisora para os projetos iniciados na Câmara e vice-versa. Assim, se o projeto da Câmara for alterado no Senado, volta para a Câmara. Da mesma forma, se um projeto do Senado for alterado pelos deputados, volta para o Senado. A casa onde o projeto se iniciou dá a palavra final sobre seu conteúdo, podendo aceitar ou não as alterações feitas na outra casa.

Após a proposta, os projetos são distribuídos às comissões conforme os assuntos de que tratam. Além das comissões de mérito, existem 2 que podem analisar mérito e/ou admissibilidade, que são as comissões de Finanças e Tributação e de Constituição e Justiça. Na sequência, os PDLs, para serem aprovados, exigem maioria simples de votos, desde que esteja presente no Plenário a maioria absoluta dos deputados (257).[427] O projeto não vai à sanção do presidente, pois se trata de competência exclusiva do Congresso Nacional, e entra em vigor tão logo promulgado pelo Presidente do Senado Federal.[428]

4.1.2 O decreto legislativo como instrumento da oposição

O decreto legislativo (DLG) pode ser considerado um instrumento da oposição. Durante a presidência de Fernando Henrique Cardoso, foi o Partido dos Trabalhadores (PT), que integrava a oposição, que apresentou o maior número de PDLs editados com base no artigo 49, V, da CRFB/88. Ainda, durante a presidência de Lula, foi o Partido da Social Democracia Brasileira (PSDB), da oposição, que protocolou o maior número de PDLs para sustar atos do Executivo. Já no atual governo de Jair Bolsonaro, o maior número de PDLs foi apresentado

---

426 Regimento Interno da Câmara dos Deputados:
"Art. 109. Destinam-se os projetos: (...) §2º Os Projetos de decreto legislativo e de resolução podem ser apresentados por qualquer Deputado ou Comissão, quando não sejam de iniciativa privativa da Mesa ou de outro colegiado específico".

427 BRASIL. Câmara dos Deputados. Conheça a tramitação de projetos de decreto legislativo. *Agência Câmara de Notícias*, Brasília, DF, 30 out. 2019. Disponível em: https://www.camara.leg.br/noticias/606437-conheca-a-tramitacao-de-projetos-de-decreto-legislativo/. Acesso em: 3 jun. 2024.

428 Regimento Interno do Senado Federal:
"Art. 48. Ao Presidente [do Senado Federal] compete:
(...)
XXVIII - promulgar as resoluções do Senado e os decretos legislativos".

por parlamentares do Partido dos Trabalhadores (PT) e do Partido Socialismo e Liberdade (PSOL).

Ressalte-se que, antes do governo Bolsonaro, entre 1990 e 2018, o pico do número de PDLs apresentados foi no ano de 2016, justamente o ano do processo de *impeachment* da então Presidente Dilma Rousseff. Pode-se afirmar que, quanto maior for o conflito entre o Poder Legislativo e o presidente da República, maior é a quantidade de PDLs apresentados por deputados e senadores impugnando os atos normativos do Poder Executivo.

Dos PDLs apresentados entre 1990 e 2020 para sustar decretos presidenciais, 26 PDLs voltaram-se contra decretos de Collor, 48 PDLs contra decretos de Fernando Henrique Cardoso, 63 PDLs contra decretos de Lula, 87 PDLs contra decretos de Dilma e 189 contra decretos de Jair Bolsonaro.

Dos dados, é possível extrair que os parlamentares passaram a utilizar mais o instrumento previsto no artigo 49, V, da Constituição a partir do segundo mandato de Dilma Rousseff, em 2015. Desde então, centenas de projetos têm sido apresentados, mas com uma baixa taxa de sucesso. Assim, mostra-se necessário que o poder de sustação seja mais utilizado pelos parlamentares para o efetivo controle do Poder Executivo.

CAPÍTULO 5

O CONTROLE JUDICIAL

5.1 O ponto cego de controle

Por décadas, o STF se recusou a examinar a constitucionalidade de decretos regulamentares editados para execução das leis, no juízo abstrato de constitucionalidade. De acordo com a jurisprudência tradicional, nesse caso, há uma colisão entre a lei e o regulamento, cuidando-se de questão de mera legalidade a ser aferida no controle incidental ou concreto. O tribunal somente admitia a aferição de constitucionalidade de decretos na hipótese de manifesta ausência de fundamento legal para a expedição do ato, quando este é caracterizado como "autônomo". Assim, exclui-se a possibilidade de verificar, em sede de controle concentrado, a compatibilidade de decretos regulamentares com a Constituição, porque se trataria de ofensa apenas indireta. Essa jurisprudência, aplicada tanto em sede de ADIs como em ADPFs, está bem sintetizada nas seguintes ementas:

> ADIN. SISTEMA NACIONAL DE DEFESA DO CONSUMIDOR (SNDC). DECRETO FEDERAL N. 861/93. CONFLITO DE LEGALIDADE. LIMITES DO PODER REGULAMENTAR. AÇÃO DIRETA NÃO CONHECIDA. — *Se a interpretação administrativa da lei, que vier a consubstanciar-se em decreto executivo, divergir do sentido e do conteúdo da norma legal que o ato secundário pretendeu regulamentar, quer porque tenha este se projetado* ultra legem, *quer porque tenha permanecido* citra legem, *quer, ainda, porque tenha investido* contra legem, *a questão caracterizará, sempre, típica crise de legalidade, e não de inconstitucionalidade, a inviabilizar, em conseqüência, a utilização do mecanismo processual da fiscalização normativa abstrata. — O eventual extravasamento, pelo ato regulamentar, dos limites a que materialmente*

deve estar adstrito poderá configurar insubordinação executiva aos comandos da lei. Mesmo que, a partir desse vício jurídico, se possa vislumbrar, num desdobramento ulterior, uma potencial violação da Carta Magna, ainda assim estar-se-á em face de uma situação de inconstitucionalidade reflexa ou oblíqua, cuja apreciação não se revela possível em sede jurisdicional concentrada.[429]

Ação direta de inconstitucionalidade. Pedido de liminar. Decreto n. 409, de 30.12.91. — *Esta Corte, excepcionalmente, tem admitido ação direta de inconstitucionalidade cujo objeto seja decreto, quando este, no todo ou em parte, manifestamente não regulamenta lei, apresentando-se, assim, como decreto autônomo, o que dá margem a que seja ele examinado em face diretamente da Constituição no que diz respeito ao princípio da reserva legal. — No caso, o decreto impugnado se situa no* âmbito *da regulamentação do poder de fiscalização de concessões de distribuição de energia elétrica.* — O que visa a presente ação direta de inconstitucionalidade é resolver, em abstrato, questões que podem dar margem a discussão, em casos concretos, sobre ilegalidade ou violação de direitos adquiridos aferíveis dos termos de cada concessão, exames esses que são insuscetíveis de ser feitos em ação direta de inconstitucionalidade. Ação direta de inconstitucionalidade não conhecida, ficando, assim, prejudicado o pedido de cautelar.[430]

AÇÃO DIRETA DE INCONSTITUCIONALIDADE. DECRETO Nº 3.721, DE 8.01.2001, QUE ALTERA OS ARTIGOS 20, II E 31, INCISOS IV E V DO DECRETO Nº 81.240, DE 20.01.78. LEI Nº 6.435, DE 15.07.77, QUE DISCIPLINA O FUNCIONAMENTO DAS ENTIDADES FECHADAS DE PREVIDÊNCIA FECHADA. DECRETO AUTÔNOMO. INEXISTÊNCIA. *É firme a jurisprudência deste Supremo Tribunal no sentido de que a questão relativa ao decreto que, a pretexto de regulamentar determinada lei, extrapola o seu* âmbito *de incidência,* é *tema que se situa no plano da legalidade, e não no da constitucionalidade.* No caso, o decreto em exame não possui natureza autônoma, circunscrevendo-se em área que, por força da Lei nº 6.435/77, é passível de regulamentação, relativa à determinação de padrões mínimos adequados de segurança econômico-financeira para os planos de benefícios ou para a preservação da liquidez e da solvência dos planos de benefícios isoladamente e da entidade de previdência privada no seu conjunto. Ação direta de inconstitucionalidade não conhecida.[431]

ARGUIÇÃO DE DESCUMPRIMENTO DE PRECEITO FUNDAMENTAL. DISPOSITIVOS DO DECRETO PRESIDENCIAL 6.620, DE 29 DE

---

429 STF, ADI nº 996-MC, Rel. Min. Celso de Mello, Tribunal Pleno, *Dje* 6.05.1994, grifos nossos.

430 STF, ADI nº 708, Rel. Min. Moreira Alves, Tribunal Pleno, *Dje* 7.08.1992, grifos nossos.

431 STF, ADI nº 2.387, Tribunal Pleno, Rel. Min. Marco Aurélio, Red.ª do acórdão Min.ª Ellen Gracie, *Dje* 5.12.2003, grifos nossos.

OUTUBRO DE 2008, QUE REGULAMENTA A LEI DOS PORTOS (LEI 8.630/1993). OFENSA REFLEXA À CONSTITUIÇÃO. AGRAVO REGIMENTAL IMPROVIDO. I - *A jurisprudência desta Suprema Corte, não reconhece a possibilidade de controle concentrado de atos que consubstanciam mera ofensa reflexa à Constituição, tais como o ato regulamentar consubstanciado no decreto presidencial ora impugnado.* II - Agravo regimental a que se nega provimento.[432]

Tem-se, assim, que a jurisprudência tradicional se firmou no sentido de que decretos regulamentares *ultra legem, cintra legem* ou *contra legem* não podem ser objeto de controle concentrado. Esse tipo de controle se voltaria apenas contra atos normativos dotados de (i) autonomia, (ii) abstração, (iii) generalidade e (iv) impessoalidade.[433] Somente decretos autônomos, que retiram seu fundamento de validade da própria Constituição e não têm lastro em qualquer lei, poderiam ser objeto dessa forma de controle. O Ministro Roberto Barroso, inclusive, faz as seguintes anotações, em sede doutrinária, a respeito das hipóteses de cabimento da ADI:

> a) Atos normativos secundários. Atos administrativos como decretos regulamentares, instruções normativas, resoluções, atos declaratórios não podem validamente inovar na ordem jurídica, estando subordinados à lei. Desse modo, não se estabelece confronto direto entre eles e a Constituição. Havendo contrariedade, ocorrerá uma das hipóteses: (i) ou o ato administrativo está em desconformidade com a lei que lhe cabia regulamentar, o que caracterizaria ilegalidade e não inconstitucionalidade; (ii) ou é a própria lei que está em desconformidade com a Constituição, situação em que ela é que deverá ser objeto de impugnação.[434]

Essa jurisprudência defensiva, todavia, tem sofrido acentuada modificação nos últimos anos. A Corte, finalmente, compreendeu que, ao restringir demasiadamente o controle de decretos, acabava criando um verdadeiro ponto cego de controle. É que os decretos só poderiam ser impugnados originariamente perante o STF mediante as ações de mandado de segurança, que possuem requisitos estritos. Decretos de caráter geral, abstrato e impessoal, por exemplo, não poderiam ser

---

[432] STF, ADPF nº 169 AgR, Tribunal Pleno, Rel. Min. Ricardo Lewandowski, *Dje* 14.10.2013, grifos nossos.

[433] STF, ADI nº 2.630-AgR, Tribunal Pleno, Rel. Min. Celso de Mello, *Dje* 5.11.2014.

[434] BARROSO, Luís Roberto. *O controle de constitucionalidade no Direito brasileiro*. São Paulo: Saraiva, 2014. p. 204.

impugnados mediante ações de mandados de segurança, que não se voltam à impugnação de "leis em tese" (Súmula nº 266/STF).[435] Nesse sentido é a jurisprudência pacífica da Corte:

> MANDADO DE SEGURANÇA COLETIVO - *DECRETO Nº 646/92 DO PRESIDENTE DA REPÚBLICA* - INVESTIDURA NAS FUNÇÕES DE DESPACHANTE ADUANEIRO E DE AJUDANTE DE DESPACHANTE ADUANEIRO - IMPETRAÇÃO CONTRA ATO EM TESE - INADMISSIBILIDADE - INCIDÊNCIA DA SÚMULA 266/STF - MANDADO DE SEGURANÇA NÃO CONHECIDO. (...) *Atos em tese acham-se pré-excluídos* do âmbito *de atuação e incidência do mandado de segurança, aplicando-se, em conseqüência,* às *ações mandamentais de caráter coletivo, a Súmula 266/ STF. - Qualifica-se como ato em tese o Decreto, que, editado pelo Presidente da República, dispõe sobre situações gerais, abstratas e impessoais. Contra esse ato presidencial, revestido de elevado coeficiente de generalidade abstrata, não se revela cabível o mandado de segurança, individual ou coletivo. - O remédio do mandado de segurança não é sucedâneo da ação direta de inconstitucionalidade.* Precedente.[436]

Segundo o entendimento tradicional, a constitucionalidade de decretos regulamentares só poderia ser analisada em sede de ações civis públicas e ações populares, cuja competência é do juízo de primeiro grau. Caso não fossem deferidas liminares, subsistiria um longo caminho processual a ser seguido até a eventual anulação do ato presidencial. Ainda, essas ações somente comportam um exame incidental de constitucionalidade, de efeitos restritos. Essas alternativas, certamente, não revelam a mesma efetividade do controle abstrato e concentrado realizado no âmbito da Suprema Corte, o que diminui a eficácia da fiscalização sobre o presidente e intensifica os riscos de atos abusivos e exorbitantes.

Para combater esse ponto cego de controle, ministros do STF têm defendido que a corte deve realizar também o controle abstrato de decretos regulamentares reputados inconstitucionais. De acordo com o Ministro Gilmar Mendes, "a inexistência de um sistema de controle judicial que permita aferir a legitimidade da atividade regulamentar pode levar a uma desvalorização do postulado da supremacia da lei e

---

[435] Súmula nº 266/STF. Não cabe mandado de segurança contra lei em tese.

[436] STF, MS 21.615, Tribunal Pleno, Rel. Min. Néri da Silveira, Red. p/ acórdão Min. Celso de Mello, *Dje* 13.03.1998, grifos nossos.

da reserva legal".[437] Mendes esclarece que a origem do entendimento restritivo adotado pela doutrina e jurisprudência brasileiras remonta à teoria do controle de constitucionalidade de Hans Kelsen, para quem qualquer ofensa contra o Direito ordinário configuraria uma ofensa indireta contra a própria Constituição. Kelsen, todavia, defendia que a análise da legalidade dos regulamentos deveria ser realizada pela própria corte constitucional, em razão da afinidade intrínseca existente entre a decisão sobre a constitucionalidade da lei e a decisão sobre a legalidade do regulamento. Nas palavras do jurista austríaco:

> (...) a aferição da constitucionalidade dos decretos com força de lei não depende de maiores justificações, uma vez que esses decretos têm a mesma hierarquia da lei. Daí serem chamados de decretos com força de lei. *Todavia, afigura-se recomendável que o controle de constitucionalidade não se limite a esses atos, abrangendo também os atos de execução, isto é, os atos tipicamente regulamentares.* (...) Se se afigura admissível a cassação de regulamentos ilegais, então não parece haver dúvida de que é a Corte Constitucional a instância mais adequada para exercer essa competência. Tal conclusão não decorre apenas do fato de que não se está a atribuir à Corte Constitucional competência da Corte Administrativa. Razão essencial é que entre a decisão sobre a constitucionalidade da lei e a decisão sobre a legalidade do regulamento existe uma afinidade intrínseca (*innere Verwantschaft*) que advém do caráter geral do ato objeto da aferição.[438]

Mendes, na mesma linha, defende a criação de um instituto especial, nos moldes estabelecidos pelo artigo 139 da Constituição austríaca,[439] conferindo também o controle abstrato da constitucionali-

---

[437] MENDES, Gilmar Ferreira; BRANCO, Paulo Gonet. *Curso de Direito Constitucional*. 15. ed. São Paulo: Saraiva Educação, 2020. *E-book*. cap. 10, item 4, p. 1802.

[438] HANS, Kelsen. Wesen und Entwicklung der Staatsgerichtsbarkeit. *VVDStRL*, [*S. l.*], n. 5, p. 30, 1929 citado por MENDES, Gilmar Ferreira. *Jurisdição constitucional*: o controle abstrato de normas no Brasil e na Alemanha. São Paulo: Saraiva, 2014. *E-book*. cap. IV, tópico 8. "A aferição de constitucionalidade dos regulamentos no controle abstrato de normas", grifos nossos. A citação também foi transcrita no voto-vista proferido pelo Ministro Gilmar Mendes na ADI nº 2.714/DF (STF, Tribunal Pleno, julgado em 13.03.2003, *Dje* 27.02.2004).

[439] A Constituição da Áustria permite que o Tribunal Constitucional realize o controle de legalidade dos atos regulamentares:
"Artigo 139 [Regulamentos] (1) O Tribunal Constitucional declara (...) se os regulamentos emitidos por uma autoridade federal ou estadual são contrários à lei (...) Também declara se os regulamentos são contrários à lei quando um pedido alega violação direta de direitos pessoais (...) Se o Tribunal chegar à conclusão de que o regulamento a) não tem fundamento legal; b) foi emitido por uma autoridade sem competência no assunto; ou c) foi publicado de maneira contrária à lei, deve anulá-lo, declarando-o ilegal" (AUSTRIA. [Constituição

dade dos atos regulamentares ao STF, mediante iniciativa de órgãos do Poder Legislativo (eventualmente, as MESAS da Câmara e do Senado Federal) e do procurador-geral da República. Para ele, "se se afirma que o regulamento há de se fazer intra-legem, dentro do quadro da lei, o regulamento que o desborda não será apenas um regulamento ilegal, mas também inconstitucional".[440]

Na mesma direção, o Ministro Marco Aurélio Mello afirma que um decreto pode ser regulamentar e, ao mesmo tempo, ferir diretamente um dispositivo constitucional. Para ele, esses atos afrontam diretamente a Constituição não apenas na hipótese de edição de ato normativo autônomo, mas também quando exorbitam dos limites regulamentares e inobservam os princípios da reserva legal, da supremacia da lei e da separação dos Poderes. Nesses casos, defende que sejam impugnados tanto pela via difusa como pela via concentrada, visto que a ilegalidade de um regulamento equivale a uma inconstitucionalidade.[441]

Em sede doutrinária, Eros Grau sustenta que a ilegalidade de um regulamento importa, em última análise, em um problema de inconstitucionalidade, pois é a Constituição que distribui as esferas e a extensão do poder de legislar, conferindo a cada categoria de ato normativo a força obrigatória que lhe é própria.[442] Ainda, Flávio José Roman assenta que, no caso de o decreto ultrapassar os limites da lei, o que se verifica não é tão só ilegalidade ou mera inconstitucionalidade indireta. Há, em verdade, ilegalidade e inconstitucionalidade direta e concomitante, e a lei é apenas aparentemente interposta. Ressalta, inclusive, que "é a própria Constituição que determina que o regulamento obedeça ao texto legal".[443]

Por outro lado, em diversos precedentes, ministros da Suprema Corte alertaram para o fato de que eventual submissão desses regulamentos ao juízo abstrato de constitucionalidade poderia ameaçar o

---

Austríaca (1920)]. *Constitution of Austria*. Vienna: Parliament of Austria, [1920]. Disponível em: https://www.servat.unibe.ch/icl/au00000_.html. Acesso em: 30 maio 2020).

440 MENDES, Gilmar. Anais do seminário "As Agências reguladoras" promovido pela Escola de Magistratura Federal da 1ª Região (ESMAF) e pelo Centro de Memória Jurídica em 2004.

441 Cf. voto do Min. Marco Aurélio na ADI nº 2.387, Tribunal Pleno, Rel. Min. Marco Aurélio, Red.ª do acórdão Min.ª Ellen Gracie, *Dje* 5.12.2003.

442 GRAU, Eros Roberto. *O Direito posto e o Direito pressuposto*. São Paulo: Malheiros, 2008.

443 ROMAN, Flávio José. *Os regulamentos e as exigências da legalidade*: estudo sobre a viabilidade dos regulamentos delegados no ordenamento jurídico brasileiro. 2007. Dissertação (Mestrado em Direito) – Faculdade de Direito, Pontifícia Universidade Católica de São Paulo, São Paulo, 2007. p. 110.

próprio funcionamento do STF, uma vez que um sem-número de causas acabaria por ser instaurado com objetivo de se aferir, simplesmente, a compatibilidade entre a lei e o regulamento.[444] A título de exemplo, o Ministro Sepúlveda Pertence, durante o julgamento da ADI nº 2.387, afirmou que "muita jurisdição costuma ser sinônimo de nenhuma jurisdição. (...) querer abarcar tudo é o caminho para inviabilizar o Tribunal, a ponto de não poder desempenhar sequer as funções que necessária e primordialmente lhe cabem".[445] Ademais, Pertence sustentou que a impossibilidade do controle de legalidade de decretos regulamentares na via concentrada foi uma opção do constituinte originário e que abrir essa via significaria uma expansão indevida do alcance do controle concentrado. Segundo ele, além da Áustria, somente a Corte Constitucional portuguesa examina a legalidade de atos infralegais, e justamente porque lá também há uma norma expressa na Constituição abrindo essa possibilidade.[446]

Verifica-se, nesse plano, que há bons argumentos favoráveis e contrários ao exame abstrato da constitucionalidade de decretos pelo STF. De um lado, há o ponto cego de controle e o risco da inefetividade do controle da ação presidencial. Do outro, há o risco de inviabilização do tribunal e a inexistência de norma constitucional expressa sobre o tema. Diante da controvérsia, a presente obra defende que o ponto cego de controle deve ser solucionado através da mitigação da orientação jurisprudencial tradicional, mas não de uma aberta irrestrita ao exame de todo e qualquer ato. Há um *caminho do meio* que possibilita o controle concentrado de decretos regulamentares, mas apenas em circunstâncias determinadas.

Conforme se verá no próximo tópico, especialmente em julgamentos ocorridos entre 2020 e 2024, o STF tem trilhado justamente esse caminho do meio. O tribunal conheceu de ADIs e ADPFs ajuizadas contra atos normativos do Poder Executivo que, a pretexto de dar fiel execução à lei, exorbitam flagrantemente do âmbito do poder regulamentar.[447]

---

[444] MENDES, Gilmar Ferreira; BRANCO, Paulo Gonet. *Curso de Direito Constitucional*. 15. ed. São Paulo: Saraiva Educação, 2020. *E-book*. cap. 10, item 4, p. 1802.

[445] Voto do Min. Sepúlveda Pertence na ADI nº 2.387, Tribunal Pleno, Rel. Min. Marco Aurélio, Red.ª do acórdão Min.ª Ellen Gracie, *Dje* 5.12.2003.

[446] Voto do Min. Sepúlveda Pertence na ADI nº 2.387, Tribunal Pleno, Rel. Min. Marco Aurélio, Red.ª do acórdão Min.ª Ellen Gracie, *Dje* 5.12.2003.

[447] STF, ADI nº 6.119, Tribunal Pleno, Rel. Min. Edson Fachin, *Dje* 3.10.2023; STF, ADIs nº 6.675, 6.676, 6.677, 6.680 e 6.695, Tribunal Pleno, Rel.ª Min.ª Rosa Weber, *Dje* 5.09.2023; STF, ADPF nº 651, Tribunal Pleno, Rel.ª Min.ª Cármen Lúcia, *Dje* 29.08.2022; STF, ADI nº 6.649,

5.2 A abertura do controle concentrado de constitucionalidade a decretos regulamentares

Os decretos autônomos retiram seu fundamento de validade diretamente da Constituição, inovam no meio jurídico e não pretendem regulamentar lei preexistente. Consoante destacado pelo Ministro Celso de Mello nos autos da ADI nº 561, decreto autônomo é aquele que não tem "qualquer relação de subordinação ou de dependência com uma determinada lei", e tem "existência própria, bastante em si mesma". Tais atos, como já destacado, abrem a via do controle concentrado, podendo ser impugnados mediante ADIs ou ADPFs perante o STF.[448] Os de natureza regulamentar, por sua vez, retiram seu fundamento de validade de uma lei e, em tese, não inovam no ordenamento jurídico. Consoante ressaltado, a jurisprudência tradicional do STF entende que os regulamentos, quando agem *contra legem*, *ultra legem* ou *citra legem*, não são passíveis de controle na via abstrata, visto atraírem mera crise de legalidade, e não de constitucionalidade.

Há, todavia, uma *terceira hipótese*: é possível que um decreto seja editado a pretexto de regulamentar uma lei, mas exorbite dos limites legais e acabe ferindo de forma direta e manifesta um dispositivo constitucional diverso do princípio da legalidade (art. 5º, inc. II, da CRFB/88). Noutras palavras, um decreto regulamentar pode ser *contra legem*, *ultra legem* ou *citra legem* e ferir diretamente outra norma constitucional além do princípio da legalidade, hipótese em que a violação será direta, e não meramente reflexa. Nesses casos, é dever do STF realizar o controle entre a compatibilidade do decreto diretamente com os dispositivos constitucionais.

A título de exemplo, os "decretos das armas" editados pelo ex-Presidente Jair Bolsonaro foram elaborados *a pretexto* de regulamentar o Estatuto do Desarmamento (Lei nº 10.826/2003). Porém, exorbitaram dos limites fixados pela lei e feriram diretamente os dispositivos

---

Tribunal Pleno, Rel. Min. Gilmar Mendes, *Dje* 19.06.202; STF, ADI nº 6.139, Rel. Min. Edson Fachin, Tribunal Pleno, *Dje* 6.09.2023; STF, ADPF nº 623, Rel.ª Min.ª Rosa Weber, Tribunal Pleno, *Dje* 18.07.2023; STF, ADI nº 6.186, Rel. Min. Gilmar Mendes, Tribunal Pleno, *Dje* 2.05.2023; STF, ADPF nº 607, Rel. Min. Dias Toffoli, *Dje* 1.06.2022; STF, ADPF nº 935 MC-Ref, Tribunal Pleno, Relator: Min. Cristiano Zanin, Red.ª do acórdão Min.ª Cármen Lúcia, jugaldo em sessão virtual de 19.04.2024 a 26.4.2024; STF, ADI nº 4.857, Tribunal Pleno, Rel.ª Min.ª Cármen Lúcia, *Dje* 8.04.2022; STF, ADPF nº 622, Tribunal Pleno, Rel. Min. Roberto Barroso, *Dje* 21.05.2021 e STF, ADI nº 6.121 MC, Tribunal Pleno, Rel. Min. Marco Aurélio, *Dje* 28.11.2019).

[448] STF, ADI nº 708, Tribunal Pleno, Min. Moreira Alves, *Dje* 7.08.1992.

constitucionais que protegem o direito à vida (artigo 5º, *caput*, da CRFB/88) e o direito à segurança pública (artigo 144 da CRFB/88), conforme reconhecido pelo STF.[449] No mesmo sentido, o Decreto nº 10.003, de 4 de setembro de 2019, que esvaziou a participação da sociedade civil no Conselho Nacional dos Direitos da Criança e do Adolescente, foi editado a pretexto de regulamentar a Lei nº 8.242, de 12 de outubro de 1991, mas acabou violando diretamente os princípios constitucionais da democracia participativa (arts. 1º, parágrafo único, da CRFB/88), da isonomia (art. 5º, I, da CRFB/88), da segurança jurídica (art. 5º da CRFB/88), da proteção à criança e ao adolescente (art. 227 da CRFB/88) e da vedação ao retrocesso institucional (art. 1º, *caput* e III; art. 5º, XXXVI e §1º; art. 60, §4º, da CRFB/88).[450]

Todos esses atos, apesar de sua natureza *aparentemente* regulamentar, claramente inovam na ordem jurídica e devem ser examinados na via do controle abstrato de constitucionalidade, já que violam diretamente a Constituição.

Nesse sentido, defende-se a existência de três espécies de controle judicial de atos normativos do Poder Executivo dotados de abstração, generalidade e impessoalidade:

(i) Controle judicial de regulamentos formalmente e materialmente autônomos

Esses atos, além de não possuírem qualquer rastro legal, indicam claramente seu fundamento de validade em um dispositivo constitucional. Assim, reunindo as características da abstração, da generalidade, da autonomia e da impessoalidade, podem afrontar diretamente a Constituição e ser objeto de controle na via abstrata, mediante ADIs ou ADPFs, ajuizadas perante o STF. Exemplos: a) decretos editados com base no artigo 84, VI, da Constituição, que permite ao presidente dispor, mediante decreto, sobre a organização da administração federal, quando não implicar aumento de despesa nem criação ou extinção de órgãos públicos; ou b) atos normativos do Poder Executivo que regulamentam diretamente o texto constitucional, sem o intermédio

---

[449] O controle de constitucionalidade do decreto das armas foi realizado pelo STF no julgamento das ADIs nº 6.675, 6.676, 6.677, 6.680 e 6.695 (Tribunal Pleno, Rel.ª Min.ª Rosa Weber, *Dje* 5.09.2023).

[450] STF, ADPF nº 622, Tribunal Pleno, Rel. Min. Roberto Barroso, *Dje* 21.05.2021.

de lei (*e.g.*, o Decreto nº 4.887/2003, que disciplina o procedimento de demarcação de terras quilombolas).

(ii) Controle judicial de atos normativos do Poder Executivo materialmente autônomos, mas formalmente regulamentares

Atos normativos do Poder Executivo podem, a pretexto de dar fiel execução à lei, exorbitar do âmbito do poder regulamentar e ganhar contornos autônomos. Formalmente, o preâmbulo ou "considerandos" desses atos podem indicar que seu fundamento de validade é extraído diretamente de uma lei. Teoricamente, são editados pelo Poder Executivo *sob o pretexto* de densificar e viabilizar a execução de determinado diploma legal. Ou seja, *aparentemente*, possuem um lastro legal. Porém, materialmente, (i) exorbitam do poder regulamentar, (ii) promovem nítidas inovações no ordenamento jurídico e (iii) apresentam densidade normativa primária e autônoma. Não se restringem, portanto, à mera regulamentação secundária. Sua autonomia é material, nitidamente observada pela "vocação inovatória no ordenamento jurídico, o que inviabiliza a redução da controvérsia a mero conflito de legalidade, sem estatura constitucional", como descrito pela Ministra Rosa Weber.[451]

Esses atos exorbitam dos limites legais, indo além (*ultra legem*) ou aquém (*citra legem*) do diploma legislativo ou violando determinado preceito legal (*contra legem*). Dessa forma, podem ofender diretamente e manifestamente um preceito constitucional além do princípio da legalidade (art. 5º, inc. II, da CRFB/88). Quando dotados dessa autonomia, inovação, abstração, generalidade e impessoalidade, abrem a via do controle concentrado. Em outras palavras: mesmo não se tratando de atos *formalmente* autônomos, podem ser submetidos ao controle concentrado de constitucionalidade pelo STF.

Acreditamos, assim, que esses atos devem ser classificados como *materialmente autônomos*. Apesar de, no plano formal, possuírem um lastro legal mínimo, seu conteúdo normativo, na prática, inova no ordenamento e cria direitos e deveres, disciplinando novas relações, classificações ou categorias jurídicas. No plano material, não guardam relação de dependência ou subordinação com a lei. Seu texto, então, poderá violar diretamente texto constitucional – e não somente o conteúdo legal, do qual se afasta.

---

451 Voto da Min.ª Rosa Weber nas ADIs nº 6.675, 6.676, 6.677, 6.680 e 6.695 (STF, Tribunal Pleno, Rel.ª Min.ª Rosa Weber, *Dje* 5.09.2023).

Os decretos das armas, por exemplo, foram editados com o intuito de regulamentar a Lei nº 10.826/2003, de onde *formalmente* extraíram seu fundamento de validade. Todavia, exorbitaram dos limites legais e acabaram ferindo diretamente o direito à vida (artigos 5º, *caput*, da CRFB/88) e o direito à segurança pública (art. 144 da CRFB/88), de modo que sua inconstitucionalidade foi declarada *in abstracto* pelo STF nas ADIs nº 6.675, 6.676, 6.677, 6.680 e 6.695.[452]

Ou seja, a autodeclarada natureza regulamentar de um decreto, resolução ou portaria não deve ser bastante para impedir o STF, mediante análise individualizada dos preceitos questionados, de identificar aqueles que teriam contornos autônomos. Nas palavras do Ministro Paulo Brossard, "para dizer-se que um decreto é regulamentar e por essa razão não pode ser objeto de ação direta, é preciso verificar se ele, efetivamente, é regulamentar. Não basta que a ementa o diga".[453] No julgamento da medida cautelar na ADI nº 673, por exemplo, ressaltou que o "decreto [nº 430/1992] deveria chamar-se lei. A máscara lhe fica mal".[454]

Assim, a natureza regulamentar de um decreto não pode ser inferida somente de sua ementa, sendo necessário examinar o conteúdo de cada dispositivo do decreto para verificar sua natureza normativa. Aliás, um mesmo decreto pode ter dispositivos autônomos e outros regulamentares, conforme reconhecido pelo STF na ADI nº 1.599.[455] É possível que alguns artigos de um ato impugnado possuam natureza autônoma, enquanto os demais representem meros atos de execução.

(iii) Controle judicial de atos normativos do Poder Executivo formalmente e materialmente regulamentares

Um ato regulamentar apresenta, tipicamente, um caráter tão somente secundário, executório, e não promove verdadeiras inovações no ordenamento jurídico. Nesses casos, pode violar somente a lei e o princípio constitucional da legalidade (art. 5º, inc. II, da CRFB/88), não afrontando diretamente outro dispositivo constitucional. Não será, portanto, aberta a via do controle concentrado de constitucionalidade, visto

---

452 STF, ADIs nº 6.675, 6.676, 6.677, 6.680 e 6.695, Tribunal Pleno, Rel.ª Min.ª Rosa Weber, *Dje* 5.09.2023.

453 STF, ADI nº 673 MC, Tribunal Pleno, Min. Paulo Brossard, *Dje* 11.10.2001, p. 31.

454 STF, ADI nº 673 MC, Tribunal Pleno, Min. Paulo Brossard, *Dje* 11.10.2001, p. 31.

455 Cf. STF, ADI nº 1.599 MC, Tribunal Pleno, Rel. Min. Maurício Corrêa, *Dje* 18.05.2001.

consubstanciar mera ofensa reflexa à Constituição. Esses atos poderão ser objeto de controle incidental de constitucionalidade mediante ações civis públicas e ações populares, ajuizadas perante o juízo competente. E, caso apresentem efeitos concretos, poderão ser impugnados mediante ações de mandado de segurança impetradas no STF.

Nota-se, portanto, que o STF não deve, *a priori*, deixar de conhecer de ADIs ou ADPFs ajuizadas contra atos normativos regulamentares. A Corte deve analisar se o ato é materialmente autônomo, se possui "vocação inovatória no ordenamento jurídico".[456] A cada caso apresentado, o STF deve realizar uma verificação esmiuçada a respeito dessa densidade normativa primária, desse divórcio e afastamento entre regulamento e conteúdo legal. Se o caráter regulamentar do decreto for meramente formal, a via do controle concentrado deverá ser inaugurada.

Ou seja, se, a pretexto de dar fiel execução à lei, o ato exorbitar flagrantemente do âmbito do poder regulamentar, deverá ser analisado *in abstracto* pelo STF.[457] Nesses casos, a Corte deverá conhecer da ação e julgar seu mérito. Não deve permanecer adstrita a uma jurisprudência restritiva que enfraquece o controle de atos unilaterais do Executivo. Como já destacado, regulamentos podem gerar grande impacto social, político e econômico e violar princípios constitucionais basilares. Não devem estar imunes ao controle do STF.

5.2.1 A virada jurisprudencial

Nos últimos cinco anos, houve uma sensível alteração jurisprudencial do STF a respeito do controle de constitucionalidade de regulamentos. A razão para essa mudança é essencialmente política. A edição de decretos pelo ex-Presidente Jair Bolsonaro, que constantemente exorbitava de seu poder regulamentar (*e.g.*, decretos das armas), enfatizaram a necessidade urgente de controle desses atos por parte da Corte. A seguir, serão analisados os principais casos julgados entre janeiro de 2020 e maio de 2024.

Em 2020, o Plenário do STF referendou a medida cautelar na ADI nº 6.590, ajuizada em face do Decreto presidencial nº 10.502, de 30 de setembro de 2020, que instituiu a "Política Nacional de Educação

---

[456] Voto da Min.ª Rosa Weber nas ADIs nº 6.675, 6.676, 6.677, 6.680 e 6.695, STF, Tribunal Pleno, Rel. Min. Rosa Weber, *Dje* 5.09.2023.

[457] Cf. Voto do Min. Gilmar Mendes na ADPF nº 651, Tribunal Pleno, Rel.ª Min.ª Cármen Lúcia, *Dje* 29.08.2022.

Especial". Trata-se de um decreto formalmente regulamentar, editado pelo presidente da República no intuito de regulamentar a Lei nº 9.394, de 20 de dezembro de 1996 (Lei de Diretrizes e Bases da Educação Nacional). Apesar de seu caráter formalmente regulamentar, o decreto promoveu uma verdadeira inovação no ordenamento jurídico. Segundo o STF, seu texto "*não se limita a pormenorizar os* termos da lei regulamentada, mas promove a introdução de uma nova política educacional nacional, com o estabelecimento de institutos, serviços e obrigações, que, até então, não estavam inseridos na disciplina educacional do país".[458]

Nos termos do voto condutor do acórdão, exarado pelo Ministro Dias Toffoli, "o ato normativo impugnado, em que pese figurar formalmente como um decreto regulamentar, inovou no ordenamento jurídico ao estabelecer institutos, serviços e obrigações, que, até então, não estavam inseridos na disciplina educacional do país".[459] Diante dessas inovações normativas, a Corte decidiu que o Decreto nº 10.502/2020 possui densidade normativa suficiente para atrair a competência do STF para a aferição de sua validade perante a Constituição e conheceu da ADI nº 6.590.

Ainda em 2020, o STF examinou a constitucionalidade do artigo 64, IV, da Portaria nº 158/2016 do Ministério da Saúde e do artigo 25, XXX, "d", da Resolução da Diretoria Colegiada (RDC) nº 34/2014 da Anvisa, todos atos formalmente regulamentares. A portaria e a resolução impunham limitação à doação de sangue a cidadãos do sexo masculino que tenham mantido relação sexual com pessoa do mesmo gênero nos 12 meses anteriores. De acordo com o Ministro Edson Fachin, relator, esses são "atos normativos federais que se revestem de conteúdo regulatório dotado de abstração, generalidade e impessoalidade, possuindo alta densidade normativa e não se caracterizando como simples atos regulamentares".[460] Segundo seu entendimento, a questão constitucional discutida "adquire especial relevo em virtude de sua relação direta com o núcleo mais íntimo do princípio constitucional da dignidade da pessoa humana, o que torna imperiosa a sua apreciação pela Corte

---

458 STF, ADI nº 6.590/REF-MC, Tribunal Pleno, Rel. Min. Dias Toffoli, julgado em 21.12.2020, *Dje* 12.02.2021, grifos nossos. Em 2 de fevereiro de 2023, o processo foi julgado extinto, sem resolução de mérito, por perda superveniente de objeto, em razão da revogação do decreto impugnado.

459 STF, ADI nº 6.590/REF-MC, Tribunal Pleno, Rel. Min. Dias Toffoli, julgado em 21.12.2020, *Dje* 12.02.2021.

460 STF. ADI 5543, Relator(a): Edson Fachin, Tribunal Pleno, julg. em 11.05.2020, p. em 26.08.2020.

Suprema". No mesmo sentido, o ministro Marco Aurélio destacou em seu voto que "a norma impugnada é autônoma, no que inova no ordenamento jurídico ao criar obrigação não versada em lei".

Ou seja, apesar desses atos formalmente secundários terem sido editados a pretexto de regulamentar as lei nº 7.649, de 25 de janeiro de 1988 e 10.205, de 21 de março de 2001, que tratam da atividade de coleta e doação de sague, na verdade exorbitaram dos diplomas legais, atraindo relevante carga normativa autônoma. Inovaram no ordenamento jurídico ao criar novas limitações não previstas em lei.

Em 2021, essa alteração jurisprudencial em curso foi bem sintetizada pelo Ministro Roberto Barroso na ADPF nº 622, de sua relatoria, que discute a constitucionalidade do já citado Decreto nº 10.003/2019, que alterou as normas sobre a Constituição e o funcionamento do Conselho Nacional da Criança e do Adolescente (Conanda) e destituiu todos os seus membros, no curso dos seus mandatos.[461] A PGR, requerente da arguição, afirmou que a norma impugnada, na prática, esvaziou a participação da sociedade civil no conselho, em violação aos princípios da democracia participativa (arts. 1º, parágrafo único, da CRFB/88), da igualdade (art. 5º, I, da CRFB/88), da segurança jurídica (art. 5º da CRFB/88), da proteção à criança e ao adolescente (art. 227 da CRFB/88) e de vedação ao retrocesso institucional (art. 1º, *caput* e III; art. 5º, XXXVI e §1º; art. 60, §4º, da CRFB/88). Já a AGU defendeu, em caráter preliminar, a inadmissibilidade da ação, por se tratar de arguição de inconstitucionalidade reflexa, cujo juízo de mérito dependeria do confronto do Decreto nº 10.003/2019 com a Lei nº 8.242/1991, que criou o Conanda.

Extrai-se da ementa do Decreto nº 10.003/2019 sua clara pretensão de regulamentar a Lei nº 8.242/1991, que criou o Conanda. Constam da ementa do decreto as seguintes informações:

> DECRETO Nº 10.003, DE 4 DE SETEMBRO DE 2019
> Altera o Decreto nº 9.579, de 22 de novembro de 2018, para dispor sobre o Conselho Nacional dos Direitos da Criança e do Adolescente.

---

461 Ementa: "Direito da criança e do adolescente. Arguição de descumprimento de preceito fundamental. Decreto nº 10.003/2019. Composição e funcionamento do Conselho Nacional da Criança e do Adolescente – Conanda. Procedência parcial do pedido. (...) Tese: "É inconstitucional norma que, a pretexto de regulamentar, dificulta a participação da sociedade civil em conselhos deliberativos" (STF, ADPF 622, Tribunal Pleno, Rel. Min. Roberto Barroso, *Dje* 21.05.2021).

O PRESIDENTE DA REPÚBLICA, no uso das atribuições que lhe confere o art. 84, *caput*, incisos IV e VI, alínea "a", da Constituição, e *tendo em vista o disposto na Lei nº 8.242, de 12 de outubro de 1991.*

O relator, Ministro Roberto Barroso, apesar da natureza formalmente regulamentar do ato, não acolheu a preliminar suscitada pela AGU e conheceu da ADPF, nos seguintes termos:

> 10. Não há que se falar em arguição de inconstitucionalidade reflexa, tal como alegado pela Advocacia Geral da União, dado que a ação não se volta a confrontar o Decreto 10.003/2019 com qualquer norma legal. Ao contrário, a ação tem por objeto a compatibilidade do decreto com os dispositivos constitucionais que alegadamente exigem a participação direta da sociedade civil na matéria (arts. 1º, par. *único*, c/c 204 e 227, *§7º*, CF), com o princípio da isonomia (art. 5º, I, CF), com o direito *à* proteção integral e prioridade absoluta de crianças e adolescentes (art. 227, CF) e com o princípio da vedação ao retrocesso (art. 1º, *caput* e III; art. 5º, XXXVI e *§1º*; art. 60, *§4º*, CF).
> 11. Vale assinalar, ainda, que também não há um problema de subsidiariedade no conhecimento desta ação, nem mesmo quanto ao pedido de restabelecimento dos mandatos dos membros do Conanda. Quanto a tal ponto, a pretensão individual e subjetiva dos conselheiros de terem seus mandatos restabelecidos não se confunde com a tutela objetiva da ordem jurídica ou com a necessidade de extirpar uma norma que permite a sustação de tais mandatos. Esclarecidos esses aspectos, supero a preliminar invocada e recebo a ação.[462]

De acordo com o Ministro Roberto Barroso, o decreto foi editado "a pretexto de regular" a Lei nº 8.242/1991. Porém, na prática, violou diretamente o texto constitucional, frustrando a participação das entidades da sociedade civil na formulação de políticas públicas em favor de crianças e adolescentes e no controle da sua execução, como exigido pela Constituição. A questão posta envolveu, portanto, a compatibilidade do decreto com dispositivos constitucionais que exigem a participação direta da sociedade civil na matéria (arts. 1º, parágrafo único, c/c 204 e 227, §7º, da CF), com o princípio da isonomia (art. 5º, I, da CF), com o direito à proteção integral e prioridade absoluta de crianças e adolescentes (art. 227 da CF) e com o princípio da vedação ao retrocesso (art. 1º, *caput* e III; art. 5º, XXXVI e §1º; art. 60, §4º, da CF).

---

[462] STF, ADPF nº 622, Tribunal Pleno, Rel. Min. Roberto Barroso, *Dje* 21.05.2021.

No caso, a conclusão da Corte foi no sentido de que o ato questionado viola "norma constitucional expressa, que exige tal participação, e colocam em risco a proteção integral e prioritária da infância e da juventude (art. 227, *caput* e § 7º, e art. 204, II, CF)"[463]. Nesse sentido, o Decreto nº 10.003/2019 é um ótimo exemplo de ato que pretendeu regulamentar uma lei, mas acabou atuando de forma *ultra legem* e *contra legem*, ferindo diretamente outros dispositivos constitucionais, além do princípio da legalidade.

Posteriormente, em 2022, a Corte examinou o mérito da ADPF nº 651, proposta contra o Decreto Presidencial nº 10.224, de 5 de fevereiro de 2020, que regulamentou a Lei nº 7.797, de 10 de julho de 1989, que cria o Fundo Nacional do Meio Ambiental (FNMA). O decreto, sob o pretexto de regulamentar a lei, excluiu a sociedade civil do conselho deliberativo do FNMA. Na ocasião, o STF decidiu que o decreto questionado não se esgotou na mera regulamentação de dispositivos da legislação infraconstitucional. A rigor, o decreto dizia respeito a políticas públicas de envergadura constitucional, fundadas em aplicação direta e imediata do artigo 225 da Constituição Federal.[464] Nesse sentido, o decreto, apesar de seu caráter formalmente regulamentar, "ofendeu diretamente os comandos presentes nos arts. 193, parágrafo único, e 225, *caput*, ambos da Constituição da República".[465]

Inclusive, o Ministro Edson Fachin ressaltou que a solução da controvérsia suscitada pela ADPF nº 651 não se daria, simplesmente, pelo contraste entre a norma impugnada e a legislação ordinária. Na verdade, o decreto levanta questões que "*só* adquirem relevância jurídica quando contrastadas com princípios constitucionais, especialmente aqui, o princípio democrático".[466] O Ministro ainda fez importantes considerações a respeito da ação constitucional cabível para a impugnação desse decreto. Para ele, considerando que o decreto não é formalmente autônomo, não seria possível abrir a via da ADI, mas tão somente da Arguição de Descumprimento de Preceito Fundamental (ADPF). Essa estratégia nos parece ideal para racionalizar e facilitar o conhecimento

---

[463] STF, ADPF nº 622, Tribunal Pleno, Rel. Min. Roberto Barroso, *Dje* 21.05.2021.

[464] Cf. Voto do Min. Gilmar Mendes na ADPF nº 651, STF, Tribunal Pleno, Rel.ª Min.ª Cármen Lúcia, *Dje* 29.08.2022.

[465] Cf. Voto da Min.ª Cármen Lúcia, relatora da ADPF nº 651, STF, Tribunal Pleno, *Dje* 29.08.2022.

[466] Cf. Voto do Min. Edson Fachin na ADPF nº 651, STF, Tribunal Pleno, Rel.ª Min.ª Cármen Lúcia, *Dje* 29.08.2022.

de ADPFs em face de decretos formalmente regulamentares que inovam no ordenamento jurídico.

Ainda em 2022, o STF julgou a ADPF nº 607, ajuizada em face do Decreto Presidencial nº 9.831, de 2 de janeiro de 2019, que promoveu alterações no Mecanismo Nacional de Prevenção e Combate à Tortura (MNPCT), criado pela Lei nº 12.847/2013.[467] A Corte decidiu que, apesar de sua natureza regulamentar, o decreto deveria ser submetido ao controle concentrado de constitucionalidade. Isso porque revelaria claro abuso de poder regulamentar e violação ao princípio da separação dos Poderes. De acordo o Ministro Dias Toffoli, relator, o decreto teria fragilizado o combate à tortura no país, visto (i) remanejar os cargos em comissão outrora destinados aos peritos do MNPCT, (ii) determinar a exoneração dos ocupantes desses cargos e (iii) transformar a atividade em serviço público não remunerado.

Nos termos do voto do Ministro Dias Toffoli,

> o esvaziamento de políticas públicas previstas em lei, mediante atos infralegais, importa em abuso do poder regulamentar e, por conseguinte, contraria a separação dos Poderes. Na espécie, a violação se mostra especialmente grave diante do potencial desmonte de órgão cuja competência é a prevenção e o combate à tortura.[468]

De fato,

> não é dado ao chefe do Poder Executivo, sob o pretexto de exercer função meramente regulamentar, desmontar política pública instituída no intuito de dar cumprimento ao texto constitucional e prevista em compromisso internacional assumido pelo Brasil. Assim, por ter como efeito prático o esvaziamento do MNPCT, a edição do Decreto nº 9.831/19 configura abuso do poder regulamentar, e, consequentemente, também contrariedade à separação entre os Poderes, pois acaba por condenar à absoluta ineficácia uma política pública prevista em lei.[469]

Posteriormente, em 2023, o Plenário do STF analisou a constitucionalidade do Decreto Presidencial nº 9.806, de 28 de maio de 2019, que promoveu alterações na composição e no processo decisório do

---

[467] STF, ADPF nº 607, Tribunal Pleno, Rel. Min. Dias Toffoli, *Dje* 1.06.2022.

[468] STF, ADPF nº 607, Tribunal Pleno, Rel. Min. Dias Toffoli, *Dje* 1.06.2022.

[469] STF, ADPF nº 607, Tribunal Pleno, Rel. Min. Dias Toffoli, *Dje* 1.06.2022.

Conama, criado pela Lei Federal nº 6.938/1981.[470] O decreto, apesar de formalmente regulamentar, manifestou conteúdo jurídico-normativo primário, inovando no ordenamento jurídico e assumindo grau de abstração, autonomia e impessoalidade.

Nos termos do voto da Ministra Rosa Weber, relatora da ADPF nº 623, o Decreto nº 9.806/2019 "é informado de conteúdo normativo suficientemente primário, uma vez que traz inovações na ordem jurídica ao dispor sobre a constituição e o funcionamento do Conama. Ao imprimir a arquitetura institucional do conselho, por certo, a atividade normativa do Executivo não se restringiu à mera regulamentação secundária da Lei nº 6.938/1981, antes definiu os mecanismos procedimentais da atuação do Conama, com impacto direto na formulação das diretrizes de políticas governamentais para o meio ambiente e na deliberação normativa de sua competência".[471] Ou seja, a regulamentação instituída pelo dereto "tem vocação inovatória no ordenamento jurídico, a impedir a redução da controvérsia a mero conflito de legalidade, sem estatura constitucional".[472]

No mérito, a Corte entendeu que o decreto violava diretamente a Constituição, em particular os direitos fundamentais procedimentais ambientais e da igualdade política e o direito à participação. Configurava, assim, grave retrocesso institucional-democrático e socioambiental. Nos termos da ementa da ADPF nº 623, "a discricionariedade decisória do chefe do Executivo na reestruturação administrativa não é prerrogativa isenta de limites, ainda mais no campo dos Conselhos com perfis deliberativos. (...) O espaço decisório do Executivo não permite intervenção ou regulação desproporcional".[473]

Ainda em 2023, o STF julgou a ADI nº 6.649, analisando a constitucionalidade do Decreto Presidencial nº 10.046, de 9 de outubro de 2019, que dispõe sobre a governança no compartilhamento de dados no âmbito da administração pública federal. A Corte entendeu que o decreto não se esgota na mera regulamentação de dispositivos da Lei nº 12.527/2011, que dispõe sobre o acesso à informação na administração pública, e da Lei nº 13.709, de 14 de agosto de 2018, conhecida como Lei Geral de Proteção de Dados Pessoais. Pelo contrário, o ato

---

470 STF, ADPF nº 623, Tribunal Pleno, Rel. Min. Rosa Weber, *Dje* 18.07.2023.

471 STF, ADPF nº 623, Tribunal Pleno, Rel. Min. Rosa Weber, *Dje* 18.07.2023.

472 STF, ADPF nº 623, Tribunal Pleno, Rel. Min. Rosa Weber, *Dje* 18.07.2023.

473 STF, ADPF nº 623, Tribunal Pleno, Rel. Min. Rosa Weber, *Dje* 18.07.2023.

"parece ter força normativa própria, introduzindo alterações na ordem jurídica vigente".[474]

Nos termos do voto do relator, Ministro Gilmar Mendes,

> o próprio Presidente da República reconheceu que, ao editar o Decreto nº 10.046/2019, operava com relativa margem de liberdade, e não apenas com a finalidade de dar fiel execução às leis. Não por outra razão, invocou tanto a prerrogativa prevista no art. 84, *caput*, IV, da Constituição Federal quanto aquela prevista no inciso VI, alínea "a", do mesmo dispositivo, que assegura ao chefe do Poder Executivo o poder de expedir decretos de perfil não regulamentar, cujo fundamento de validade repousa diretamente na Constituição.[475]

No mesmo sentido, o Ministro Nunes Marques destacou que o decreto questionado "tem aspecto de nítida inovação no sistema jurídico". Prevê, de forma ampla e sistemática, "procedimentos para compartilhamento de dados entre órgãos da administração pública direta e indireta da União, sem que haja lei com esse mesmo alcance. Logo, pode-se considerá-lo, para efeito de controle de constitucionalidade, um decreto autônomo". Por tais razões, a Corte entendeu que o decreto impugnado se "revela ato normativo primário, de modo que pode ser desafiado mediante ação direta de inconstitucionalidade".[476]

Em 2023, a constitucionalidade dos decretos das armas, editado pelo ex-Presidente Jair Bolsonaro, foi analisada pelo STF. Nas ADIs nº 6.675, 6.676, 6.677, 6.680 e 6.695, de relatoria da Ministra Rosa Weber, a Corte assentou que as inovações regulamentares promovidas pelos decretos são incompatíveis com o sistema de controle e fiscalização de armas instituído pelo Estatuto do Desarmamento (Lei nº 10.826/2003).[477] Nos termos do voto da Ministra Relatora, Rosa Weber, os atos "exorbitaram dos limites do poder regulamentar outorgado pela Constituição ao Presidente da República, vulnerando, ainda, políticas públicas de

---

474 STF, ADI nº 6.649, Tribunal Pleno, Rel. Min. Gilmar Mendes, *Dje* 19.06.2023.

475 STF, ADI nº 6.649, Tribunal Pleno, Rel. Min. Gilmar Mendes, *Dje* 19.06.2023.

476 STF, ADI nº 6.649, Tribunal Pleno, Rel. Min. Gilmar Mendes, *Dje* 19.06.2023.

477 STF, ADIs nº 6.675, 6.676, 6.677, 6.680 e 6.695, Tribunal Pleno, Rel.ª Min.ª Rosa Weber, *Dje* 5.09.2023. Cf., ainda, ADI nº 6.139, STF, Tribunal Pleno, Rel. Min. Edson Fachin, *Dje* 6.09.2023 e ADI nº 6.119, STF, Tribunal Pleno, Rel. Min. Edson Fachin, *Dje* 3.10.2023.

proteção a direitos fundamentais".[478] Confira-se trecho da ementa do acórdão:

> Ações diretas de inconstitucionalidade. Medida liminar deferida. Conversão do referendo em julgamento de mérito. Apreciação conjunta das ADIs 6675, 6676, 6677, 6680 e 6695. Decretos Presidenciais que dispõem sobre aquisição, cadastro, registro, posse e porte de armas de fogo, acessórios e munições (Decretos nºs 10.627, 10.628, 10.629 e 10.630, de 12 de fevereiro de 2021). Atos normativos editados com o propósito de promover a chamada "flexibilização das armas" no Brasil. Inovações regulamentares incompatíveis com o sistema de controle e fiscalização de armas instituído pelo Estatuto do Desarmamento. Dever estatal de promover a segurança pública como corolário do direito à vida. Normas que exorbitam dos limites do poder regulamentar outorgado pela Constituição ao Presidente da República, vulnerando, ainda, políticas públicas de proteção a direitos fundamentais. (...)
> 5. Os regulamentos estão subordinados às leis que lhes dão fundamento, devendo observância ao espaço restrito de delegação normativa. O respeito a este limite de conformação regulamentar adquire relevância constitucional, na medida em que configura corolário do postulado da separação dos Poderes.
> 6. Os Decretos presidenciais impugnados, ao inovarem na ordem jurídica, fragilizaram o programa normativo estabelecido na Lei 10.826/2003, que inaugurou uma política de controle responsável de armas de fogo e munições no território nacional.
> 7. Ações diretas conhecidas em parte e, nessa extensão, julgadas procedentes.[479]

No caso, o STF entendeu que os decretos das armas "são informados por conteúdo normativo suficientemente primário".[480] A regulamentação promovida "tem vocação inovatória no ordenamento jurídico, o que inviabiliza a redução da controvérsia a mero conflito de legalidade, sem estatura constitucional".[481] Em suma, a Corte concluiu que

---

[478] STF, ADIs nº 6.675, 6.676, 6.677, 6.680 e 6.695, STF, Tribunal Pleno, Rel.ª Min.ª Rosa Weber, *Dje* 5.09.2023. Cf., ainda, STF, ADI nº 6.139, Rel. Min. Edson Fachin, Tribunal Pleno, *Dje* 6.09.2023 e ADI nº 6.119, STF, Tribunal Pleno, Rel. Min. Edson Fachin, *Dje* 03.10.2023.

[479] STF, ADIs nº 6.675, 6.676, 6.677, 6.680 e 6.695, STF, Tribunal Pleno, Rel.ª Min.ª Rosa Weber, *Dje* 5.09.2023. Cf., ainda, STF, ADI nº 6.139, Rel. Min. Edson Fachin, Tribunal Pleno, *Dje* 6.09.2023 e ADI nº 6.119, STF, Tribunal Pleno, Rel. Min. Edson Fachin, *Dje* 3.10.2023.

[480] Voto da Min.ª Rosa Weber, relatora, nas ADIs nº 6.675, 6.676, 6.677, 6.680 e 6.695, STF, Tribunal Pleno, *Dje* 5.09.2023.

[481] Voto da Min.ª Rosa Weber, relatora, nas ADIs nº 6.675, 6.676, 6.677, 6.680 e 6.695, STF, Tribunal Pleno, *Dje* 5.09.2023.

os atos exorbitaram os limites conformadores do poder regulamentar do presidente da República, definidos no Estatuto do Desarmamento, e vulneraram os direitos constitucionais dos cidadãos à vida e à segurança pública. Não houve mera complementação regulamentar do conteúdo legislativo, mas verdadeira inovação no ordenamento.

Vale destacar que os decretos das armas são ótimos exemplos de ato regulamentar *ultra legem* e *contra legem* que fere diretamente dispositivos constitucionais diversos do princípio da legalidade (art. 5º, inc. II, da CRFB/88). Formalmente, (i) foram editados para regulamentar a Lei nº 10.826/2003 (Estatuto do Desarmamento) e, supostamente, (ii) extraem seu fundamento de validade desse diploma legislativo. De fato, a própria ementa do Decreto nº 9.847/2019 explicita sua intenção de "regulamenta[r] a Lei nº 10.826, de 22 de dezembro de 2003, para dispor sobre a aquisição, o cadastro, o registro, o porte e a comercialização de armas de fogo e de munição e sobre o Sistema Nacional de Armas e o Sistema de Gerenciamento Militar de Armas":

> Decreto nº 9.847/2019, de 25 de junho de 2019
> Regulamenta a Lei nº 10.826, de 22 de dezembro de 2003, para dispor sobre a aquisição, o cadastro, o registro, o porte e a comercialização de armas de fogo e de munição e sobre o Sistema Nacional de Armas e o Sistema de Gerenciamento Militar de Armas.
> O PRESIDENTE DA REPÚBLICA, no uso da atribuição que lhe confere o art. 84, *caput*, inciso IV, da Constituição, e tendo em vista o disposto na Lei nº 10.826, de 22 de dezembro de 2003, DECRETA (...).

Porém, apesar de formalmente regulamentares, esses decretos acabaram se desvencilhando e se divorciando de seu lastro legal, inovando no ordenamento jurídico. Acumularam uma densidade normativa materialmente autônoma e, assim, puderam ser objeto de controle concentrado de constitucionalidade, por afrontarem diretamente e de forma manifesta o texto constitucional, notadamente o direito fundamental à vida (art. 5º, *caput*, da CRFB/88) e o direito à segurança pública (art. 144 da CRFB/88).

Posteriormente, em 2024, o STF referendou a ADPF nº 935 MC e suspendeu a eficácia de artigos do Decreto Presidencial nº 10.935/2022, que dispõe sobre a proteção das cavidades naturais subterrâneas existentes no território nacional. Formalmente, o decreto foi editado para regulamentar a Lei nº 6.938/1981, que trata da Política Nacional do Meio Ambiente. Porém, trouxe inovações na ordem jurídica que violam diretamente dispositivos constitucionais que protegem o ecossistema brasileiro.

Segundo o Ministro Ricardo Lewandowski, relator originário da ADPF nº 935, o ato

> introduziu consideráveis inovações na ordem jurídica vigente ao autorizar a exploração de cavidades naturais subterrâneas, inclusive com grau de relevância máxima – antes protegidas de impactos negativos irreversíveis – para a construção de empreendimentos considerados de utilidade pública. É, portanto, informado de conteúdo normativo equiparável a uma lei em sentido estrito.[482]

Segundo o Ministro, o decreto promoveu inovações normativas que autorizam a exploração econômica dessas áreas, reduzindo, em consequência, a proteção desse patrimônio ambiental. Suas disposições, "a toda a evidência, ameaçam áreas naturais ainda intocadas ao suprimir a proteção até então existente, de resto, constitucionalmente assegurada".[483]

Nota-se, portanto, que há uma virada jurisprudencial em curso. Atos formalmente regulamentares, editados a pretexto de regulamentar uma lei, estão sendo objeto de controle concentrado de constitucionalidade pelo STF. Quando inovam no ordenamento e se tornam materialmente autônomos em relação à lei que pretendiam regulamentar, inauguram a via do controle concentrado.

5.3 Decretos regulamentares exorbitantes *versus* decretos autônomos

Nesse ponto, cumpre destacar que há uma área cinzenta na diferenciação entre decretos autônomos e decretos regulamentares. A Corte, por muito tempo, usou critérios de conveniência para conhecer ou não das ações diretas interpostas contra atos regulamentares, de modo

---

482 Cf. STF, ADPF nº 935 MC, Rel. Min. Ricardo Lewandowski, *Dje* 25.01.2022. A decisão monocrática foi posteriormente referendada pelo Plenário do STF (STF, ADPF nº 935 REF/MC, Tribunal Pleno, julgado em sessão virtual de 19.04.2024 a 26.04.2024).

483 Cf. STF, ADPF nº 935 MC, Rel. Min. Ricardo Lewandowski, *Dje* 25.01.2022. A decisão monocrática foi posteriormente referendada pelo Plenário do STF (STF, ADPF nº 935 REF/MC, Tribunal Pleno, julgado em sessão virtual de 19.04.2024 a 26.04.2024).

que uma norma é qualificada como "autônoma" ou "regulamentar" de acordo com o interesse do tribunal em analisar o mérito da ação.

Nos últimos cinco anos, conforme destacado no tópico anterior, o tribunal tem reconhecido a autonomia de atos que, apesar de formalmente regulamentar, extravasaram o campo regulamentar.[484] Assim, o STF tem qualificado como "autônomos" os regulamentos do Poder Executivo que (i) extraem seu fundamento de validade diretamente da Constituição e pretendem, de forma expressa e manifesta, regulamentar um dispositivo constitucional específico;[485] (ii) são editados a pretexto de regulamentar um diploma legal, mas exorbitam do poder regulamentar e inovam na ordem jurídica;[486] (iii) são expedidos com base no artigo 84, inciso VI, da Constituição, com redação dada pela Emenda Constitucional nº 32/2001, que possibilita o presidente dispor, mediante decreto, sobre "organização e funcionamento da administração federal, quando não implicar aumento de despesa nem criação ou extinção de órgãos públicos" e sobre "extinção de funções ou cargos públicos, quando vagos";[487] (iv) tratam de indulto presidencial;[488] (v) promulgam uma convenção ou acordo internacional;[489] (vi) aprovam o estatuto de empresas públicas ou entidades da administração indireta[490] e (vii) aumentam alíquota tributária.[491]

---

[484] STF, ADI nº 3.944, Tribunal Pleno, Rel. Min. Ayres Britto, *Dje* 1.10.2010; STF, ADI 1.178 MC, Tribunal Pleno, Rel. Min. Marco Aurélio, *Dje* 18.05.2001; STF, ADI nº 673 MC, Tribunal Pleno, Min. Paulo Brossard, *Dje* 11.10.2001.

[485] Cf., *e.g.*, STF, ADI nº 1.413 MC, Tribunal Pleno, Rel. Min. Marco Aurélio, *Dje* 25.05.2001; STF, ADI nº 487 MC, Tribunal Pleno, Min. Octavio Gallotti, *Dje* 11.04.1997 e STF, ADI nº 3.239, Tribunal Pleno, Rel. Min. CEZAR PELUSO, Red.ª do acórdão Min.ª Rosa Weber, *Dje* 1.02.2019.

[486] Cf., *e.g.*, STF, ADI nº 6.649, Tribunal Pleno, Rel. Min. Gilmar Mendes, *Dje* 19.06.2023. Cf., *e.g.*, STF, ADIs nº 6.675, 6.676, 6.677, 6.680 e 6.695, Tribunal Pleno, Rel. Min.ª Rosa Weber, *Dje* 5.09.2023; STF, ADI nº 3.944, Tribunal Pleno, Rel. Min. Ayres Britto, *Dje* 1.10.2010; STF, ADI nº 1.178/MC, Tribunal Pleno, Rel. Min. Marco Aurélio, *Dje* 18.05.2001; STF, ADI nº 673 MC, Tribunal Pleno, Min. Paulo Brossard, *Dje* 11.10.2001.

[487] Cf., *e.g.*, STF, ADI nº 2.564, Tribunal Pleno, Rel.ª Min.ª Ellen Gracie, *Dje* 06.02.2004 e ADI nº 6.121 MC, Tribunal Pleno, Min. Marco Aurélio, *Dje* 28.11.2019.

[488] STF, ADI nº 2.795 MC, Tribunal Pleno, Rel. Min. Maurício Corrêa, *Dje* 20.06.2003 e ADI nº 5.874, Tribunal Pleno, Rel. Min. Roberto Barroso, Red. para o acórdão Min. Alexandre de Moraes, julgado em 9.05.2019.

[489] STF, ADI nº 2.795 MC, Tribunal Pleno, Rel. Min. Maurício Corrêa, *Dje* 20.06.2003; STF, ADI nº 1.480 MC, Tribunal Pleno, Rel. Min. Celso de Mello, *Dje* 18.05.2001 e STF, ADI nº 4.439, Tribunal Pleno, Rel. Min. Roberto Barroso, Red. do acórdão Min. Alexandre De Moraes, *Dje* 21.06.2018.

[490] STF, ADI nº 1.131, Tribunal Pleno, Rel. Min. Ilmar Galvão, *Dje* 25.10.2002.

[491] STF, ADI nº 4.661/MC, Tribunal Pleno, Min. Marco Aurélio, *Dje* 23.03.2012.

Ocorre que, em alguns casos, a natureza dos decretos impugnados foi objeto de grande debate pelos ministros, e a incoerência na aplicação da jurisprudência foi, inclusive, detectada pelo Ministro Moreira Alves no julgamento da ADI nº 673:

> Verifico que estamos alterando nossa jurisprudência, pois, ao invés de examinarmos o decreto em causa em sua totalidade, para concluirmos ser ele, ou não um decreto regulamentar, estamos examinando cada uma de suas normas para verificar se tem, ou não essa natureza. Não me parece que essa a melhor orientação, até porque *as normas de um decreto regulamentar que extravasassem a regulamentação da lei são normas ilegais e não propriamente normas autônomas para a verificação originária de sua compatibilidade, ou não com a Constituição.* Não tenho dúvida de que o *decreto sob exame é de natureza regulamentar, tendo em vista que ele se dispõe a regulamentar um dispositivo de lei, e não a constituição,* caso este em que haveria inconstitucionalidade formal, uma vez que a Carta Magna não se regulamenta por meio de decreto. *Afasto essa questão, porque esse decreto, a meu ver, regulamenta a norma legal sob o seu aspecto administrativo. A propósito, aliás, há zonas cinzentas, como no caso.*

Cumpre, assim, realizar uma breve análise de julgamentos específicos que trouxeram importantes aportes à diferenciação entre decretos autônomos e decretos regulamentares. Alguns desses julgamentos tentam fixar limites, enquanto outros explicitam a total falta de consenso a respeito das diferenças entre esses atos normativos.

5.4 A jurisprudência do STF no controle de decretos presidenciais: decretos regulamentares ou autônomos?

5.4.1 ADI nº 5.942

A ADI nº 5.942, de relatoria do Ministro Marco Aurélio, questionou a constitucionalidade do Decreto nº 9.355, de 25 de abril de 2018, editado pelo ex-Presidente Michel Temer, que estabelece o processo especial de cessão de direitos de exploração, desenvolvimento e produção de petróleo, gás natural e outros hidrocarbonetos fluidos por empresas subsidiárias e controladas pela Petróleo Brasileiro S.A. (Petrobras).[492] Da ementa e preâmbulo do decreto constam as seguintes informações:

> Decreto nº 9.355, de 25 de abril de 2018
> Estabelece regras de governança, transparência e boas práticas de mercado para a cessão de direitos de exploração, desenvolvimento e produção de petróleo, gás natural e outros hidrocarbonetos fluidos pela Petróleo Brasileiro S.A. - Petrobras, *na forma estabelecida no art. 29, no art. 61, caput e §1º, e art. 63, da Lei nº 9.478, de 6 de agosto de 1997, e no art. 31 da Lei nº 12.351, de 22 de dezembro de 2010.*
> O PRESIDENTE DA REPÚBLICA, no uso da atribuição que lhe confere o art. 84, *caput*, incisos IV e VI, alínea "a", da Constituição,[493] e tendo em vista o disposto no art. 29, no art. 61, *caput* e §1º, e no art. 63 da Lei nº 9.478, de 6 de agosto de 1997, e no art. 31 da Lei nº 12.351, de 22 de dezembro de 2010, DECRETA (...).

Nota-se que o preâmbulo expressa claramente a pretensão do decreto de regulamentar as leis nº 9.478/1997 e 12.351/2010, supostamente retirando delas seu fundamento de validade. O requerente da ADI nº 5.942, porém, destacou que o ato usurpa função reservada à lei e excede os limites regulamentares, implicando abuso de poder do presidente da República. Aduziu que, ao estabelecer regramento de licitações para a Petrobras, o decreto viola a reserva legal e a competência do Congresso Nacional para tratar de normas gerais de licitações (art. 22, XXVII, da CRFB/88).[494] Além disso, afirmou que o ato teria veiculado hipótese de dispensa de licitação não prevista em lei, em violação ao

---

[492] STF, ADI nº 5.942, Tribunal Pleno, Rel. Marco Aurélio, Rel. p/ acórdão Luiz Fux, *Dje* 8.02.2021.

[493] Constituição Federal brasileira de 1988:
"Art. 84. Compete privativamente ao Presidente da República:
IV - sancionar, promulgar e fazer publicar as leis, bem como expedir decretos e regulamentos para sua fiel execução;
(...)
VI - dispor, mediante decreto, sobre: (Redação dada pela Emenda Constitucional nº 32, de 2001) a) organização e funcionamento da administração federal, quando não implicar aumento de despesa nem criação ou extinção de órgãos públicos; (Incluída pela Emenda Constitucional nº 32, de 2001)".

[494] Constituição Federal brasileira de 1988:
"Art. 22. Compete privativamente à União legislar sobre:
(...)
XXVII - normas gerais de licitação e contratação, em todas as modalidades, para as administrações públicas diretas, autárquicas e fundacionais da União, Estados, Distrito Federal e Municípios, obedecido o disposto no art. 37, XXI, e para as empresas públicas e sociedades de economia mista, nos termos do art. 173, §1º, III; (Redação dada pela Emenda Constitucional nº 19, de 1998)".

artigo 37, XXI, da CRFB/88,[495] visto prever procedimento não compatível com a Lei nº 13.303, de 30 de junho de 2016, que disciplina o estatuto das empresas públicas. Nessa linha de argumentação, haveria violação ao art. 173, §1º e inciso III, da Constituição, que atribui ao legislador a regulamentação do estatuto dessas empresas, inclusive no tocante a licitações e contratos.[496]

A AGU, a seu turno, apresentou manifestação opinando pelo não conhecimento da ação direta, ante a ausência de impugnação das leis nº 9.478/1997 e nº 12.351/2010, que o decreto pretendeu regulamentar. Alegou que ele não trouxe nenhuma inovação relevante em relação à matéria, dado que a cessão de direitos de exploração de petróleo decorreria de autorização legislativa, em especial o artigo 29 da Lei nº 9.478/1997 e o artigo 31 da Lei nº 12.351/2010. A Presidência da República, na mesma linha, defendeu o caráter secundário, não autônomo, do decreto, que buscaria somente regulamentar os artigos 29, 61, *caput* e §1º, e 63 da Lei nº 9.478/1997, o que afasta sua submissão ao controle concentrado de normas.

Já a PGR sustentou, em parecer, que houve "extrapolação do campo regulamentar e inovação indevida da ordem jurídica", especialmente quanto ao artigo 1º, §7º, do Decreto nº 9.355/2018, o qual afasta a realização de licitação nas contratações de bens e serviços efetuadas por

---

[495] Constituição Federal brasileira de 1988:
"Art. 37. A administração pública direta e indireta de qualquer dos Poderes da União, dos Estados, do Distrito Federal e dos Municípios obedecerá aos princípios de legalidade, impessoalidade, moralidade, publicidade e eficiência e, também, ao seguinte: (Redação dada pela Emenda Constitucional nº 19, de 1998).
(...)
XXI - ressalvados os casos especificados na legislação, as obras, serviços, compras e alienações serão contratados mediante processo de licitação pública que assegure igualdade de condições a todos os concorrentes, com cláusulas que estabeleçam obrigações de pagamento, mantidas as condições efetivas da proposta, nos termos da lei, o qual somente permitirá as exigências de qualificação técnica e econômica indispensáveis à garantia do cumprimento das obrigações".

[496] Constituição Federal brasileira de 1988:
"Art. 173. Ressalvados os casos previstos nesta Constituição, a exploração direta de atividade econômica pelo Estado só será permitida quando necessária aos imperativos da segurança nacional ou a relevante interesse coletivo, conforme definidos em lei.
(...)
§1º A lei estabelecerá o estatuto jurídico da empresa pública, da sociedade de economia mista e de suas subsidiárias que explorem atividade econômica de produção ou comercialização de bens ou de prestação de serviços, dispondo sobre: (Redação dada pela Emenda Constitucional nº 19, de 1998).
(...)
III - licitação e contratação de obras, serviços, compras e alienações, observados os princípios da administração pública; (Incluído pela Emenda Constitucional nº 19, de 1998)".

consórcios operados pela Petrobras. A PGR opinou pelo conhecimento da ação direta e concessão da medida cautelar pleiteada pelo requerente.

No julgamento de mérito, o STF rejeitou a preliminar de inadmissibilidade suscitada pela Presidência da República e pela AGU. De acordo com o Ministro Luiz Fux, redator para acórdão, apesar de reclamar fundamento de validade na legislação infraconstitucional – artigos 29, 61, *caput* e § 1º, 63 da Lei nº 9.478/1997 e 31 da Lei nº 12.351/2010 –, o decreto "apresenta caráter primário e autônomo". Nos termos do voto, "nem mesmo a existência de lei federal sobre licitações e contratos administrativos firmados por empresas públicas e sociedades de economia mista revela óbice ao exame, em abstrato, do decreto com base exclusivamente na Constituição Federal". Ou seja, não haveria mera crise de legalidade, mas sim a necessidade de um controle à luz da própria Constituição.

No mesmo sentido, o Ministro Marco Aurélio sustentou que, apesar de reclamar fundamento de validade na legislação infraconstitucional, o decreto "encerra normas dotadas de generalidade e abstração". Para ele, o ato possui caráter "primário" e "autônomo" porque teria exorbitado dos limites impostos pelas leis nº 9.478/1997 e 12.351/2010 e inovado no ordenamento jurídico.

Contrariamente, o Ministro Alexandre de Moraes sustentou que o ato tem natureza meramente regulamentar, visto que pretendeu concretizar disposições constantes das leis nº 9.478/1997 e 12.351/2010, as quais, segundo o ministro, também deveriam ter sido impugnadas pelo autor da ação direta. No início de seu voto, destacou que a questão posta nos autos consistia na existência, ou não, de exorbitância, extravasamento, desvio ou abuso do poder regulamentar da Presidência da República. Para ele, esse confronto da norma impugnada com os dispositivos legais que pretendeu regulamentar indica a caracterização de mera crise de legalidade. Nada obstante, durante o julgamento, o Ministro decidiu proceder ao exame de mérito, julgando a ação improcedente.

No mesmo sentido, o Ministro Gilmar Mendes afirmou que o afastamento do rito licitatório, na realidade, "não teve origem na edição da norma impugnada na presente ADI, qual seja, o Decreto nº 9.355/2018, mas sim nos próprios diplomas legais que este ato normativo regulamenta, quais sejam a Lei do Petróleo e a Lei de Partilhas". Segundo seu entendimento, a discussão "desenvolve-se no plano legal e não no plano regulamentar". Assim, votou pelo voto pelo não conhecimento da ADI.

No resultado final do julgamento, o Plenário do STF conheceu da ação direta e, por maioria, julgou improcedente o pedido formulado na ação direta, nos termos do voto do Ministro Luiz Fux, redator para o acórdão, vencidos os Ministros Marco Aurélio, Edson Fachin, Rosa Weber, Ricardo Lewandowski e, em parte, a Ministra Cármen Lúcia.

Vale destacar que esse julgamento é interessante porque expõe a incerteza que existe na diferenciação entre decretos regulamentares exorbitantes e decretos autônomos. O julgamento revelou o raciocínio de alguns ministros de que decretos exorbitantes podem ser qualificados como autônomos. A própria exorbitância dos limites legais é que teria gerado a autonomia do decreto. Já outros ministros sustentaram que o decreto não acumulava autonomia suficiente em relação às leis que buscava regulamentar. Pode existir, portanto, uma zona cinzenta, de profunda incerteza em relação à verdadeira autonomia material de um ato regulamentar.

5.4.2 ADI nº 3.944

Por sua vez, a ADI nº 3.944[497] também expõe diversas problemáticas que envolvem o controle de constitucionalidade de decretos pelo STF. Em primeiro lugar, o julgamento expõe os critérios de conveniência que pautam a decisão de cabimento de ações de controle concentrado contra decretos. Em segundo lugar, explicita as dificuldades em qualificar um decreto como autônomo ou regulamentar – no julgamento, três ministros entenderam que o decreto era autônomo enquanto os demais entenderam que era regulamentar.[498] Em terceiro lugar, o julgamento expõe o raciocínio, esposado por alguns ministros, de que decretos editados para regulamentar determinada lei, mas que vão além dela e regulam matérias que não estão expressas na lei, devem ser qualificados como autônomos – e não regulamentares.

A ADI nº 3.944 foi ajuizada pelo Partido Socialismo e Liberdade (PSOL) e impugnou o Decreto nº 5.820/2006, editado pelo então Presidente Lula, que ostenta a seguinte ementa:

---

497 STF, ADI nº 3.944, Tribunal Pleno, Rel. Min. Ayres Britto, *Dje* 1.10.2010.

498 Em razão da importância do tema, mesmo os ministros que entenderam que o decreto é regulamentar decidiram superar a preliminar e conhecer da ação direta. Os demais ministros não se pronunciaram expressamente sobre a natureza do decreto.

DECRETO Nº 5.820, DE 29 DE JUNHO DE 2006.
Dispõe sobre a implantação do SBTVD-T, estabelece diretrizes para a transição do sistema de transmissão analógica para o sistema de transmissão digital do serviço de radiodifusão de sons e imagens e do serviço de retransmissão de televisão, e dá outras providências.
O PRESIDENTE DA REPÚBLICA, no uso da atribuição que lhe confere o art. 84, inciso IV, combinado com o art. 223 da Constituição, e *tendo em vista o disposto na Lei no 4.117, de 27 de agosto de 1962, e na Lei no 9.472, de 16 de julho de 1997*, DECRETA (...).

O Partido Socialismo e Liberdade (PSOL), requerente da ADI nº 3.944, e a PGR afirmaram que o Decreto nº 5.820/2006 tinha natureza autônoma, enquanto o presidente da República e a AGU o reputaram regulamentar. O PSOL e a PGR afirmaram que o decreto, de forma dissimulada e autônoma, teria feito novas concessões do serviço de radiofusão de sons e imagens, sem que houvesse prévia autorização legal. Para eles, essas novas concessões deveriam ter sido discutidas no Congresso Nacional, e não impostas de forma unilateral pelo presidente.

O Ministro Ayres Britto, relator, afirmou que a controvérsia relativa ao caráter autônomo ou regulamentar do decreto "deveria ser dirimida em conjunto com a análise de mérito, pois está com ele intimamente imbricada".[499] No mérito, entendeu que o decreto "não outorga, não modifica, nem renova a concessão, permissão ou autorização de serviço de radiofusão de sons e imagens", mas apenas regula "o modo de transição da transmissão analógica de sons e imagens para a *tecnologia* dita digital". Ao final, o Ministro conheceu da ação, realizou o exame de mérito e julgou os pedidos improcedentes.

A seu turno, a Ministra Cármen Lúcia qualificou expressamente o decreto como autônomo. Em suas palavras, "mesmo havendo uma lei tratando desse serviço [de radiofusão de sons e imagens], não trata ela, especificamente, da migração da plataforma analógica para a digital. Em efeito, não haveria, portanto, no rigor, uma mera regulamentação". Assim, segundo seu entendimento, apesar da lei que fundamentou a edição do decreto ter tratado do tema geral "serviço de radiofusão de sons e imagens", ela não tratou do tema específico disciplinado pelo decreto, alusivo à "migração da plataforma analógica para a digital", o que levou à autonomia do decreto em relação à lei. No mesmo sentido, o Ministro Cezar Peluso entendeu que "há um conteúdo de autonomia

---

[499] STF, ADI nº 3.944, Tribunal Pleno, Rel. Min. Ayres Britto, *Dje* 1.10.2010, fl. 40.

na regulamentação de tecnologia que não estava previsto [em lei], nem está compreendido na lei que regulamenta a matéria".

Já os Ministros Ricardo Lewandowski e Gilmar Mendes fizeram uma argumentação interessante, que expõe as razões de conveniência que pautam a decisão de cabimento ou não de ADIs e ADPFs ajuizadas contra decretos. Ambos entenderam que, à primeira vista, o decreto tem natureza regulamentar, de modo que a ação direta não deveria ser conhecida. Todavia, considerando a importância e o impacto social do tema, afirmaram a necessidade de superação da preliminar, a fim de que a controvérsia fosse dirimida e a corte firmasse uma posição. Nas palavras do Ministro Ricardo Lewandowski, ele "estaria inclinado a acolher a preliminar de não conhecimento". Porém, "por razões de ordem pragmática", entendeu que "seria de todo conveniente que nós superássemos essa preliminar e enfrentássemos, desde logo, o mérito". A seu turno, o Ministro Gilmar Mendes afirmou que, "tendo em vista o significado da controvérsia, é fundamental que o Tribunal a defina. Então, manifesto-me no sentido da admissibilidade, embora talvez houvesse realmente espaço para dizer que se tratava de um decreto de atualização, tendo em vista até o que está prescrito na lei". No mesmo sentido, a Ministra Ellen Gracie destacou que "eu também (...) sequer adentraria o mérito. (...) Mas como Sua Excelência [Ayres Britto, Relator] adentrou o mérito, e também os demais Colegas o fizeram, julgo oportuno que o Tribunal se manifeste sobre uma matéria de tal relevância também nos seus aspectos de fundo".

O único voto vencido no julgamento foi proferido pelo Ministro Marco Aurélio, que entendeu que o decreto era autônomo e versava sobre inúmeros institutos que deveriam estar disciplinados mediante lei, no sentido formal e material, julgando, assim, a ação procedente.

5.4.3 ADI nº 673

A ADI nº 673[500] é interessante por duas razões. Em primeiro lugar, nela também houve enorme controvérsia a respeito do caráter autônomo ou regulamentar do decreto presidencial impugnado. Em segundo lugar, a Corte ressaltou que a natureza regulamentar de um decreto não pode ser inferida somente de sua ementa, sendo necessário examinar o conteúdo de cada dispositivo do decreto para verificar sua

---

[500] STF, ADI nº 673 MC, Tribunal Pleno, Min. Paulo Brossard, *Dje* 11.10.2001.

natureza normativa. Assim, entendeu que um mesmo decreto pode ter dispositivos regulamentares e outros autônomos. A maioria da Corte entendeu que somente o artigo 3º e parágrafo único do decreto impugnado possuem natureza autônoma, enquanto os demais seriam atos de execução.

Assim, no julgamento, a autodeclarada natureza regulamentar do decreto não foi bastante para impedir o STF, mediante análise individualizada dos preceitos questionados, de identificar aqueles que teriam contornos autônomos e, assim, podiam efetivamente expor-se ao controle concentrado de constitucionalidade por via de ação. De acordo com o Ministro Relator, Paulo Brossard, "para dizer-se que um decreto é regulamentar e por essa razão não pode ser objeto de ação direta, é preciso verificar se ele, efetivamente, é regulamentar. Não basta que a ementa o diga". O Ministro Relator entendeu que certos dispositivos do Decreto nº 430/92, impugnado, disciplinaram tema completamente diverso da lei que pretendeu regulamentar. Segundo o Ministro, o "decreto [nº 430/1992] deveria chamar-se lei. A máscara lhe fica mal".

Contrariamente ao entendimento do relator, o Ministro Ilmar Galvão sustentou que a ação não deveria ser conhecida, visto que a jurisprudência da corte é no sentido de considerar insuscetível de ser objeto de ação direta de inconstitucionalidade o decreto regulamentador de lei. Para ele, "no presente caso (...) inexiste espaço, na linha da orientação da Corte, para que venha a ser examinado, sob o prisma da constitucionalidade, em ação da espécie".[501] Segundo seu entendimento, o decreto exorbitou dos limites legais, mas não poderia ser qualificado como autônomo. No mesmo sentido, o Ministro Marco Aurélio afirmou: "Não vejo, aqui, a autonomia indispensável a que se admita a ação direta de inconstitucionalidade. Portanto, (...) não conheço da ação direta".

A seu turno, o Ministro Carlos Velloso reconheceu que determinados dispositivos do decreto têm natureza autônoma, visto regulamentarem matérias que não foram previamente reguladas por lei. Quanto aos demais, destacou que "a jurisprudência do STF é, na verdade, no sentido de que o decreto regulamentar que vai além da lei, que extrapola a lei, não é inconstitucional, é ilegal. Não está sujeito, portanto, à ação direta de inconstitucionalidade". Ainda, o Ministro Celso de Mello relembrou a jurisprudência do STF e afirmou que "a anômala utilização do decreto não tem a virtude de conferir-lhe a natureza de

[501] STF, ADI nº 673 MC, Tribunal Pleno, Min. Paulo Brossard, *Dje* 11.10.2001, p. 31.

ato autônomo. (...) o conflito de prescrições consubstanciadas em mero decreto com o teor de uma norma legal não de alça, por si só, ao nível da vulneração do texto constitucional".

Destaque-se que o ministro Moreira Alves criticou o fato de a Corte estar examinando cada dispositivo do decreto para conferir-lhe a qualificação de regulamentar ou autônomo. Para ele, a corte deveria analisar o decreto por completo e determinar sua natureza considerando-o *in totum*. Em suas palavras, "verifico que estamos alterando nossa jurisprudência, pois, ao invés de examinarmos o decreto em causa em sua totalidade, para concluirmos ser ele, ou não, um decreto regulamentar, estamos examinando cada uma de suas normas para verificar se tem, ou não, essa natureza. Não me parece que essa a melhor orientação". Ainda, consoante já destacado, o Ministro alertou que "as normas de um decreto regulamentar que extravasassem a regulamentação da lei são normas ilegais e não propriamente normas autônomas para a verificação originária de sua compatibilidade, ou não com a Constituição".

A ADI nº 673, portanto, é um ótimo exemplo da zona cinzenta que existe entre decretos regulamentares exorbitantes e decretos autônomos. A própria ata do julgamento comprova a acentuada falta de consenso da corte:

> Vistos, relatados e discutidos estes autos, acordam os Ministros do Supremo Tribunal Federal, em sessão plenária, por maioria de votos e na conformidade da ata do julgamento e das notas taquigráficas, não conhecer da ação direta de inconstitucionalidade, quanto ao art. 10, seus parágrafos 10 e 20, e art. 20 do Decreto nº 430, de 20.01.1992, por se tratar de normas meramente regulamentares, não sujeitas ao controle concentrado de constitucionalidade, vencidos, nesse ponto, "*in totum*", os Ministros Relator, CARLOS VELLOSO e NÊRI DA SILVEIRA, que dela conheciam e, vencido, em parte, o Ministros SEPÜLVEDA PERTENCE, que dela conhecia, quanto ao art. 10 e seus parágrafos, não quanto ao art. 20. Prosseguindo no julgamento, o Tribunal, por maioria de votos, conhecer da ação, quanto ao art. 30 e seu parágrafo único, vencidos, "*in totum*", os Ministros ILMAR GALVA0 e MOREIRA ALVES, que dela não conheciam e vencido, em parte, o Ministro OCTAVIO GALLOTTI, que dela conhecia quanto ao "*caput*" do art. 30, não, porém, com relação a seu parágrafo único. Em seguida, o Tribunal, por maioria de votos, deferir medida cautelar, para suspender a eficácia do art. 30 e seu parágrafo único do Decreto no 430, de 20.01.1992, vencidos, "*in totum*", os Ministros ILMAR GALVÃO e MOREIRA ALVES, que a indeferiam e, vencido, em parte, o Ministro OCTAVIO GALLOTTI, que a deferia,

apenas, quanto ao "*caput*" do art. 30. Ficar, assim, por maioria de votos referendada a decisão do Ministro OCTAVIO GALLOTTI, no exercício eventual da Presidência, que suspendera a eficácia do art. 30 "*caput*", estendendo, porém, o Tribunal, essa suspensão, igualmente por maioria de votos, também a seu parágrafo único. Quanto ao art. 4º, o Tribunal, por maioria de votos, não conhecer da ação e, em consequência, julgou prejudicado o requerimento de medida cautelar, vencidos os Ministros Relator e CARLOS VELLOSO, que dela conheciam.

5.4.4 ADI nº 1.178 e ADI nº 1.155

As ADIs nº 1.178 e 1.155[502] impugnaram o Decreto nº 1.006, de 9 de dezembro de 1993, que, editado a pretexto de conferir execução ao artigo 6º da Lei nº 8.627, de 19 de fevereiro de 1993, criou o "Cadastro Informativo dos Créditos de Órgãos ou Entidades Federais não Quitados" e disciplinou operações de crédito. Para o relator, Ministro Marco Aurélio, o decreto "foi baixado com contornos autônomos, restando extravasado o campo da simples regulamentação". Segundo seu entendimento, (i) havia um descompasso entre a norma que se teve como regulamentada e o decreto supostamente regulamentador e (ii) essa exorbitância do poder regulamentar teria gerado a autonomia do decreto em relação à lei. Em ambas as ações, a maioria da corte seguiu o entendimento do relator e deferiu medidas cautelares para suspender dispositivos do decreto.

5.4.5 ADI nº 313

A ADI nº 313,[503] por sua vez, dois ministros entenderam que o decreto era regulamentar, enquanto o restante da corte entendeu que era autônomo. De acordo com os votos vencidos, mesmo que a ementa do decreto não tenha feito alusão a nenhuma lei, o mero fato de existirem diplomas legais anteriores tratando de tema análogo já bastaria para a qualificação do decreto como regulamentar. Já a maioria da corte afirmou que o Decreto nº 99.300, de 15 de junho de 1990, impugnado na ação, buscou regulamentar diretamente a Constituição Federal, sendo, portanto, autônomo. A ementa do decreto dispõe:

---

[502] STF, ADI nº 1.178 MC, Tribunal Pleno, Rel. Min. Marco Aurélio, *Dje* 18.05.2001 e STF, ADI nº 1.155 MC, Tribunal Pleno, Rel. Min. Marco Aurélio, *Dje* 18.05.2001.

[503] STF, ADI nº 313, Tribunal Pleno, Rel. Min. Paulo Brossard, *Dje* 30.04.1992.

> DECRETO Nº 99.300, DE 15 DE JUNHO DE 1990.
> Dispõe sobre os proventos dos servidores postos em disponibilidade e dá outras providências.
> O PRESIDENTE DA REPÚBLICA, no uso das atribuições que lhe confere o art. 84, inciso IV, da Constituição, e *tendo em vista o disposto no seu art. 41,* §3º, DECRETA (...).

Em seu voto vencido, o Ministro Ilmar Galvão afirmou que o decreto tem substrato legal, visto que o Decreto-Lei nº 489, de 4 de março de 1969 já teria regulamentado o artigo 41, §3º, da Constituição Federal, suprindo a omissão verificada na Constituição. Em suas palavras, "a mera circunstância de não haver, em seu texto [do decreto], qualquer referência à lei, não o transmuda em diploma autônomo, face à impossibilidade jurídica de que venha a ocupar espaço que já se acha preenchido pela lei na qual, aliás, encontra se fundamento". O Ministro Marco Aurélio, também em voto vencido, afirmou que, apesar da omissão na ementa do Decreto nº 99.300/1990, ele foi editado para regulamentar a Lei nº 8.028, de 12 de abril de 1990, e, assim, teria natureza regulamentar.

Por sua vez, o Ministro Carlos Velloso, acompanhando a maioria da corte, entendeu que o Decreto nº 99.300/1990 possui natureza claramente autônoma. Para ele, o Decreto-Lei nº 489/1969 não foi recepcionado pela Constituição, e a Lei nº 8.028/1990 não trata da mesma matéria que o ato questionado, de modo que inexiste substrato legal que poderia ter lastreado sua edição. Para Velloso, o decreto regulamentou diretamente o artigo 41, §3º, da Constituição Federal de forma autônoma e primária.

No mesmo sentido, o Ministro Celso de Mello entendeu que o decreto "não guarda qualquer relação de dependência ou subordinação com o Decreto-Lei 489/69. Não se cuida, portanto, de regulamento executivo ou subordinado". Sepúlveda Pertence, no mesmo sentido, entendeu que "se trata de ato normativo autônomo, diretamente subordinado à Constituição". Ainda, o Ministro Moreira Alves, qualificando o ato como autônomo, destacou que sua ementa não faz qualquer alusão ao Decreto-Lei nº 489/1969 e pretendeu regulamentar a própria Constituição. Nota-se, assim, que mesmo casos aparentemente fáceis, nos quais a própria ementa do decreto expressa sua pretensão de regular o texto constitucional, fazem emergir intenso debate.

5.4.6 ADI nº 1.599

Na ADI nº 1.599, o STF entendeu que um mesmo decreto pode ser dispositivos autônomos e outros regulamentares.[504] No julgamento, o Relator, Ministro Maurício Corrêa, entendeu que, no decreto impugnado, "há disposições que regulam diretamente a Constituição (...) e outras que regulam leis, fato que suscita a questão do cabimento do controle concentrado de constitucionalidade quanto aos decretos regulamentares". Assim, conheceu em parte da ação direta e suspendeu a eficácia de expressões contidas no parágrafo único do artigo 3º do Decreto nº 2.028, de 11 de outubro de 1996.

Cumpre ainda destacar dois últimos precedentes, nos quais os decretos foram reputados autônomos por unanimidade.

5.4.7 ADI nº 1.435

A ADI nº 1.435[505] impugnou decreto que regulamentava o inciso XI e alínea "a" do inciso XII do artigo 21 da CRFB/88, que afirma competir à União explorar, diretamente ou mediante autorização, concessão ou permissão, os serviços de telecomunicações, nos termos da lei. A Corte entendeu que o decreto era autônomo e invadiu espaço reservado à lei, de modo que foi reputado inconstitucional. Nos termos da ementa,

> não havendo lei anterior que possa ser regulamentada, qualquer disposição sobre o assunto tende a ser adotada em lei formal. O decreto seria nulo, não por ilegalidade, mas por inconstitucionalidade, já que supriu a lei onde a Constituição a exige. A Lei nº 9.295/96 não sana a deficiência do ato impugnado, já que ela é posterior ao decreto.

5.4.8 ADI nº 4.661

A ADI nº 4.661 foi ajuizada contra o Decreto nº 7.567, de 15 de setembro de 2011, que majorou o Imposto sobre Produtos Industrializados (IPI). O decreto, apesar de encontrar balizas legais, foi qualificado como autônomo, visto que alterou alíquota tributária, inovando da ordem jurídica e sendo dotado "da mesma força cogente, abstração e

---

[504] STF, ADI nº 1.599 MC, Tribunal Pleno, Rel. Min. Maurício Corrêa, *Dje* 18.05.2001.

[505] STF, ADI nº 1.435 MC, Tribunal Pleno, Rel. Min. Francisco Rezek, *Dje* 6.08.1999, grifos nossos.

generalidade de que uma lei". Confira, nesse sentido, o seguinte trecho do voto proferido pelo Ministro Luiz Fux:

> A atuação do Poder Executivo no que concerne à alíquota do IPI é prevista, inicialmente, no art. 153, §1º, da Constituição Federal (CF, art. 153, IV c/c/ §1º). Tal regime, como se sabe, é esmiuçado pelas disposições constantes do Decreto-Lei nº 1.199/71 e da Lei nº 10.451/02. Assim, *muito embora encontre balizas legais, o conteúdo de tal ato normativo é dotado da mesma força cogente, abstração e generalidade de que uma lei que alterasse a alíquota do IPI se revestiria. E se ambos os atos do Poder Público podem igualmente alterar as alíquotas de determinado tributo*, em clara exceção ao princípio da reserva legal (CF, art. 150, I), simplesmente não há motivo para distinguir os dois instrumentos formais no que concerne à incidência da garantia constitucional da noventena. Assim, muito embora a Constituição Federal aluda apenas à "lei" no art. 150, III, 'c', o vocábulo deve ser necessariamente interpretado como lei em sentido material, isto é, como qualquer ato dotado de generalidade e abstração que seja constitucionalmente autorizado a instituir ou aumentar tributos, no que se inclui, evidentemente, também o ato do Poder Executivo fundado no art. 153, §1º, da CF (...).[506]

5.4.9 Estatísticas

Finalmente, cumpre realizar uma breve análise das estatísticas relativas ao controle concentrado de constitucionalidade de decretos editados por presidentes da República entre 1990 e 2020. No total, a corte julgou 68 ações diretas de inconstitucionalidade e 4 arguições de descumprimento de preceito fundamental ajuizadas exclusivamente contra decretos editados entre 1990 e 2020.[507] [508] [509] Dessas 68 ações no total, 48 não foram conhecidas pela corte e 20 (vinte) foram conhecidas.

---

[506] STF, ADI nº 4.661 MC, Tribunal Pleno, Min. Marco Aurélio, *Dje* 23.03.2012.

[507] Foram contabilizados apenas precedentes proferidos pelo Plenário do STF.

[508] Não foram contabilizadas as seguintes ações de controle concentrado, cujo objeto principal eram leis ou medidas provisórias, mas, por arrastamento, acabaram declarando a constitucionalidade ou inconstitucionalidade de decretos presidenciais: STF, ADI nº 3.646, Tribunal Pleno, Min. Dias Toffoli, *Dje* 02.12.2019; STF, ADI nº 2.028, Tribunal Pleno, Rel. Min. Joaquim Barbosa, Red.ª do acórdão Min.ª Rosa Weber, *Dje* 8.05.2017; STF, ADI nº 778, Tribunal Pleno, Rel. Min. Paulo Brossard, *Dje* 19.12.1994; STF, ADI nº 1.840 MC, Rel. Min. Carlos Velloso, *Dje* 11.09.1998.

[509] Não foram contabilizadas as ações de controle concentrado julgadas pelo Plenário do STF que impugnavam decretos editados anteriormente a 1990, como os do ex-Presidente José Sarney.

Dentre as ações não conhecidas, 12 foram julgadas prejudicadas ou não foram conhecidas em razão da inépcia da inicial ou em razão da ilegitimidade da parte autora.[510] [511] A seu turno, 36 ações não foram conhecidas em razão da jurisprudência que obsta o conhecimento de ações contra decretos regulamentares (secundários) ou de efeitos concretos.[512]

---

510 Três ações foram julgadas prejudicadas por impugnarem o mesmo decreto: ADIs nº 309, 320 e 316. O decreto impugnado por elas já fora anulado nos autos da ADI nº 313, STF, Tribunal Pleno, Rel. Min. Paulo Brossard, *Dje* 30.04.1992.

511 STF, ADI nº 2.001 MC, Tribunal Pleno, Rel. Min. Moreira Alves, *Dje* 03.09.1999; STF, ADI nº 2.002/MC, Tribunal Pleno, Rel. Min. Ilmar Galvão, *Dje* 17.09.1999; STF, ADI nº 1.463, Tribunal Pleno, Rel. Min. Ilmar Galvão, *Dje* 20.06.1997; STF, ADI nº 670, Tribunal Pleno, Rel. Min. Paulo Brossard, *Dje* 26.06.1992; STF, ADI nº 320, Tribunal Pleno, Min. Ilmar Galvão, *Dje* 22.11.1991; STF, ADI nº 309, Tribunal Pleno, Rel. Min. Sydney Sanches, *Dje* 14.02.1992; STF, ADI nº 316, Tribunal Pleno, Rel. Min. Ilmar Galvão, *Dje* 22.11.1991; STF, ADPF nº 477 AgR, Tribunal Pleno, Rel. Min. Alexandre de Moraes, *Dje* 15.10.2019; STF, ADI nº 2.859, Tribunal Pleno, Rel. Min. Dias Toffoli, *Dje* 21.10.2016; STF, ADI nº 4.061, Tribunal Pleno, Rel. Min. Luiz Fux, *Dje* 17.09.2015; STF, ADI nº 5.118 AgR, Tribunal Pleno, Rel. Min. Alexandre de Moraes, *Dje* 17.05.2018 e STF, ADI nº 2.354, Tribunal Pleno, Rel. Min. Dias Toffoli, *Dje* 4.12.2019.

512 STF, ADI nº 3.340, Tribunal Pleno, Rel. Min. Marco Aurélio, Red. do acórdão Min. Gilmar Mendes, *Dje* 9.03.2007; STF, ADI nº 1.633, Tribunal Pleno, Min.ª Cármen Lúcia, *Dje* 30.11.2007; STF, ADI nº 1.670, Tribunal Pleno, Min.ª Ellen Gracie, *Dje* 8.11.2002; STF, ADI nº 2.387, Tribunal Pleno, Rel. Min. Marco Aurélio, Red.ª do acórdão Min.ª Ellen Gracie, *Dje* 5.12.2003; STF, ADI nº 2.227 MC, Tribunal Pleno, Rel. Min. Octavio Gallotti, *Dje* 7.11.2003; ADI nº 2.007 MC, Tribunal Pleno, Rel. Min. Sepúlveda Pertence, *Dje* 24.09.1999; STF, ADI nº 1.990, Tribunal Pleno, Rel. Min. Ilmar Galvão, *Dje* 25.06.1999; STF, ADI nº 1.866, Tribunal Pleno, Rel. Min. Moreira Alves, *Dje* 12.02.1999; STF, ADI nº 1.597 MC, Tribunal Pleno, Rel. Min. Néri da Silveira, Red. do acórdão Min. Maurício Corrêa, *Dje* 19.12.2002; STF, ADI nº 1.544, Tribunal Pleno, Rel. Min. Sydney Sanches, *Dje* 5.09.1997; STF, ADI nº 1.537, Tribunal Pleno, Min. Sydney Sanches, *Dje* 13.06.1997; STF, ADI nº 1.538, Tribunal Pleno, Min. Sydney Sanches, *Dje* 13.06.1997; STF, ADI nº 561 MC, Tribunal Pleno, Rel. Celso de Mello, *Dje* 23.03.2001; STF, ADI nº 1.327, Tribunal Pleno, Rel. Min. Néri da Silveira, *Dje* 20.06.1997; STF, ADI nº 647, Tribunal Pleno, Rel. Min. Moreira Alves, *Dje* 27.03.1992; STF, ADI nº 1.111 MC, Tribunal Pleno, Min. Néri da Silveira, *Dje* 12.05.1995; STF, ADI nº 1.253 MC, Tribunal Pleno, Min. Carlos Velloso, *Dje* 25.08.1995; STF, ADI nº 1.078 MC, Tribunal Pleno, Rel. Min. Néri da Silveira, *Dje* 12.05.1995; STF, ADI nº 1.066 MC, Tribunal Pleno, Rel. Min. Néri da Silveira, *Dje* 23.06.1995; STF, ADI nº 996 MC, Tribunal Pleno, Rel. Min. Celso de Mello, *Dje* 6.05.1994; STF, ADI nº 977 MC, Tribunal Pleno, Rel. Min. Marco Aurélio, *Dje* 15.04.1994; STF, ADI nº 708, Tribunal Pleno, Min. Moreira Alves, *Dje* 7.08.1992; STF, ADI nº 710, Tribunal Pleno, Min. Marco Aurélio, *Dje* 20.10.1995; STF, ADI nº 589 MC, Tribunal Pleno, Rel. Min. Carlos Velloso, *Dje* 18.10.1991; STF, ADI nº 485, Tribunal Pleno, Rel. Min. Célio Borja, *Dje* 6.09.1991; ADI nº 501, Tribunal Pleno, Rel. Min. Moreira Alves, *Dje* 21.06.1991; STF, ADPF nº 93 AgR, Tribunal Pleno, Rel. Min. Ricardo Lewandowski, *Dje* 7.08.2009; STF, ADI nº 5.937 AgR, Tribunal Pleno, Rel. Min. Luiz Fux, *Dje* 26.09.2019; ADI nº 4.677 AgR, Tribunal Pleno, Rel. Min. Dias Toffoli, *Dje* 1.08.2012; STF, ADI nº 4.176 AgR, Tribunal Pleno, Rel.ª Min.ª Cármen Lúcia, *Dje* 1.08.2012; STF, ADPF nº 169 AgR, Tribunal Pleno, Rel. Min. Ricardo Lewandowski, *Dje* 14.10.2013; STF, ADI nº 4.040, Tribunal Pleno, Rel.ª Min.ª Cármen Lúcia, *Dje* 1.07.2013; STF, ADPF nº 260 AgR, Tribunal Pleno, Rel.ª Min.ª Cármen Lúcia, *Dje* 17.06.2015; STF, ADI nº 4.218 AgR, Tribunal Pleno, Rel. Min. Luiz Fux,

Por sua vez, dentre as 20 ações conhecidas, 9 tiveram seus pedidos de liminar indeferidos ou pedidos de mérito julgados improcedentes[513] e 11 tiveram seus pedidos de liminar deferidos ou pedidos de mérito julgados procedentes.[514]

Dentre essas ações, 21 foram ajuizadas contra decretos editados por Fernando Collor,[515] 22 foram ajuizadas contra decretos editados por Fernando Henrique Cardoso;[516] 10 contra decretos editados por Itamar Franco;[517] 8 contra decretos editados por Lula;[518] 3 contra decretos

---

Dje 19.02.2013; STF, ADI nº 5.495 AgR, Tribunal Pleno, Rel. Min. Luiz Fux, *Dje* 04.06.2019 e STF, ADI nº 3.950 AgR, Tribunal Pleno, Rel. Min. Teori Zavascki, *Dje* 11.10.2013.

513 STF, ADI nº 3.944, Tribunal Pleno, Rel. Min. Ayres Britto, *Dje* 1.10.2010; STF, ADI nº 2.564, Tribunal Pleno, Rel.ª Min.ª Ellen Gracie, *Dje* 6.02.2004; STF, ADI nº 1.131, Tribunal Pleno, Rel. Min. Ilmar Galvão, *Dje* 25.10.2002; ADI nº 1.413 MC, Tribunal Pleno, Rel. Min. Marco Aurélio, *Dje* 25.05.2001; STF, ADI nº 487 MC, Tribunal Pleno, Min. Octavio Gallotti, *Dje* 11.04.1997; STF, ADI nº 325 MC, Tribunal Pleno, Rel. Min. Sydney Sanches, *Dje* 14.09.1990; STF, ADI nº 3.239, Tribunal Pleno, Rel. Min. Cezar Peluso, Red.ª do acórdão Min.ª Rosa Weber, *Dje* 1.02.2019; STF, ADI nº 4.439, Tribunal Pleno, Rel. Min. Roberto Barroso, Red. do acórdão Min. Alexandre de Moraes, *Dje* 21.06.2018; STF, ADI nº 5.874; Tribunal Pleno, Rel. Min. Roberto Barroso, Red. do acórdão Min. Alexandre de Moraes, julgado em 9.5.2019.

514 STF, ADI nº 4.661 MC, Tribunal Pleno, Min. Marco Aurélio, *Dje* 23.03.2012; STF, ADI nº 2.795 MC, Tribunal Pleno, Rel. Min. Maurício Corrêa, *Dje* 20.06.2003; STF, ADI 1.599 MC, Tribunal Pleno, Rel. Min. Maurício Corrêa, *Dje* 18.05.2001; STF, ADI nº 1.480 MC, Tribunal Pleno, Rel. Min. Celso de Mello, *Dje* 18.05.2001; STF, ADI nº 1.435 MC, Tribunal Pleno, Rel. Min. Francisco Rezek, *Dje* 6.08.1999; STF, ADI nº 1.178 MC, Tribunal Pleno, Rel. Min. Marco Aurélio, *Dje* 18.05.2001; STF, ADI nº 1.155 MC, Tribunal Pleno, Rel. Min. Marco Aurélio, *Dje* 18.05.2001; STF, ADI nº 673 MC, Tribunal Pleno, Min. Paulo Brossard, *Dje* 11.10.2001; STF, ADI nº 313, Tribunal Pleno, Rel. Min. Paulo Brossard, *Dje* 30.04.1992; STF, ADI nº 533 MC, Tribunal Pleno, Rel. Min. Carlos Velloso, *Dje* 27.09.1991 e STF, ADI nº 6.121 MC, Tribunal Pleno, Min. Marco Aurélio, *Dje* 28.11.2019.

515 Não conhecidas: ADI nº 2.001 MC; ADI nº 561 MC; ADI nº 647; ADI nº 1.111 MC; ADI nº 1.078 MC; ADI nº 1.066 MC; ADI nº 977 MC; ADI nº 708; ADI nº 710; ADI nº 670; ADI nº 320; ADI nº 316; ADI nº 589 MC; ADI nº 485; ADI nº 501 e ADI nº 2.354. Conhecidas e julgadas procedentes ou liminares deferidas: ADI nº 673 MC; ADI nº 313; ADI nº 309 MC; ADI nº 533 MC.
Conhecidas e julgadas improcedentes ou liminares indeferidas: ADI nº 325 MC.

516 Não conhecidas: ADI nº 3.344; ADI nº 1.633; ADI nº 1.670; ADI nº 2.387; ADI nº 2.227 MC; ADI nº 2.007 MC; ADI nº 2.002 MC; ADI nº 1.990; ADI nº 1.866; ADI nº 1.544; ADI nº 1.463; ADI nº 4.176 AgR; ADI nº 2.859 e ADI nº 4.061. Conhecidas e julgadas procedentes ou liminares deferidas: ADI nº 2.795 MC; ADI nº 1.599 MC; ADI nº 1.480 MC; ADI nº 1.435 MC; ADI nº 1.178 MC; ADI nº 1.155 MC.
Conhecidas e julgadas improcedentes ou liminares indeferidas: ADI nº 2.564 e ADI nº 1.413 MC.

517 Não conhecidas: ADI nº 1.597 MC; ADI nº 1.537; ADI nº 1.538; ADI nº 1.327; ADI nº 1.253 MC; ADI nº 996 MC; ADPF 260 AgR e ADI nº 4.218 AgR.
Conhecidas e julgadas improcedentes ou liminares indeferidas: ADI nº 1.131 e ADI nº 487 MC.

518 Não conhecidas: ADPF nº 93 AgR; ADI nº 4.677 AgR; ADPF nº 169 AgR; ADI nº 4.040 e ADI nº 3.950 AgR. Conhecidas e julgadas improcedentes ou liminares indeferidas: ADIs nº 3.944, 3.239 e 4.439.

de Dilma Rousseff;[519] 3 contra decretos de Michel Temer[520] e 1 contra decreto de Jair Bolsonaro.[521]

No geral, os decretos presidenciais questionados pelas ações trataram de proventos e regime jurídico de servidor público, órgãos administrativos, seguridade social, Direito Econômico – com destaque para o Programa Nacional de Desestatização (PND), Direito Tributário e serviços públicos. Ainda, são os partidos políticos e as entidades de classe do tipo associações, confederações e conselhos os principais proponentes de ações de controle concentrado de constitucionalidade que questionaram os decretos presidenciais. O alto número de ações ajuizadas por partidos políticos da oposição demonstra a utilização do Supremo como arena de disputa política. A título de exemplo, o Partido Democrático Trabalhista (PDT) e o Partido dos Trabalhadores (PT) foram os principais autores de ações contra decretos expedidos por Fernando Collor, enquanto um terço das ações ajuizadas contra decretos expedidos por Lula e Dilma foram de autoria do Partido da Social Democracia Brasileira (PSDB) e outros partidos da oposição.

5.5 Parâmetros para o controle de decretos

5.5.1 O que significa a "fiel execução" das leis?

O presidente pode esclarecer, detalhar e facilitar a operacionalidade e a aplicação das leis, velando pela sua "fiel execução".[522] Por decreto, pode tecer as minudências que o legislador entendeu por bem não prever diretamente na norma primária e esclarecer aspectos dúbios ou controversos. Daí, resta um relevante espaço de ordenação normativa discricionária do presidente. Nas palavras de Pimenta Bueno, "seria não só inconveniente, mas porventura mesmo impossível, que

---

519 Não conhecidas: ADI nº 5.495 AgR e ADI nº 5.118 AgR.
Conhecidas e julgadas procedentes ou liminares deferidas: ADI nº 4.661 MC.

520 Não conhecidas: ADI nº 5.937 AgR e ADPF nº 477 AgR.
Conhecidas e julgadas improcedentes ou liminares indeferidas: ADI nº 5.874.

521 Conhecidas e julgadas procedentes ou liminares deferidas: ADI nº 6.121.

522 Constituição Federal de 1988:
"Art. 84. Compete privativamente ao Presidente da República:
(...)
IV - sancionar, promulgar e fazer publicar as leis, bem como expedir decretos e regulamentos para sua fiel execução (...)".

o poder legislativo, tendo de decretar a lei, previsse e descesse a todos os detalhes de sua execução".[523]

Ocorre que, por vezes, o espaço discricionário é preenchido por decretos regulamentares que desbordam dos limites hermenêuticos ínsitos aos atos legislativos. A ambiguidade inerente à expressão "fiel execução" acaba por fornecer uma abertura semântica dentro da qual o Executivo tem a possibilidade de expandir seus poderes. Nada obstante o Judiciário brasileiro exigir que os presidentes executem fielmente as leis editadas pelo Congresso, a jurisprudência pouco tem feito para definir o real significado desse conceito jurídico indeterminado.

Diante da controvérsia, alguns sustentam que o próprio presidente é quem deve revelar o significado de uma "execução fiel" à lei. Em razão de sua amplíssima legitimidade democrática, ele teria a liberdade de imprimir suas diretrizes políticas ao exercício regulamentar, interpretando os preceitos normativos com ampla discricionariedade. Considerando que jamais uma lei será de clareza absoluta, o presidente poderia elucidar os pontos dúbios e concretizá-la de acordo com sua vontade. É essa a linha argumentativa muitas vezes adotada pela AGU em ações que impugnam regulamentos do chefe do Executivo Federal.

Tal interpretação ampla do poder regulamentar do presidente, todavia, não parece ser a melhor opção no sistema brasileiro. Isso porque os demais Poderes não têm realizado um controle efetivo dos decretos, que acabam sendo usados como instrumentos de subversão do princípio da separação de Poderes e da própria democracia. Assim, defende-se que o artigo 84, inciso IV, da CRFB/88 impõe um dever de execução "estrita" ao presidente, que deve se circunscrever aos termos da lei e da Constituição.

Esse entendimento, esclareça-se, não equivale a uma compreensão ortodoxa da separação de Poderes ou do princípio da legalidade. O presidente, é claro, possui margem de discricionariedade, visto que sua conduta é regida pelo princípio da juridicidade, sendo um aplicador direto da Constituição, e não apenas da lei.[524] A visão de que "o Congresso faz as leis e o trabalho da administração pública é executá-las – obedecendo ordens" revela-se obsoleta diante do intenso processo deslegificação vigente. Defende-se apenas que a atuação presidencial

---

523 BUENO, Pimenta. *Direito Público brasileiro*: análise da Constituição do Império. 2. ed. Goiânia: Intellectus Livraria, 1958. p. 232.

524 BINENBOJM, Gustavo. *Uma teoria do Direito Administrativo*: direitos fundamentais, democracia e constitucionalização. São Paulo: Renovar, 2014. p. 137.

deve ser sempre condizente com a juridicidade, com o sistema de princípios e regras delineado na Constituição e, principalmente, com os direitos fundamentais.

De fato, para a doutrina administrativa contemporânea, o Poder Executivo vincula-se ao ordenamento jurídico como um todo, capitaneado pela Constituição, cujos dispositivos podem servir de fundamento de validade para atos normativos infralegais.[525] A legalidade em sentido estrito cedeu lugar a "todo um bloco de legalidade, que incorpora valores, princípios e objetivos jurídicos maiores da sociedade".[526] De acordo com Gustavo Binenbojm, a atividade do Executivo realiza-se, como regra, segundo a lei, quando esta for constitucional (*secundum legem*), mas pode também encontrar fundamento direto na Constituição, independente ou para além da lei (*praeter legem*), ou, eventualmente, ser *contra legem*, quando calcada numa ponderação da legalidade com outros princípios constitucionais.[527] Isso implica reconhecer que, além dos regulamentos de execução, há os já destacados regulamentos autônomos, que extraem seu fundamento de validade diretamente do texto constitucional.

Além disso, é certo que as leis podem ter diferentes densidades normativas, o que dá ensejo a regulamentos de execução revestidos de maior ou menor conteúdo criativo/discricionário. Tal como explica Alexandre Santos de Aragão, as leis podem apresentar (i) densidade normativa exaustiva, (ii) grande densidade normativa ou (iii) baixa densidade normativa. As leis de densidade normativa exaustiva são aquelas que buscam, a princípio, esgotar a disciplina de determinada matéria. São formuladas "nos termos mais completos possíveis, não podendo, ao menos deliberadamente, deixar espaço para juízos discricionários".[528]

---

525 BINENBOJM, Gustavo. *Uma teoria do Direito Administrativo*: direitos fundamentais, democracia e constitucionalização. São Paulo: Renovar, 2014; ARAGÃO, Alexandre Santos de. A concepção pós-positivista do princípio da legalidade. *Revista de Direito Administrativo (RDA)*, Rio de Janeiro, v. 236, p. 51-64, 2004; ARAGÃO, Alexandre Santos. Princípio da legalidade e poder regulamentar no Estado contemporâneo. *Revista de Direito Administrativo (RDA)*, Rio de Janeiro, v. 225, p. 109-130, 2001; SUNDFELD, Carlos Ari. *Direito Administrativo para céticos*. São Paulo: Malheiros, 2012. p. 132-181; VORONOFF, Alice. *Direito Administrativo Sancionador no Brasil*. Belo Horizonte: Fórum, 2018. p. 231.

526 ARAGÃO, Alexandre Santos de. A concepção pós-positivista do princípio da legalidade. *Revista de Direito Administrativo*, v. 236, p. 63, 2004.

527 BINENBOJM, Gustavo. *Uma teoria do Direito Administrativo*: direitos fundamentais, democracia e constitucionalização. São Paulo: Renovar, 2014. p. 148.

528 Mesmo nesses casos, Alexandre Aragão (Princípio da legalidade e poder regulamentar no Estado contemporâneo. *Revista de Direito Administrativo (RDA)*, Rio de Janeiro, v. 225, p. 121, 2001) adverte que "o caráter exaustivo da lei, pretensamente excludente de qualquer

São usualmente editadas em matérias de reserva absoluta de lei, como a instituição de tributos, de crimes e das respectivas penas (arts. 150, I, e 5º, XXXIX, da CRFB/88). Já as leis de grande densidade normativa chegam a "iniciar – sem pretender esgotar – a normatização da matéria de maneira bem detalhada". Nesses casos, confere-se ao Executivo espaço para detalhar o conteúdo de uma obrigação ou direito já previamente estabelecido em lei.

Por fim, há as leis de baixa densidade normativa, que estabelecem "apenas parâmetros bem gerais da regulamentação a ser efetuada pela Administração Pública". São as chamadas leis-quarto (*lois-cadre*) ou estandartizadas, próprias das matérias de grande complexidade técnica ou suscetíveis de constantes mudanças.[529] Nas palavras de Aragão, essas leis "não dão maiores elementos pelos quais o administrador deva pautar a sua atuação ou regulamentação, referindo-se, genericamente, a valores morais, políticos e econômicos existentes na sociedade (saúde pública, utilidade pública, competição no mercado...)". Seu objetivo é justamente "introduzir uma vagueza que permita o trato de fenômenos sociais, muito fugazes para se prestarem ao aprisionamento em uma regra precisa".[530]

Em todos esses casos e independentemente do grau de densidade normativa legal, defende-se que os decretos presidenciais regulamentares devem se submeter aos seguintes limites materiais: (i) o texto da lei, (ii) o objetivo da lei e (iii) o sistema constitucional-legislativo que disciplina a matéria regulamentada. Presidentes, nesse sentido, devem adotar diretrizes hermenêuticas específicas na regulamentação legal, como a interpretação gramatical, teleológica, histórica ou sistemática, e jamais levar em conta apenas sua vontade política-ideológica de concretizar determinada promessa de campanha. A atividade regulamentadora

---

subjetividade por parte do seu concretizador, é uma idealização irrealizável na prática. Basta vermos a grande quantidade de divergências doutrinárias e judiciais existentes em matéria tributária e criminal, com posições jurídicas diversas, todas plausíveis. (...) As leis, por mais que tentem buscar a completude absoluta, não têm como fazê-lo a ponto de não deixar qualquer margem de apreciação ao órgão concretizador do direito".

529 ARAGÃO, Alexandre Santos. Princípio da legalidade e poder regulamentar no Estado contemporâneo. *Revista de Direito Administrativo (RDA)*, Rio de Janeiro, v. 225, p. 123, 2001.

530 ARAGÃO, Alexandre Santos. Princípio da legalidade e poder regulamentar no Estado contemporâneo. *Revista de Direito Administrativo (RDA)*, Rio de Janeiro, v. 225, p. 123, 2001.

deve sempre se dar em cumprimento e complementação do espírito e do conteúdo da norma legislativa.[531]

Assim, em *primeiro lugar*, o decreto regulamentar, em regra, não pode ir contra,[532] aquém ou além do próprio texto da lei.[533] Na linha do assentado por Vicente Ráo, atos que visam regulamentar leis não podem (i) criar direitos ou obrigações novas; (ii) ampliar, restringir ou modificar direitos ou obrigações constantes da lei; (iii) ordenar ou proibir o que a lei não ordena nem proíbe; (iv) facultar ou vedar por modo diverso do estabelecido em lei; (v) extinguir ou anular direitos que a lei criou; (vi) criar princípios novos ou diversos; (vii) alterar a forma que, segundo a lei, deve revestir o ato; ou (viii) atingir, alterando-o por qualquer modo, o texto ou o espírito da lei.[534] [535] A título de exemplo, se a lei impõe um rol de beneficiários de certo direito, não cabe ao presidente ampliá-lo, a menos que a lei afirme expressamente que tal rol é exemplificativo.

No mesmo sentido, decretos regulamentares devem ser editados *secundum legem*, sendo "insuscetíveis de criar obrigações novas, sendo apenas aptos a desenvolver as existentes na lei",[536] especialmente nas hipóteses de leis de densidade normativa exaustiva ou de grande densidade normativa. De fato, toda interpretação legal, inclusive a realizada pelo presidente, deve partir do texto da norma, da revelação do conteúdo semântico das palavras.[537] O elemento gramatical, muitas vezes, já fornece as balizas e os limites de significado. Mesmo quando

---

[531] CYRINO, André Rodrigues. *O poder regulamentar autônomo do presidente da República*: a espécie regulamentar criada pela EC nº 32/2001. Belo Horizonte: Fórum, 2005. p. 91.

[532] Na linha do defendido por Gustavo Binenbojm (*Uma teoria do Direito Administrativo*: direitos fundamentais, democracia e constitucionalização. São Paulo: Renovar, 2014. p. 329), é possível que haja, excepcionalmente, "um conjunto de situações de juridicidade contra legem. Situações que tais podem decorrer, por exemplo, de condutas administrativas diante de uma lei inconstitucional (o repúdio à lei inconstitucional pela administração). Outros casos envolvem a validação de efeitos concretos de atos administrativos ilegais que, por efeito de ponderações entre o princípio da legalidade e outros princípios constitucionais (como os princípios da proteção da confiança legítima, da moralidade e da eficiência) merecem ser convalidados ou invalidados com efeitos meramente prospectivos (*ex nunc*)".

[533] BRANDÃO, Rodrigo; CAPECCHI NUNES, Daniel. Poder regulamentar e 'jogo duro constitucional': o caso dos decretos de armas. *Jota*, São Paulo, 10 jul. 2019. Disponível em: https://www.jota.info/opiniao-e-analise/artigos/poder-regulamentar-e-jogo-duro-constitucional-o-caso-dos-decretos-de-armas-10072019. Acesso em: 3 jun. 2024.

[534] RÁO, Vicente. *O direito e a vida dos direitos*. São Paulo: Revista dos Tribunais, 1991. p. 354.

[535] Tais regras são aplicáveis somente aos decretos regulamentares – e não aos decretos autônomos, que extraem seu fundamento de validade diretamente da Constituição e, por essa razão, desenvolvem maior atividade normativa criativa e discricionária.

[536] BASTOS, Celso Ribeiro. *Curso de Direito Constitucional*. São Paulo: Saraiva, 1978. p. 337.

[537] BARROSO, Luís Roberto. *Interpretação e aplicação da Constituição*: fundamentos de uma dogmática constitucional transformadora. São Paulo: Saraiva, 2009. p. 131.

emergem dúvidas e a norma legal é vaga e de baixa densidade normativa, "o texto permanece relevante, atuando como um dos diversos elementos a serem considerados pelo intérprete na busca da resposta mais adequada à questão suscitada".[538] Noutras palavras, é necessária a observância da moldura definida pelo próprio texto legal.

Em segundo lugar, os presidentes não devem desconsiderar os próprios fins que motivaram a edição das leis. A interpretação regulamentar deve ser realizada atendendo, fundamentalmente, ao espírito e à finalidade das leis.[539] Como observa Luís Roberto Barroso, as leis "visam a acudir certas necessidades e devem ser interpretadas no sentido que melhor atenda à finalidade para a qual foi criada".[540] A interpretação teleológica, inclusive, está prevista no artigo 5º da Lei de Introdução às Normas do Direito Brasileiro (LINDB): "Na aplicação da lei, o juiz atenderá aos fins sociais a que ela se dirige e às exigências do bem comum". Especificamente quanto a decretos presidenciais, Rodrigo Brandão e Daniel Capecchi destacam:

> *O exercício do poder regulamentar não pode se dar em expressa contradição com os objetivos expressados pela lei que o decreto pretende regular*. Dessa maneira, é essencial que a utilização das competências normativas do Presidente se dê em expressa consonância com os objetivos que explícita e implicitamente nortearam o texto legal. Qualquer compreensão contrária a isso teria por efeito esvaziar o próprio sentido da legalidade, pois admitir-se-ia que o regulamento aponte para direção contrária à lei que se dispõe a regulamentar.[541]

Nesse sentido, decretos devem conferir às leis uma "fiel execução", moldada de forma razoável aos objetivos legais.[542] No dicionário de língua portuguesa, o termo "fiel" espelha aquele que (i) dá provas de confiança e de lealdade; (ii) revela zelo e dedicação; (iii) revela

---

538 SOUZA NETO, Cláudio Pereira de; SARMENTO, Daniel. *Direito Constitucional*: teoria, história e métodos de trabalho. Belo Horizonte: Fórum, 2012. p. 336.

539 BARROSO, Luís Roberto. *Interpretação e aplicação da Constituição*: fundamentos de uma dogmática constitucional transformadora. São Paulo: Saraiva, 2009. p. 143.

540 BARROSO, Luís Roberto. *Interpretação e aplicação da Constituição*: fundamentos de uma dogmática constitucional transformadora. São Paulo: Saraiva, 2009. p. 131.

541 BRANDÃO, Rodrigo; CAPECCHI NUNES, Daniel. Poder regulamentar e 'jogo duro constitucional': o caso dos decretos de armas. *Jota*, São Paulo, 10 jul. 2019, grifos nossos. Disponível em: https://www.jota.info/opiniao-e-analise/artigos/poder-regulamentar-e-jogo-duro-constitucional-o-caso-dos-decretos-de-armas-10072019. Acesso em: 3 jun. 2024.

542 BELLIA, Patricia L. Faithful Execution and Enforcement Discretion. *University of Pennsylvania Law Review*, Pennsylvania, v. 164, p. 1788, 2015, tradução nossa.

honestidade; (iv) demonstra fé em alguém ou em algo e (v) demonstra exatidão e rigor. Nesses termos, a interpretação realizada pelo presidente dos atos legislativos deve ser leal, honesta, de boa-fé e demonstrar exatidão e rigor em relação ao texto da norma. Consoante destaca Zachary Price, permitir que o presidente desconsidere o significado subjacente aos preceitos normativos significa, ao fim e ao cabo, conferir-lhe uma nova possibilidade de veto.[543]

Em terceiro lugar, o poder regulamentar do presidente deve adotar uma visão sistemática e estrutural, ou seja, uma perspectiva de todo o sistema normativo. A lei regulamentada deve ser considerada em conjunto com todas as demais, e não de forma isolada. Nas palavras de Daniel Sarmento e Cláudio de Souza Neto, "o 'sistema' é uma construção hermenêutica, apoiada, sobretudo, nos princípios constitucionais fundamentais, que lhe proveem bases moralmente sustentáveis".[544] De fato, não é possível compreender integralmente o texto legal a ser regulamentado sem a compreensão do todo. Assim, nesse exercício, o presidente não pode desconsiderar a Constituição Federal e as outras leis que tratam da mesma matéria. Como bem afirmou Pontes de Miranda, "regulamentar é mais difícil do que fazer a própria lei, exige pleno conhecimento do alcance das regras jurídicas legais (...) e do ramo do Direito em que a lei mergulha".[545]

Além desses, o presidente pode se basear em outros métodos interpretativos, como o histórico, por exemplo. A partir dele, pode examinar a *occasio legis*, as razões que motivaram a edição da lei, a exposição de motivos e os debates parlamentares, com o objetivo de perquirir a intenção do legislador em relação a determinada questão. Assim, poderá tecer uma regulamentação atenta à vontade dos parlamentares expressa durante a elaboração da lei.

A única alternativa que não é aberta aos presidentes é a regulamentação que se afasta totalmente da moldura legal e não guarda nem um mínimo de pertinência com o espírito normativo. Nesse prisma, o melhor exemplo de regulamentação contrária, simultaneamente, aos limites gramaticais, teleológicos e sistemáticos de uma lei é o Decreto

---

543 PRICE, Zachary S. Enforcement Discretion and Executive Duty. *Vanderbilt Law Review*, [*S. l.*], v. 67, 2014.

544 SOUZA NETO, Cláudio Pereira de; SARMENTO, Daniel. *Direito Constitucional*: teoria, história e métodos de trabalho. Belo Horizonte: Fórum, 2012. p. 371.

545 MIRANDA, Francisco Cavalcanti Pontes de. *Comentários à Constituição de 1946*. 2. ed. Max Limonad: São Paulo, 1953. v. VI. p. 411.

nº 10.344/2020, que qualificou salões de beleza e academias de ginástica como "atividades essenciais" durante a pandemia de Covid-19. Nada obstante a importância dessas atividades para alguns, nota-se claramente que o presidente fez uma interpretação amplamente irrazoável da Lei nº 13.979, de 6 de fevereiro de 2020. Uma interpretação sistemática já indicaria a necessidade de observância do rol de atividades essenciais expresso em outro diploma legislativo que cuida da matéria, a Lei nº 7.783, de 28 de junho de 1989, que "dispõe sobre o exercício do direito de greve, define as atividades essenciais, regula o atendimento das necessidades inadiáveis da comunidade":

> Art. 10 São considerados serviços ou atividades essenciais:
> I - tratamento e abastecimento de água; produção e distribuição de energia elétrica, gás e combustíveis;
> II - assistência médica e hospitalar;
> III - distribuição e comercialização de medicamentos e alimentos;
> IV - funerários;
> V - transporte coletivo;
> VI - captação e tratamento de esgoto e lixo;
> VII - telecomunicações;
> VIII - guarda, uso e controle de substâncias radioativas, equipamentos e materiais nucleares;
> IX - processamento de dados ligados a serviços essenciais;
> X - controle de tráfego aéreo e navegação aérea; (Redação dada pela Lei nº 13.903, de 2019)
> XI compensação bancária;
> XII - atividades médico-periciais relacionadas com o regime geral de previdência social e a assistência social; (Incluído pela Lei nº 13.846, de 2019)
> XIII - atividades médico-periciais relacionadas com a caracterização do impedimento físico, mental, intelectual ou sensorial da pessoa com deficiência, por meio da integração de equipes multiprofissionais e interdisciplinares, para fins de reconhecimento de direitos previstos em lei, em especial na Lei nº 13.146, de 6 de julho de 2015 (Estatuto da Pessoa com Deficiência); e (Incluído pela Lei nº 13.846, de 2019)
> XIV - outras prestações médico-periciais da carreira de Perito Médico Federal indispensáveis ao atendimento das necessidades inadiáveis da comunidade; (Incluído pela Lei nº 13.846, de 2019)
> XV - atividades portuárias. (Incluído pela Medida Provisória nº 945, de 2020).

O presidente, todavia, optou por ignorar o citado rol já disposto na Lei nº 7.783/1989, aprovada pelo Congresso Nacional, que define expressamente o que são atividades essenciais. Ainda, além de não adotar uma interpretação sistemática, também desconsiderou os limites do próprio texto legal e seus objetivos, visto que a lei que o decreto pretendeu regulamentar (Lei nº 13.979/2020) foi editada para combater a pandemia de Covid-19 e proteger a população da disseminação do vírus. No §1º do artigo 1º da lei já se lê: "(...) As medidas estabelecidas nesta Lei objetivam a proteção da coletividade". Nesse cenário, é certo que qualificar salões de beleza e academias como atividades essenciais vulnera manifestamente o espírito da norma.

5.5.2 Restrições a direitos fundamentais por atos normativos do Poder Executivo

Cumpre, neste momento, analisar brevemente a questão relativa aos limites das restrições a direitos fundamentais por atos normativos do Executivo.[546] Como se sabe, os direitos fundamentais não são absolutos e seu exercício pode ser limitado por atos do poder público. A restrição pode se originar em norma abstrata ou ser produto da interpretação realizada pelo Judiciário. Pode, assim, ser realizada no ato legislativo ou no momento da aplicação do direito, quando opera no plano concreto e individual, repercutindo na dimensão subjetiva dos direitos fundamentais.[547] No presente tópico, serão analisadas somente as restrições estabelecidas por atos normativos abstratos que modificam "o conteúdo dos direitos fundamentais e que, do ponto de vista da sua dimensão subjetiva, são desvantajosas ou negativas para os titulares reais ou potenciais dos respectivos direitos".[548] Será discutido, nesse

---

[546] Cf., *e.g.*, NOVAIS, Jorge Reis. *As restrições aos direitos fundamentais não expressamente autorizadas pela Constituição*. Coimbra: Coimbra Editora, 2003; PEREIRA, Jane Reis Gonçalves. *Interpretação constitucional e direitos fundamentais*. 2. ed. São Paulo: Saraiva Educação, 2018; ABRAHÃO, Marcela da Rosa. *As restrições aos direitos fundamentais por ato normativo do Poder Executivo*. São Paulo: Almedina, 2017; ALEXY, Robert. *Teoría de los derechos fundamentales*. Madrid: Centro de Estudios Constitucionales, 1993; MONCADA, Luís Cabral de. *Lei e regulamento*. Coimbra: Coimbra Editora, 2002; VORONOFF, Alice. *Direito Administrativo Sancionador no Brasil*. Belo Horizonte: Fórum, 2018.

[547] PEREIRA, Jane Reis Gonçalves. *Interpretação constitucional e direitos fundamentais*. 2. ed. São Paulo: Saraiva Educação, 2018. p. 234-235.

[548] NOVAIS, Jorge Reis. *As restrições aos direitos fundamentais não expressamente autorizadas pela Constituição*. Coimbra: Coimbra Editora, 2003. p. 227.

âmbito, se decretos, regulamentos e portarias do Executivo podem estabelecer restrições a direitos fundamentais.

De acordo com J. J. Gomes Canotilho, os direitos fundamentais encontram as seguintes restrições explícitas e implícitas no texto das constituições: (i) restrições constitucionais diretas ou imediatas, que são aquelas traçadas pelas próprias normas constitucionais; (ii) restrições estabelecidas por lei mediante expressa autorização da constituição, quando o constituinte apenas prevê a possibilidade de restrição, atribuindo ao Legislativo a competência para intervir nos direitos em certas circunstâncias e sob determinada forma jurídica e (iii) restrições advindas da resolução de conflitos entre direitos contrapostos, quando ocorre uma ponderação entre valores que ostentam igual proteção constitucional.[549]

Em todos esses casos, as restrições normativas a direitos fundamentais devem atender a algumas condições de legitimidade, usualmente conhecidas pela expressão "limites dos limites". Algumas constituições estabelecem de forma expressa esses requisitos: a Constituição portuguesa, por exemplo, determina em seu artigo 18 que "as leis restritivas de direitos, liberdades e garantias têm de revestir carácter geral e abstrato e não podem ter efeito retroativo nem diminuir a extensão e o alcance do conteúdo essencial dos preceitos constitucionais".[550] A seu turno, a Constituição da Alemanha, em seu artigo 19, afirma expressamente que, quando um direito fundamental for "restringido por lei ou em virtude

---

549 CANOTILHO, José Joaquim Gomes. *Direito Constitucional e teoria da Constituição*. 7. ed. Coimbra: Almedina, 2003. p. 1276. Cumpre também destacar as lições de Jane Reis Gonçalves Pereira (*Interpretação constitucional e direitos fundamentais*. 2. ed. São Paulo: Saraiva Educação, 2018. p. 250-256) a respeito das espécies de restrições a direitos fundamentais: "As restrições expressamente estatuídas pela Constituição são aquelas dispostas por meio de cláusulas restritivas explícitas. Na Constituição de 1988, colhe-se o tradicional exemplo do direito de reunião, que vem restringido pelas expressões 'pacificamente' e 'sem armas' (art. 5º, XVI). (...) As restrições expressamente autorizadas pela Constituição são as estabelecidas por atos infraconstitucionais com fundamento em competências conferidas de forma explícita no texto constitucional. (...) Há, basicamente, duas categorias de intervenções legais implicitamente autorizadas. De um lado, reconhece-se a competência do Parlamento para promover a harmonização dos diversos – e, por vezes, antagônicos – bens e valores constitucionais, o que poderá implicar, em certos casos, a compressão de uns em detrimento de outros. Noutro giro, há hipóteses em que a Constituição, sem prever de modo explícito a reserva legal, indica restrições aos direitos que hão de ser concretizadas pela via legislativa, tendo em vista sua abertura semântica ou, ainda, o fato de serem mencionados institutos jurídicos que demandam regulamentação infraconstitucional".

550 PORTUGAL. [Constituição (1976)]. *Constituição da República Portuguesa de 1976*. Lisboa: Presidência da República, [1976]. Disponível em: https://www.parlamento.pt/Legislacao/paginas/constituicaorepublicaportuguesa.aspx. Acesso em: 20 out. 2020.

de lei", essa lei tem de ser "genérica e não limitada a um caso particular. Além disso, a lei terá de citar o direito fundamental em questão, indicando o artigo correspondente". Dispõe, ainda, que, "em nenhum caso, um direito fundamental poderá ser violado em sua essência".[551] Ainda, a Constituição espanhola, em seu artigo 53, determina que o exercício dos direitos e liberdades "só pode ser regulado por lei, a qual deverá respeitar em qualquer caso, seu conteúdo essencial".[552]

Na ordem constitucional brasileira, não existe referência expressa ao regime jurídico das restrições aos direitos fundamentais.[553] Apesar disso, é possível extrair algumas exigências para uma restrição legítima das disposições constitucionais e do princípio do Estado de Direito. O primeiro desses "limites dos limites" é justamente a *reserva legal*. De fato, "hoje, é genericamente aceita a noção de que os direitos fundamentais só podem ser restringidos em caráter geral por meio de lei em sentido formal".[554] A reserva de lei formal em matéria de direitos fundamentais significa, em síntese, a impossibilidade do Executivo adotar medidas restritivas de direitos sem fundamento legal.

Com efeito, essa reserva de lei em sentido formal no campo dos direitos fundamentais pode ser extraída diretamente do artigo 5º, inciso II, que dispõe que "ninguém será obrigado a fazer ou deixar de fazer alguma coisa senão em virtude de lei", bem como do artigo 68, §1º, inciso II, da CRFB/88, que estabelece que os direitos individuais não podem ser objeto de delegação à normatização do Poder Executivo.[555] A justificação material dessa reserva repousa justamente na maior legitimidade democrática do Congresso Nacional e "nos ganhos de transparência, pluralismo, participação e integração proporcionados pelo processo legislativo parlamentar" em comparação com a legislação

---

[551] ALEMANHA. *Lei Fundamental da República Federal da Alemanha*. Tradução: Aachen Assis Mendonça. Rio de Janeiro: BTG Pactual, 2022. *E-book*. Disponível em: https://www.btg-bestellservice.de/pdf/80208000.pdf. Acesso em: 6 jun. 2020.

[552] ESPANÃ. [Constituição (1978)]. *Constitución Española*. Madrid: Gobierno de España, 1978. Disponível em: https://www.tribunalconstitucional.es/es/tribunal/normativa/Normativa/CEportugu%C3%A9s.pdf. Acesso em: 20 out. 2020.

[553] PEREIRA, Jane Reis Gonçalves. *Interpretação constitucional e direitos fundamentais*. 2. ed. São Paulo: Saraiva Educação, 2018. p. 343.

[554] PEREIRA, Jane Reis Gonçalves. *Interpretação constitucional e direitos fundamentais*. 2. ed. São Paulo: Saraiva Educação, 2018. p. 344.

[555] ABRAHÃO, Marcela da Rosa. *As restrições aos direitos fundamentais por ato normativo do Poder Executivo*. São Paulo: Almedina, 2017. p. 215-216.

oriunda do Poder Executivo.[556] De fato, o Parlamento continua sendo o "fórum" central para o debate e a ponderação dos compromissos e das necessidades dos cidadãos. A composição plural do Congresso, a eleição direta de seus membros, a existência de representação dos grupos minoritários e a transparência do processo legislativo são argumentos que reforçam a reserva de lei parlamentar para a restrição de direitos fundamentais.[557] Nesse contexto, a Constituição brasileira concede somente ao Legislativo o papel primário de intervenção nos direitos fundamentais.[558]

Deve-se indagar, porém, se essa reserva legal implica a absoluta impossibilidade de normas infralegais tratarem de direitos fundamentais. Questiona-se: tudo o que diga respeito aos direitos fundamentais deve ser regulamentado pelo legislador ordinário?[559] O Poder Executivo não pode editar quaisquer regulamentos que tratem de direitos fundamentais? Toda lei que restrinja direitos deve apresentar "densidade normativa exaustiva" e, consequentemente, não deixar qualquer margem de discricionariedade ao Executivo? Embora seja largamente aceita a noção de que o princípio da reserva legal tem aplicação plena no *âmbito* das restrições aos direitos fundamentais, não *é* simples determinar o alcance da atuação administrativa legítima nessa seara.[560]

Em resposta a tais questionamentos, *é* necessário, em primeiro lugar, diferenciar as "restrições" das "configurações" dos direitos fundamentais. As "configurações" têm por escopo apenas concretizar, desenvolver ou densificar os direitos. Nesses casos, a norma constitui um pressuposto fundamental para a proteção adequada e eficaz, melhorando ou possibilitando as condições para o exercício do direito. As "restrições", por sua vez, têm efeito constritivo, supressivo e limitador

---

[556] NOVAIS, Jorge Reis. *As restrições aos direitos fundamentais não expressamente autorizadas pela Constituição*. Coimbra: Coimbra Editora, 2003. p. 878.

[557] ABRAHÃO, Marcela da Rosa. *As restrições aos direitos fundamentais por ato normativo do Poder Executivo*. São Paulo: Almedina, 2017. p. 278-279.

[558] ABRAHÃO, Marcela da Rosa. *As restrições aos direitos fundamentais por ato normativo do Poder Executivo*. São Paulo: Almedina, 2017. p. 210.

[559] ABRAHÃO, Marcela da Rosa. *As restrições aos direitos fundamentais por ato normativo do Poder Executivo*. São Paulo: Almedina, 2017. p. 276.

[560] PEREIRA, Jane Reis Gonçalves. *Interpretação constitucional e direitos fundamentais*. 2. ed. São Paulo: Saraiva Educação, 2018. p. 348.

das faculdades e posições jurídicas abrangidas pelos direitos, criando obstáculos ao seu exercício.[561] [562]

Assim, a reserva de lei parlamentar não impede que o Executivo proteja, tutele e concretize um direito fundamental, atuando em sua *configuração*. Nas palavras de Jane Reis, a reserva legal "circunscreve o poder do Executivo de restringir ou limitar os direitos fundamentais, mas este poderá, independentemente da existência de lei, atuar no sentido de promovê-los e tutelá-los".[563] Ou seja, mesmo sem lei prévia, pode haver uma intervenção administrativa que proteja e possibilite o exercício do direito. Somente quando a norma do Executivo gera limitações, restrições ou obstáculos *é* que será exigido o lastro legal prévio.

É importante observar, porém, que mesmo as normas editadas com a intenção de "configurar" e "concretizar" determinado direito podem acabar gerando restrições ao seu exercício ou ao exercício de outros direitos. Em algumas situações, ao configurar o direito, o legislador pode acabar por, indiretamente, gerar "efeitos adversos" e limitá-lo.[564] É perfeitamente possível que, "com base em medidas aparentemente inofensivas e meramente regulamentadoras, o exercício de um direito fundamental seja restringido de forma contundente. O que aparenta ser mera regulamentação [pode ser], na verdade, restrição".[565]

Como solução, sustenta-se que todas as intervenções legislativas que possam constituir obstáculos ao exercício de direito fundamental devem ser entendidas como restrições, ainda que sejam, ao mesmo tempo, configurações.[566] Nas palavras de Robert Alexy, "quando algo é restritivo de algum ponto de vista, segue sendo restritivo, ainda que

---

561 PEREIRA, Jane Reis Gonçalves. *Interpretação constitucional e direitos fundamentais*. 2. ed. São Paulo: Saraiva Educação, 2018. p. 236-237.

562 ABRAHÃO, Marcela da Rosa. *As restrições aos direitos fundamentais por ato normativo do Poder Executivo*. São Paulo: Almedina, 2017. p. 272-273; NOVAIS, Jorge Reis. *As restrições aos direitos fundamentais não expressamente autorizadas pela Constituição*. Coimbra: Coimbra Editora, 2003. p. 227.

563 PEREIRA, Jane Reis Gonçalves. *Interpretação constitucional e direitos fundamentais*. 2. ed. São Paulo: Saraiva Educação, 2018. p. 348.

564 ABRAHÃO, Marcela da Rosa. *As restrições aos direitos fundamentais por ato normativo do Poder Executivo*. São Paulo: Almedina, 2017. p. 272-273; NOVAIS, Jorge Reis. *As restrições aos direitos fundamentais não expressamente autorizadas pela Constituição*. Coimbra: Coimbra Editora, 2003. p. 227.

565 SILVA, Virgílio Afonso da. *Direitos fundamentais*: conteúdo essencial, restrições e eficácia. São Paulo: Malheiros, 2009. p. 102.

566 PEREIRA, Jane Reis Gonçalves. *Interpretação constitucional e direitos fundamentais*. 2. ed. São Paulo: Saraiva Educação, 2018. p. 243.

de algum outro ponto de vista seja configuração".[567] A distinção entre configuração e restrição, assim, não assume contornos dicotômicos e excludentes.[568] Sempre que houver algum grau de restrição a algum direito fundamental deve prevalecer o requisito da existência de lei parlamentar prévia.

Resta analisar, por fim, o grau mínimo de densidade normativa de uma lei limitadora de direitos. Nessa temática, foi criada no cenário alemão a "teoria da materialidade" ou "teoria da essencialidade" (*Wesentlichkeitstheorie*), segundo a qual o Parlamento deve fixar as decisões básicas, importantes ou essenciais em todos os temas – especialmente, no campo dos direitos fundamentais. Assim, não *é* necessário que o Parlamento discipline as questões tratadas em lei de maneira detalhada e exaustiva, podendo adotar apenas as decisões básicas, restando ao Poder Executivo o poder de decisão no que se refere ao que não *é* essencial.[569]

Nas palavras de Jorge Reis Novais, "aquilo que *é* essencial e, em princípio, só o que *é* essencial, deve ser substancialmente decidido (...) pelo Parlamento, no sentido de legislador nacional democraticamente legitimado".[570] De acordo com a teoria, a decisão *é* considerada "essencial" quando se mostra relevante para a realização dos direitos fundamentais ou quando apresenta caráter controverso ou de importância política para o Estado. Noutros termos, as questões relativas à restrição de direitos que suscitem controvérsia entre vários pontos de vista políticos e que sejam objeto de dissenso na sociedade devem ser decididas através do processo legislativo ordinário.[571] [572] [573]

---

567 ALEXY, Robert. *Teoría de los derechos fundamentales*. Madrid: Centro de Estudios Constitucionales, 1993. p. 323: "Cuando algo es restrictivo desde algún punto de vista, sigue siendo restrictivo, aun cuando desde algún otro punto de vista sea configurador".

568 PEREIRA, Jane Reis Gonçalves. *Interpretação constitucional e direitos fundamentais*. 2. ed. São Paulo: Saraiva Educação, 2018. p. 243.

569 PEREIRA, Jane Reis Gonçalves. *Interpretação constitucional e direitos fundamentais*. 2. ed. São Paulo: Saraiva Educação, 2018. p. 350.

570 NOVAIS, Jorge Reis. *As restrições aos direitos fundamentais não expressamente autorizadas pela Constituição*. Coimbra: Coimbra Editora, 2003. p. 852.

571 NOVAIS, Jorge Reis. *As restrições aos direitos fundamentais não expressamente autorizadas pela Constituição*. Coimbra: Coimbra Editora, 2003. p. 879-880.

572 ABRAHÃO, Marcela da Rosa. *As restrições aos direitos fundamentais por ato normativo do Poder Executivo*. São Paulo: Almedina, 2017. p. 216-217.

573 Os críticos afirmam, porém, que o principal problema na teoria da essencialidade está na ausência de critérios indiscutíveis para distinguir o essencial do não essencial, pelo que, em *última* análise, o essencial acaba por ser aquilo que o Tribunal Constitucional disser que *é*.

Nesse sentido, o Tribunal Constitucional Federal alemão, juntamente com a doutrina, criou a figura do *Bestimmheitsgebot*, ou seja, o requisito de determinabilidade que a lei delegante deve atender, o que evita a concessão de competência normativa ilimitada (uma "carta branca") ao Executivo. A disciplina normativa estabelecida pela lei não deve ser tão resumida, tão simples, que sua complementação possa levar a qualquer resultado.[574] Assim, o que *é* essencial deve ser decidido pelo Parlamento, a fonte democraticamente legitimada da legislação primária.[575]

O critério da essencialidade, portanto, remete ao Legislativo as decisões fundamentais e inovadoras na relação entre o Estado e os indivíduos, que envolvem a preservação e promoção da dignidade da pessoa humana e afetam valores éticos fundamentais da vida em sociedade ou as convicções e reservas mais íntimas.[576] Devem ser submetidas ao Parlamento aquelas decisões que podem constituir ou desencadear ameaças sérias à liberdade individual e à igualdade ou que, pelo seu carácter conjunturalmente controverso, convocam a "necessidade ou a conveniência de uma legitimação, participação, debate pluralista e transparência que só o processo legislativo parlamentar pode proporcionar".[577]

O legislador ordinário, nessa perspectiva, pode limitar-se às questões de relevância jurídico-fundamental, complexas e que reflitam uma controvérsia ou importância política. Já o Poder Executivo poderá regulamentar a concretização dos pormenores e dos detalhes secundários relativos a determinada restrição, disciplinando as situações não controversas.[578] [579] Noutros termos, quando a norma não se propõe a inovar no ordenamento jurídico ou apenas desenvolve o conteúdo do direito de forma não controversa ou marginal, pode o Executivo emiti-la

---

574 ALEMANIA. Tribunal Constitucional Federal. BVerfG 47, 46-85, Beschluss vom 21, Dez. 1977, 1 BvL 1/75, 1 BvR 147/75, Sexualerziehung in der Schule. *In:* SCHWABE, Jürgen. *Cincuenta años de jurisprudencia del Tribunal Constitucional Federal Alemán*. Tradução: Marcela Anzola Gil. Colombia: Gustavo lbáiíez, 2003. p. 180.

575 NOVAIS, Jorge Reis. *As restrições aos direitos fundamentais não expressamente autorizadas pela Constituição*. Coimbra: Coimbra Editora, 2003. p. 852.

576 NOVAIS, Jorge Reis. *As restrições aos direitos fundamentais não expressamente autorizadas pela Constituição*. Coimbra: Coimbra Editora, 2003. p. 879-880.

577 NOVAIS, Jorge Reis. *As restrições aos direitos fundamentais não expressamente autorizadas pela Constituição*. Coimbra: Coimbra Editora, 2003. p. 879-880.

578 ABRAHÃO, Marcela da Rosa. *As restrições aos direitos fundamentais por ato normativo do Poder Executivo*. São Paulo: Almedina, 2017. p. 260.

579 MONCADA, Luís Cabral de. *Lei e regulamento*. Coimbra: Coimbra Editora, 2002. p. 1029 e ss.

sem prévia autorização parlamentar.[580] Assim, não haverá necessidade de lei em sentido formal para (i) a regulação de minudências ou de aspectos puramente marginais de direitos fundamentais ou (ii) para regular uma restrição ao direito que não envolve uma controvérsia ou importância política.[581] Além dessas hipóteses, Marcela da Rosa Abrahão ainda destaca a possibilidade de a administração agir restritivamente nos seguintes casos:

> É ainda possível que a administração aja no sentido de restringir um direito fundamental em casos de "necessidade ou urgência administrativa", ou seja, quando "pela gravidade, actualidade e relevância dos danos que pretende evitar" o bem por ela protegido seja "manifestamente superior" ao direito fundamental restringido (...). Para além disso, é perfeitamente aceitável que, ao interpretar o âmbito de proteção do direito fundamental constitucionalmente previsto, a administração desconsidere como nele inseridas condutas que sejam socialmente danosas e reprováveis, bem como aquelas que fazem parte do conceito de ilícito no sentido jurídico-material, competência que é atribuída a todos os poderes constituídos. (...) Vê-se também a necessidade de regulamentação de questões pelo Poder Executivo pela proximidade das circunstâncias e maior conhecimento das situações, quando se trata de questões dinâmicas ou em desenvolvimento, ou seja, no âmbito da relação do direito e outras ciências, em que a dinâmica das questões técnicas se sobrepõe à estática do Direito.[582]

O que não *é* permitido ao legislador, porém, *é* transmitir competências ao Poder Executivo em forma de "delegações em branco" ou "delegações ocultas". *É* preciso que a lei defina os critérios a serem utilizados pela administração para cumprir os conceitos previstos na lei e ofereça elementos que, posteriormente, possibilitem ao Judiciário apreciar a legitimidade da atuação administrativa.[583] A lei deve buscar definir *standards*, parâmetros ou exemplos que possam orientar a

---

580 ABRAHÃO, Marcela da Rosa. *As restrições aos direitos fundamentais por ato normativo do Poder Executivo*. São Paulo: Almedina, 2017. p. 218; NOVAIS, Jorge Reis. *As restrições aos direitos fundamentais não expressamente autorizadas pela Constituição*. Coimbra: Coimbra Editora, 2003. p. 876-879.

581 NOVAIS, Jorge Reis. *As restrições aos direitos fundamentais não expressamente autorizadas pela Constituição*. Coimbra: Coimbra Editora, 2003. p. 878.

582 ABRAHÃO, Marcela da Rosa. *As restrições aos direitos fundamentais por ato normativo do Poder Executivo*. São Paulo: Almedina, 2017. p. 260-270.

583 ABRAHÃO, Marcela da Rosa. *As restrições aos direitos fundamentais por ato normativo do Poder Executivo*. São Paulo: Almedina, 2017. p. 259-260.

administração.[584] Mesmo que a lei restritiva não esgote a normatização da matéria, deve delinear princípios inteligíveis (*intelligible principles*) aptos a guiar a respectiva aplicação e controle.[585] Portanto, embora se admita a utilização de cláusulas gerais e conceitos indeterminados[586] a fim de viabilizar que a administração considere as circunstâncias presentes nos casos particulares,[587] deve haver um "um liame identificável que faça do regulamento um produto da lei, ao invés de uma criação independente".[588]

Em síntese, conclui-se que a atuação do Executivo no *âmbito* dos direitos fundamentais deve sempre pautar-se por uma autorização legal que tenha adotado as decisões básicas. Como exemplo desse paradigma, cabe destacar a decisão do Tribunal Constitucional alemão acerca dos limites e possibilidades da educação sexual oferecida nas escolas. Na ocasião, o tribunal entendeu que a educação sexual na escola origina uma tensão entre os direitos dos pais, os direitos dos filhos *à* personalidade e a competência do Estado para ensinar e educar. Diante dessa colisão entre direitos fundamentais, o tribunal Afirmou que cabe ao legislador "determinar as funções das escolas em matéria educativa" e ao administrador público definir somente os "detalhes dos métodos de ensino e aprendizado":

> De acordo com a Constituição, todas as formas de educação sexual devem ser reguladas por uma lei primária (...). Em particular, as funções educativas das escolas devem ser definidas por uma lei aprovada pelo Parlamento. (...) [Mas] os pormenores dos métodos de ensino e aprendizagem não podem, em princípio, ser reservados à legislação primária, uma vez que a estrutura da aula deve deixar espaço para a adaptação a situações específicas.[589]

---

584 ABRAHÃO, Marcela da Rosa. *As restrições aos direitos fundamentais por ato normativo do Poder Executivo*. São Paulo: Almedina, 2017. p. 256-257.

585 Cf. STF, ADI nº 4.568, Tribunal Pleno, Relª. Minª. Cármen Lúcia, *Dje* 30.03.2012.

586 ABRAHÃO, Marcela da Rosa. *As restrições aos direitos fundamentais por ato normativo do Poder Executivo*. São Paulo: Almedina, 2017. p. 243.

587 PEREIRA, Jane Reis Gonçalves. *Interpretação constitucional e direitos fundamentais*. 2. ed. São Paulo: Saraiva Educação, 2018. p. 350.

588 VORONOFF, Alice. *Direito Administrativo Sancionador no Brasil*. Belo Horizonte: Fórum, 2018. p. 246.

589 ALEMANHA. Tribunal Constitucional Federal. BVerfCE 47, 46, 2003, p. 183 citado por PEREIRA, Jane Reis Gonçalves. *Interpretação constitucional e direitos fundamentais*. 2. ed. São Paulo: Saraiva Educação, 2018. p. 350.

Em outro exemplo, o Tribunal Constitucional alemão, ao decidir sobre a liberdade profissional no campo da medicina, deixou claro que não é possível impor restrições substanciais aos direitos fundamentais sem autorização em uma lei primária. A decisão dizia respeito à competência dos conselhos de medicina para regular a forma como as especialidades médicas são praticadas na ausência de leis sobre o assunto. Nesse caso, os conselhos decidiram que os médicos deveriam limitar suas atividades ao campo de sua especialidade e abster-se de tratar pacientes que necessitassem de cuidados médicos de outra natureza. Em sua decisão, a corte determinou que "a característica de um especialista não pode ser deixada exclusivamente para a regulamentação pelos conselhos de medicina. No mínimo, as restrições devem ser determinadas pelo próprio Legislativo".[590]

De fato, desde 1972, o Tribunal alemão reconhece que somente o Parlamento poderia criar novas regras com impacto significativo sobre os direitos fundamentais. Um dos primeiros casos apresentados ao tribunal dizia respeito *à* introdução de um "Förderstufe" (um ano adicional de escolaridade obrigatória) nas escolas de Hesse. A questão envolvia questões complexas sobre o direito dos pais de escolher a educação de seus filhos e a liberdade da administração de estabelecer níveis e metas educacionais para alunos de escolas públicas. Em sua decisão, a Corte esclareceu que "as características essenciais de um requisito adicional de escolaridade obrigatória devem ser criadas por lei primária".[591]

Mais recentemente, em setembro de 2003, uma decisão sobre a liberdade de religião nas escolas confirmou a jurisprudência do tribunal. No caso, a requerente, uma candidata muçulmana a um cargo de professora em uma escola estadual em Baden-Württemberg, havia sido desclassificada por uma decisão do Conselho da Escola Superior de Stuttgart porque havia declarado a intenção de usar um *hijab* na escola durante as aulas. O Conselho Escolar argumentou que o uso desse lenço seria uma expressão de segregação cultural e, portanto, um símbolo não apenas religioso, mas também político. De acordo com o

590 ALEMANHA. Tribunal Constitucional Federal. BVerfG 33, 125, de 9.05.1972. Disponível em http://www.oefre.unibe.ch/law/dfr/ bv033125.html.

591 ALEMANHA. Tribunal Constitucional Federal. BVerfG 34, 165, de 6.12.1972. Disponível em http://www.oefre.unibe.ch/law/dfr/ bv034165.html.

Conselho, o efeito de desintegração cultural causado pelo uso do lenço seria incompatível com a neutralidade do Estado.[592]

Em sua decisão, o Tribunal constitucional decidiu que todos os cidadãos têm o direito de acessar os serviços públicos, independentemente de suas crenças religiosas, e que o uso do *hijab* está sob a proteção da liberdade de religião. Além disso, ressaltou que qualquer limitação ao uso de símbolos ou roupas religiosas por professores exigiria uma base legal primária. Caberia ao Poder Legislativo – e não à Administração Pública – decidir sobre essa colisão entre a liberdade religiosa de um professor e a obrigação de neutralidade confessional do Estado.

Por fim, outro exemplo relevante está no acórdão proferido pelo STF brasileiro na ADI nº 1.969.[593] No caso, o Governador do Distrito Federal editou o Decreto nº 20.098, de 15 de março de 1999, que pretendia regulamentar o exercício do direito de reunião previsto no artigo 5º, XVI, da CRFB/88, nos seguintes termos: "Art. 1º. Fica vedada a realização de manifestações públicas; com a utilização de carros, aparelhos e objetos sonoros na Praça dos Três Poderes, Esplanada dos Ministérios e Praça do Buriti e vias adjacentes". O objetivo do decreto, de acordo com seus *consideranda*, era disciplinar o exercício da liberdade de reunião "de molde a que sempre esteja presente o respeito mútuo, sem que sejam agredidos os postulados básicos da democracia". Na ocasião do julgamento, a maioria dos ministros entendeu ser inadmissível que uma norma de natureza secundária, a pretexto de regulamentar um direito fundamental, finde por esvaziar o seu núcleo essencial, inviabilizando seu exercício. De acordo com o voto do Ministro Gilmar Mendes, a regulamentação da matéria não poderia ser realizada por decreto, visto que eventuais colisões que justifiquem a restrição da liberdade de manifestação e de reunião demandam legislação que as discipline.

Conclui-se, assim, que as leis que criam restrições a direitos fundamentais devem ser acompanhadas de *standards* de conteúdo, de diretrizes normativas que limitem a atuação da administração pública, a fim de que a lei não corresponda a um cheque em branco. Descabe uma deslegalização no campo das restrições aos direitos fundamentais, não

---

592 ALEMANHA. Tribunal Constitucional Federal. BVerfG, 2 BvR 1436/02, de 24.09.2003. Disponível em: http://www.bverfg.de/entscheidungen/rs20030924_2bvr143602.html.

593 STF, ADI nº 1.969, Rel. Min. Ricardo Lewandowski, Tribunal Pleno, julgado em 28.06.2007, *Dje* 31.08.2007.

sendo possível que a lei abra espaço para uma atuação administrativa regulamentar arbitrária, ilimitada e descontrolada.[594]

5.5.3 Decretos e o princípio democrático

Nesse ponto, deve-se relembrar que as leis possuem mais força normativa que decretos justamente porque, para sua formação, concorrem conjuntamente o Poder Legislativo e o Poder Executivo. No processo legislativo ordinário, parlamentares discutem e aprovam o projeto de lei, que é posteriormente sancionado pelo presidente e transformado em lei. O decreto, a seu turno, constitui ato normativo secundário e tem menos força normativa porque não passa pela discussão e aprovação legislativa, sendo simplesmente elaborado e assinado pelo presidente. Noutras palavras, possui um escopo mais estrito exatamente porque não passa por um procedimento amplamente democrático, transparente e deliberativo.

A cúpula do Executivo, consoante já destacado, costuma ser altamente centralizada, controlada por apoiadores do presidente. Os decretos, nesse contexto, não resultam de ampla deliberação ou de compromissos entre forças políticas colidentes e não passam por discussão e supervisão prévias de agentes políticos da oposição. O processo de elaboração desses atos é completamente diverso do processo de elaboração de uma lei em sentido estrito, não havendo abertura para que a sociedade civil, a mídia ou parlamentares tentem influenciar *a priori* o conteúdo desses atos: eles são apresentados ao público como um fato consumado. É essa ausência de *densidade deliberativa* que torna esses instrumentos normativos limitados, que não podem ser tomados como substitutos das leis.

Ressalte-se, ainda, que democracia não é sinônimo de predomínio da vontade da maioria. Ela pressupõe que todas as pessoas, em especial os membros de grupos minoritários, tenham voz e possam influenciar decisões políticas. Assim, a despeito da amplíssima legitimidade democrática que as eleições majoritárias conferem ao presidente, deve haver um permanente processo participativo, de formação contínua de vontade coletiva e engajamento no debate público. A essência da democracia é justamente a "oportunidade de participar na formação da

---

[594] OSÓRIO, Fábio Medina. *Direito Administrativo Sancionador*. 9. ed. São Paulo: Revista dos Tribunais, 2023. p. 238-245.

'vontade da comunidade' por meio de uma 'contínua discussão entre a maioria e a minoria'".[595]

Nesse prisma, além da periódica participação em eleições, sistemas democráticos requerem, por definição, que os direitos e deveres sejam criados por normas originadas de deliberação e compromisso entre maiorias e minorias. Como bem observou Hans Kelsen, em uma democracia os conteúdos da ordem jurídica não são determinados exclusivamente pelo interesse da maioria, mas são o resultado de um *compromisso* entre grupos políticos antagônicos:

> (...) a discussão livre entre maioria e minoria é essencial à democracia porque esse é o modo de criar uma atmosfera favorável a um compromisso entre maioria e minoria e o compromisso é parte da própria natureza da democracia. *O compromisso significa a solução de um conflito por meio de uma norma que não se conforma inteiramente aos interesses de uma parte, nem contradiz inteiramente os interesses da outra. Na medida em que numa democracia, os conteúdos da ordem jurídica também não são determinados exclusivamente pelo interesse da maioria, mas são o resultado de um compromisso entre os dois grupos,* a sujeição voluntária de todos os indivíduos à ordem jurídica é mais facilmente possível, que em qualquer outra organização política. Precisamente por causa dessa tendência rumo ao compromisso, a democracia é uma aproximação do ideal de autodeterminação completa.[596]

Os decretos, portanto, não ostentam caráter normativo primário porque se conformam *inteiramente* aos interesses do governo de ocasião, sem que haja qualquer possibilidade de influência da oposição. Esses atos são determinados exclusivamente pelo interesse da maioria, não sendo o resultado de um *compromisso* entre elas e as minorias políticas. A título de exemplo, os decretos das armas, editados pelo ex-Presidente Jair Bolsonaro, se conformam *inteiramente* aos interesses do governo e da maioria que o elegeu, não sendo fruto de um *compromisso* entre o governo e os diferentes interesses dos partidos que compõem o Congresso. Na elaboração desses decretos, não houve qualquer articulação política ou concessões para a oposição: foram atos originados *apenas* da vontade da maioria e que desconsideraram *integralmente* opiniões contrárias. Dessa forma, a amplíssima legitimidade democrática

---

595 POST, Robert. *Constitutional Domains*: Democracy, Community, Management. Cambridge, Mass.: Harvard University Press, 1995.

596 KELSEN, Hans. *Teoria geral do Direito e do Estado.* São Paulo: Martins Fontes, 2005. p. 412.

do presidente não deve servir como justificativa para a edição de atos unilaterais exorbitantes ou inconstitucionais, haja vista que um regime democrático, além das eleições e do "autogoverno", também envolve a participação no debate público, a proteção das minorias políticas e a garantia de direitos fundamentais.

Assim, nas ações judiciais perante o STF que discutem a constitucionalidade de decretos presidenciais, será necessário que o julgador realize o cotejo entre (i) a discricionariedade do presidente da República na execução de suas prerrogativas constitucionais e (ii) a moldura de possibilidades hermenêuticas da lei e da Constituição. Há, sem dúvidas, um relevante ônus argumentativo que deve ser superado na qualificação de um decreto como ilegal ou inconstitucional. De fato, não cabe ao Judiciário bloquear toda e qualquer ação presidencial somente por reputá-la "controversa" ou "ruim". Os agentes competentes para escolhas políticas discricionárias são o presidente e o Parlamento eleito. Caberá ao magistrado, tão somente, examinar se a interpretação que o presidente fez da lei ou da Constituição está, ou não, dentro dos limites materiais do poder regulamentar.

Na análise desses atos normativos, o julgador deverá, primeiramente, verificar se o decreto é regulamentar ou autônomo. Para tanto, não deve considerar apenas a ementa do decreto e tampouco analisá-lo como um bloco hermético. É preciso verificar se cada norma questionada possui vocação inovatória no ordenamento jurídico e se pode ser qualificada como materialmente autônoma. Nesse caso, deverá ser inaugurada a via do controle concentrado.

SÍNTESE CONCLUSIVA

1. Decretos não são usados somente para questões administrativas corriqueiras e de menor valor político. Presidentes têm recorrido a esse instrumento normativo para construir toda a sorte de políticas públicas sem o aval do Congresso e consolidar seu poder político. Representam uma alternativa mais fácil para os presidentes do que o processo legislativo, visto que prescindem de formação de coalizões, cooperação das comissões legislativas ou apoio de líderes partidários. Muito mais do que ferramentas administrativas, são efetivos instrumentos legislativos, que contêm previsões de índole geral e abstrata e, em muitos casos, inovam em direitos e obrigações.
2. Presidentes podem editar decretos para (i) fugir da oposição do Congresso; (ii) elaborar políticas públicas de forma célere e flexível, especialmente em tempos de crise; (iii) cumprir promessas de campanha e dialogar diretamente com sua base de apoio; (iv) preencher vazios normativos; (v) interpretar as leis consoante suas diretrizes político-ideológicas e, finalmente, (vi) tirar o ônus político do Legislativo na aprovação de determinada política.
3. O número e os contornos de decretos editados pelo presidente não são explicados somente pela personalidade de quem está no governo, mas sim por arranjos institucionais definidos pela Constituição de cada país e pelo contexto político de cada período. A literatura sobre o tema indica que a frequência na edição desses atos varia de acordo com (i) a composição partidária do Congresso, *i.e.*, se o presidente possui ou não uma maioria legislativa; (ii) a popularidade do presidente; (iii) o período de seu mandato; (iv) a proximidade com o período de eleições e (v) a existência de uma

crise econômica, política ou social. A atuação unilateral, nesse contexto, é fruto da interação do presidente com o Congresso, com as cortes, a mídia, o público e a economia, atendendo a estratégias políticas e motivações específicas.

4. O uso abusivo de decretos ofende (i) o princípio da separação de Poderes, já que é uma forma de fuga do Congresso e do processo legislativo ordinário e (ii) o princípio democrático, porque o processo de elaboração desses atos não envolve uma deliberação pública prévia, só podendo ser objeto de controle *a posteriori*. Permitir que presidentes inovem na ordem jurídica e legislem sozinhos, criando direitos e obrigações, contraria o princípio da separação de Poderes e a moldura que a Constituição cria para o Poder Executivo. Certamente, concentrar a elaboração de atos normativos de ampla relevância política nas mãos de um órgão unipessoal e não deliberativo envolve um alto risco democrático. O procedimento unilateral de elaboração de políticas pelo Executivo deve se dar de forma comedida, em situações e com propósitos específicos, dentro dos limites legais e constitucionais, não devendo ser utilizado como subterfúgio para burlar dificuldades políticas e partidárias no Congresso.
5. Os Poderes Legislativo e Judiciário não realizam um controle atento e efetivo dos decretos presidenciais. É baixíssimo o número de decretos sustados pelo Congresso Nacional ou anulados pelo STF. O artigo 49, inciso V, da Constituição Federal de 1988 possibilita o controle dos atos normativos regulamentares do Poder Executivo pelo Congresso Nacional; porém, desde a promulgação da Constituição, apenas 2 decretos legislativos foram promulgados sustando decretos presidenciais.
6. Nos últimos cinco anos, o STF alterou sua abordagem em relação ao controle de constitucionalidade de atos regulamentares do Poder Executivo. Por décadas, a Corte se recusou a examinar a constitucionalidade de decretos regulamentares editados para execução das leis em sede de controle concentrado. De acordo com a jurisprudência tradicional, nesses casos, há apenas uma colisão entre a lei e o regulamento, cuidando-se de questão de mera legalidade a ser aferida no controle incidental ou concreto. Porém, em recentes julgados, o STF tem reconhecido que esses atos podem, a pretexto de dar fiel execução à lei, exorbitar do âmbito do poder regulamentar e ganhar contornos autônomos. Assim, quando o caráter

regulamentar do ato normativo for meramente formal, a via do controle concentrado deverá ser inaugurada. A título de exemplo, o Decreto nº 9.847/2019, que flexibilizou a posse de armas no Brasil, foi editado com o intuito de regulamentar a Lei nº 10.826/2003, de onde extraiu seu fundamento de validade. Todavia, exorbitou os limites legais e acabou ferindo diretamente o direito à vida (artigos 5º, *caput*, da CRFB/88) e o direito à segurança pública (art. 144 da CRFB/88), de modo que sua constitucionalidade foi analisada *in abstrato* pelo STF nas ADIs nº 6.119, 6.139 e 6.134.

9. Os decretos presidenciais devem observar os seguintes limites materiais: (i) o texto da lei, (ii) o objetivo da lei e (iii) o sistema constitucional-legislativo que disciplina a matéria regulamentada. Presidentes, nesse sentido, devem adotar diretrizes hermenêuticas específicas na regulamentação legal, como a interpretação gramatical, teleológica, histórica ou sistemática, e não levar em conta apenas sua vontade política de concretizar determinada promessa de campanha unilateralmente.
10. Nas ações judiciais que impugnam decretos presidenciais, caberá ao julgador realizar o cotejo entre (i) a discricionariedade do presidente da República na execução de suas prerrogativas constitucionais e (ii) a moldura de possibilidades hermenêuticas da lei e da Constituição. Há, assim, um ônus argumentativo que deve ser superado na qualificação de um decreto como ilegal ou inconstitucional, não cabendo ao Judiciário bloquear toda e qualquer ação presidencial considerada "controversa" ou "ruim". O magistrado deverá examinar se a interpretação que o presidente fez da lei está, ou não, dentro dos limites materiais do poder regulamentar e do sistema constitucional vigente.

ENCERRAMENTO

Decretos podem ostentar forte natureza simbólica e política e servir como uma fonte reveladora das prioridades presidenciais. São usados para realizar desde pequenas reformas administrativas até grandes mudanças no cenário político, social e econômico do país. No Brasil, decretos chegaram a flexibilizar a posse de armas, incluir unidades de conservação ambiental em planos de privatização, flexibilizar relações de trabalho, alterar a política de drogas, esvaziar conselhos de participação social e enfraquecer a legislação ambiental. Apesar da amplíssima legitimidade democrática dos presidentes, o uso frequente e abusivo desses atos para fugir do Poder Legislativo pode dar origem a um processo de grave erosão democrática. A prática de "canetadas" autoritárias não apenas subverte o sistema constitucional de separação de Poderes, como também confere ao presidente uma competência legislativa atípica e incompatível com o papel atribuído ao Executivo pela Constituição.

Concentrar a elaboração de atos normativos de ampla relevância política nas mãos de um órgão unipessoal e não deliberativo envolve um alto risco democrático. Decretos devem atender a propósitos específicos, dentro dos limites legais e constitucionais, e jamais ser utilizados como subterfúgio para burlar dificuldades políticas e partidárias no Legislativo. O passado ditatorial brasileiro justifica um grande temor em relação aos atos unilaterais de presidentes e uma valorização extra do sistema de freios e contrapesos. É, assim, necessário que os Poderes Judiciário e Legislativo realizem um controle mais atento e efetivo dos decretos presidenciais, que devem atrair maior atenção da mídia, da sociedade civil e do Direito Constitucional.

***

REFERÊNCIAS

ALEMANHA. Tribunal Constitucional Federal. BVerfG 47, 46-85, Beschluss vom 21, Dez. 1977, 1 BvL 1/75, 1 BvR 147/75, Sexualerziehung in der Schule. *In:* SCHWABE, Jürgen. *Cincuenta años de jurisprudencia del Tribunal Constitucional Federal Alemán*. Tradução: Marcela Anzola Gil. Colombia: Gustavo lbáiíez, 2003.

ALEMANHA. *Lei Fundamental da República Federal da Alemanha*. Tradução: Aachen Assis Mendonça. Rio de Janeiro: BTG Pactual, 2022. *E-book*. Disponível em: https://www.btg-bestellservice.de/pdf/80208000.pdf. Acesso em: 6 jun. 2020.

ABRAHÃO, Marcela Rosa. *Restrições aos direitos fundamentais por ato normativo do Poder Executivo*. São Paulo: Almedina, 2017.

ABRAMOVAY, Pedro Vieira. *Separação de Poderes e medidas provisórias*. Rio de Janeiro: Campus-Elsevier, 2012.

ABRANCHES, Sérgio. *Presidencialismo de coalizão*: raízes e evolução do modelo político brasileiro. São Paulo: Companhia das Letras, 2018.

ABRANCHES, Sérgio. Presidencialismo de coalizão. *Dados – Revista de Ciências Sociais*, Rio de Janeiro, v. 31, n. 1, p. 16-22, 1988.

ACKERMAN, Bruce. Adeus, Montesquieu. Tradução: Diego Werneck Arguelhes e Thomaz Henrique Pereira. *Revista de Direito Administrativo (RDA)*, Rio de Janeiro, v. 265, p. 13-23, 2014.

ACKERMAN, Bruce. Goodbye, Montesquieu. *In:* ROSE-ACKERMAN, Susan; LINDSETH, Peter L. (ed.). *Comparative Administrative Law*. Cheltenham: Edward Elgar Publishing, 2010. p. 128-133.

ACKERMAN, Bruce. *The Decline and Fall of the American Republic*. Cambridge: Harvard University Press, 2010.

ACKERMAN, Bruce. The emergency constitution. *Yale Law Journal*, New Haven, v. 113, 2003.

ACKERMAN, Bruce. *The Failure of the Founding Fathers*: Jefferson, Marshall, and the Rise of Presidential Democracy. Cambridge: Harvard University Press, 2009.

ACKERMAN, Bruce. The new separation of Powers. *In:* BELLAMY, Richard (ed). *The Rule of Law and the Separation of Powers*. New York: Routledge, 2017. p. 395-490.

ACKERMAN, Bruce.The new separation of Powers. *Harvard Law Review*, Cambridge, v. 113, n. 3, 2000.

ALEXY, Robert. *Teoría de los derechos fundamentales*. Madrid: Centro de Estudios Constitucionales, 1993.

ALGOSTINO, Alessandra. Costituzionalismo e distopia nella pandemia di Covid-19 trafonti dell'emergenza e bilanciamento dei diritti. *Costituzionalismo. it*, [*S. l.*], n. 1, p. 1-81, 2021.

ALGOSTINO, Alessandra. Covid-19: primo tracciato per una riflessione nel nome della Costituzione. *Osservatorio costituzionale*, [*S. l.*], p. 121, n. 3, 2020.

ALMEIDA NETO, Manoel Carlos de. Doutrina do poder regulamentar na Constituição do Brasil. *In*: COÊLHO, Marcus Vinicius Furtado. *A Constituição entre o Direito e a política*: o futuro das instituições. Rio de Janeiro: Editora GZ, 2018.

AMARAL JÚNIOR, José Levi Mello do. Decreto autônomo: inovação da Emenda Constitucional nº 32, de 2001. *In*: DI PIETRO, Maria Sylvia Zanella (coord.). *Direito Regulatório*: temas polêmicos. Belo Horizonte: Fórum, 2003.

AMARAL JÚNIOR, José Levi Mello do. O poder legislativo na democracia contemporânea: a função de controle político dos parlamentos na democracia contemporânea. *Revista de Informação Legislativa*, Brasília, DF, v. 42, n. 168, p. 7-18, 2005.

AMORIM NETO, Octavio; TAFNER, Paulo. Governos de coalizão e mecanismo de alarme de incêndio no controle legislativo das Medidas Provisórias. *Dados – Revista de Ciências Sociais*, Rio de Janeiro, v. 45, n. 1, p. 5-38, 2002.

ANDRIAS, Kate. The President's Enforcement Power. *New York University Law Review*, New York, v. 88, 2013.

ARANTES, Rogério Bastos. *Judiciário e política no Brasil*. São Paulo: Idesp, 1997.

ARAGÃO, Alexandre Santos de. A concepção pós-positivista do princípio da legalidade. *Revista de Direito Administrativo (RDA)*, Rio de Janeiro, v. 236, p. 51-64, 2004.

ARAGÃO, Alexandre Santos. Princípio da legalidade e poder regulamentar no Estado contemporâneo. *Revista de Direito Administrativo (RDA)*, Rio de Janeiro, v. 225, p. 109-130, 2001.

ARGENTINA. [Constituição (1853)]. *Constitución de la Nación Argentina*. Ciudad de Buenos Aires: Cámara de Diputados de la Nación, [1853]. Disponível em: https://siteal.iiep.unesco.org/sites/default/files/sit_accion_files/constitucion_nacional_0.pdf. Acesso em: 3 jun. 2024

ATALIBA, Geraldo. Decreto regulamentar no sistema brasileiro. *Revista de Direito Administrativo (RDA)*, Rio de Janeiro, v. 97, p. 21-33, 1969.

ATALIBA, Geraldo. Poder regulamentar do Executivo. *Revista de Direito Público (RDP)*, Brasília, DF, n. 57, p. 184-208, 1981.

AUSTRIA. [Constituição Austríaca (1920)]. *Constitution of Austria*. Vienna: Parliament of Austria, [1920]. Disponível em: https://www.servat.unibe.ch/icl/au00000_.html. Acesso em: 30 maio 2020.

BAILEY, Jeremy D.; ROTTINGHAUS, Brandon. Reexamining the Use of Unilateral Orders: Source of Authority and the Power to Act Alone. *American Politics Research*, [*S. l.*], v. 42, n. 3, p. 472-502, 2014.

BAILEY, Jeremy D.; ROTTINGHAUS, Brandon. The development of unilateral power and the problem of the power to warn: Washington through McKinley. *Presidential Studies Quarterly*, [*S. l.*], v. 43, p. 186-204, 2013.

BAILEY, Jeremy D. The new unitary executive and democratic theory: The problem of Alexander Hamilton. *American Political Science Review*, [*S. l.*], v. 102, n. 4, p. 453-465, 2008.

BARRETT LAIN, Corinna. Upside-down judicial review. *Georgetown Law Journal*, Georgetown, v. 101, p. 113, 2012.

BARROSO, Luís Roberto. *Interpretação e aplicação da Constituição*: fundamentos de uma dogmática constitucional transformadora. São Paulo: Saraiva, 2009.

BARROSO, Luís Roberto. *O controle de constitucionalidade no Direito brasileiro*. São Paulo: Saraiva, 2014.

BASTOS, Celso Ribeiro. *Curso de Direito Constitucional*. São Paulo: Saraiva, 1978.

BAUM, Lawrence. *Judges and their Audiences*: A Perspective on Judicial Behavior. Princeton: Princeton University Press, 2009.

BELLIA, Patricia L. Faithful Execution and Enforcement Discretion. *University of Pennsylvania Law Review*, Pennsylvania, v. 164, p. 1.753-1.800, 2015.

BINENBOJM, Gustavo. *Uma teoria do Direito Administrativo*: direitos fundamentais, democracia e constitucionalização. Rio de Janeiro: Renovar, 2008.

BOLTON, Alexander; THROWER, Sharece. Legislative capacity and executive unilateralism. *American Journal of Political Science*, [*S. l.*], v. 60, n. 3, p. 649-663, 2016.

BLONDEL, Jean. *The Presidential Republic*. London: Palgrave Macmillan, 2015.

BONAVIDES, Paulo. *Ciência política*. São Paulo: Malheiros, 2000.

BRANDÃO, Rodrigo; CAPECCHI NUNES, Daniel. Poder regulamentar e 'jogo duro constitucional': o caso dos decretos de armas. *Jota*, São Paulo, 10 jul. 2019. Disponível em: https://www.jota.info/opiniao-e-analise/artigos/poder-regulamentar-e-jogo-duro-constitucional-o-caso-dos-decretos-de-armas-10072019. Acesso em: 3 jun. 2024.

BRADLEY, Curtis A.; POSNER, Eric A. Presidential signing statements and executive power. *Constitutional Commentary*, [*S. l.*], v. 23, p. 307-364, 2006.

BRANDINO, Jéssica. *Nexo Jornal*, [*S. l.*], 14 dez. 2019. Disponível em: https://www.nexojornal.com.br/expresso/2019/11/14/De-Collor-a-Bolsonaro-o-elo-de-presidentes-e-seus-partidos. Acesso em: 3 jun. 2024.

BRANUM, Tara L. President or King: The Use and Abuse of Executive Orders in Modern-Day America. *Journal of Legislation*, [*S. l.*], v. 28, p. 1-86, 2002.

BRASIL. Câmara dos Deputados. Câmara aprova suspensão de decreto sobre sigilo de documentos. *Agência Câmara de Notícias*, Brasília, DF, 19 fev. 2019. Disponível em: https://www.camara.leg.br/noticias/552179-camara-aprova-suspensao-de-decreto-sobre-sigilo-de-documentos/. Acesso em: 3 jun. 2024.

BRASIL. Câmara dos Deputados. Conheça a tramitação de projetos de decreto legislativo. *Agência Câmara de Notícias*, Brasília, DF, 30 out. 2019. Disponível em: https://www.camara.leg.br/noticias/606437-conheca-a-tramitacao-de-projetos-de-decreto-legislativo/. Acesso em: 3 jun. 2024.

BRASIL. Câmara dos Deputados. *Projeto de Decreto Legislativo nº 153, de 13 de março de 1992*. Brasília, DF: Câmara dos Deputados, 1992. grifos nossos. Disponível em: https://www.camara.leg.br/proposicoesWeb/fichadetramitacao?idProposicao=168007. Acesso em: 6 jun. 2020.

BRASIL. Câmara dos Deputados. Proposições. *Portal da Câmara dos Deputados*, Brasília, DF, [2024]. Disponível em: https://www.camara.leg.br/buscaProposicoesWeb/pesquisaAvancada. Acesso em: 6 jun. 2020.

BRASIL. Presidência da República. Decretos editados pelo Presidente da República, regulamentam as leis e dispõem sobre a organização da administração pública. *Gov.br*, Brasília, DF, [2024]. Disponível em: http://www4.planalto.gov.br/legislacao/portal-legis/legislacao-1/decretos1. Acesso em: 16 jun. 2024.

BRASIL. Presidência da República. Secretaria-Geral. Governo Federal revoga cerca de 5,5 decretos ao dia, *Gov.br*, Brasília, DF, 17 dez. 2019. Disponível em: https://www.gov.br/secretariageral/pt-br/noticias/governo-federal-revoga-cerca-de-5-5-decretos-ao-dia. Acesso em: 3 jun. 2024.

BRASIL. Senado Federal. Atividade Legislativa. *Portal do Senado*, Brasília, DF, [2024]. Disponível em: https://www25.senado.leg.br/web/atividade/materias. Acesso em: 6 jun. 2020.

BRASIL. Senado Federal. Plenário aprova projeto que anula decreto que flexibiliza posse e porte de arma. *Senado Notícias*, Brasília, DF, 18 jun. 2019. Disponível em: https://www12.senado.leg.br/noticias/materias/2019/06/18/senado-derruba-decreto-sobre-armas. Acesso em: 3 jun. 2024.

BRASIL. Supremo Tribunal Federal. Pesquisa de jurisprudência. *Portal STF*, Brasília, DF, [2024]. Disponível em: https://jurisprudencia.stf.jus.br/pages/search. Acesso em: 6 jun. 2020.

BRUFF, Harold H. Presidential Power and Administrative Rulemaking. *Yale Law Journal*, New Haven, v. 88, 1978.

BUENO, Pimenta. *Direito Público brasileiro*: análise da Constituição do Império. 2. ed. Goiânia: Intellectus Livraria, 1958.

CALABRESI, Steven G.; LAWSON, Gary. The Unitary Executive, Jurisdiction Stripping, and the Hamdan Opinions: A Textualist Response to Justice Scalia. *Columbia Law Review*, New York, v. 107, 2007.

CALABRESI, Steven G. Some Normative Arguments for the Unitary Executive. *Arkansas Law Review*, Fayetteville, v. 48, 1995.

CALABRESI, Steven G.; RHODES, Kevin H. The Structural Constitution: Unitary Executive, Plural Judiciary. *Harvard Law Review*, Cambridge, v. 105, 1991.

CALDEIRA, Gregory A. Neither the purse nor the sword: Dynamics of public confidence in the Supreme Court. *American Political Science Review*, [*S. l.*], v. 80, n. 4, p. 1209-1226, 1986.

CALISE, Mauro. Personalização da política. *In:* BADIE, Bertrand; BERG-SCHLOSSER, Dirk; MORLINO, Leonardo (ed.). *International Encyclopedia of Political Science*. London: Sage, 2011. p. 1858-1861.

CALISE, Mauro. The personalization of power. *Studia Politica. Romanian Political Science Review*, [*S. l.*], v. 10, n. 4, p. 617-622, 2010.

CALISSI, Jamile Gonçalves. Um estudo sobre os decretos legislativos: procedimento, tratados internacionais comuns e controle de constitucionalidade. *Revista Eletrônica da Faculdade de Direito de Franca*, Franca, v. 3, n. 1, 2010.

CAMINKER, Evan. The Unitary Executive and State Administration of Federal Law. *University of Kansas Law Review*, Lawrence, v. 45, 1996.

CAMPBELL, Tom. Executive Action and Nonaction. *North Carolina Law Review*, Chapel Hill, v. 95, 2016.

CANES-WRONE, Brandice; HOWELL, William G.; LEWIS, David E. Toward a broader understanding of presidential power: A reevaluation of the two presidencies thesis. *The Journal of Politics*, Chicago, v. 70, n. 1, p. 1-16, 2008.

CANOTILHO, José Joaquim Gomes. *Direito Constitucional e teoria da Constituição*. 7. ed. Coimbra: Almedina, 2003.

CAREY, John M.; SHUGART, Matthew Soberg (ed.). *Executive Decree Authority*. Cambridge: Cambridge University Press, 1998.

CAREY, John M.; SHUGART, Matthew Soberg. Poder de decreto: chamando os tanques ou usando a caneta? *Revista Brasileira de Ciências Sociais*, São Paulo, v. 13, n. 37, p. 149-184, 1998.

CARVALHO, Daniel. Eu sou a Constituição, diz Bolsonaro ao defender democracia e liberdade um dia após ato pró-golpe militar. *Folha de S. Paulo*, São Paulo, 20 abr. 2020. Disponível em: https://www1.folha.uol.com.br/poder/2020/04/democracia-e-liberdade-acima-de-tudo-diz-bolsonaro-apos-participar-de-ato-pro-golpe.shtml. Acesso em: 3 jun. 2024.

CARVALHO, Ernani Rodrigues de. *Sua Majestade, o presidente da República*: estudo de caso do controle de constitucionalidade dos atos do Executivo (1994-1998). 2000. Dissertação (Mestrado em Ciências Políticas) – Faculdade de Ciências Políticas, Universidade Federal de Pernambuco, Recife, 2000.

CAVINO, Massimo. Covid-19. Una prima lettura dei provvedimenti adottati dal Governo. *Federalismi.it*, [*S. l.*], n. 6, p. 1-9, 2020.

CAVINO, Massimo. La natura dei DPCM adottati nella prima fase di emergenza Covid. Lettura di Corte cost. n. 198/2021. *Federalismi.it*, [*S. l.*], n. 25, p. 80-86, 2021.

CASH, Robert B. Presidential power: Use and enforcement of executive orders. *Notre Dame Law Review*, [*S. l.*], v. 39, n. 1, 1963.

CHEIBUB, José Antonio; ELKINS, Zachary; GINSBURG, Tom. Latin American presidentialism in comparative and historical perspective. *Texas Law Review*, St. Austin, v. 89, 2010.

CHEIBUB, José Antonio; PRZEWORSKI, Adam; SAIEGH, Sebastian. Governos de coalizão nas democracias presidencialistas e parlamentaristas. *Dados – Revista de Ciências Sociais*, Rio de Janeiro, v. 45, n. 2, p. 187-218, 2002.

CHOU, Matthew. Agency Interpretations of Executive Orders. *Administrative Law Review*, Washington, D.C., v. 71, 2019.

CHRISTENSON, Dino P.; KRINER, Douglas L. Political constraints on unilateral executive action. *Case Western Reserve Law Review*, Atlanta, v. 65, 2014.

CLAUS, Laurence. The Divided Executive. *Duke Journal of Constitutional Law & Public Policy*, Durham, v. 13, 2017.

CLÈVE, Clèmerson Merlin. *Atividade legislativa do Poder Executivo*. São Paulo: Revista dos Tribunais, 2011.

CLÈVE, Clèmerson Merlin. Presidencialismo de coalizão e administração pública. *A&C – Revista de Direito Administrativo & Constitucional*, Belo Horizonte, v. 12, n. 50, p. 35-39, 2012.

COOLEY, Alexander; NEXON, Daniel H. *Foreign Affairs*, [*S. l.*], 14 Dec. 2021. Disponível em: https://www.foreignaffairs.com/articles/world/2021-12-14/illiberalism-real-crisis-global-order. Acesso em: 6 jun. 2024.

COOPER, Phillip J. By Order of the President: Administration by Executive Order and Proclamation. *Administration & Society*, [*S. l.*], v. 18, n. 2, p. 233-262, 1986.

COOPER, Phillip J. *By Order of the President*: The Use and Abuse of Direct Executive Action. Lawrence: University Press of Kansas, 2002.

CORMACAIN, Ronan; BAR-SIMAN-TOV, Ittai. Legislatures in the Time of Covid-19. *The Theory and Practice of Legislation*, [*S. l.*], v. 8, n. 1-2, p. 8, 2020.

COVINGTON, Megan. Executive Legislation and the Expansion of Presidential Power. *Vanderbilt Undergraduate Research Journal*, [*S. l.*], v. 8, jul. 2012.

CYRINO, André Rodrigues. *Delegações legislativas, regulamentos e administração pública*. Belo Horizonte: Fórum, 2018.

CYRINO, André Rodrigues. *O poder regulamentar autônomo do presidente da República*: a espécie regulamentar criada pela EC nº 32/2001. Belo Horizonte: Fórum, 2005.

CYRINO, André Rodrigues. Regulamento autônomo no Brasil: uma resposta às críticas. *Revista da Faculdade de Direito da UERJ*, Rio de Janeiro, n. 30, p. 137-156, 2016.

CYRINO, André Rodrigues; NUNES, Daniel Capecchi. A Constituição, as instituições e as delegações legislativas: um caso de mutação. *A&C – Revista de Direito Administrativo & Constitucional*, Belo Horizonte, v. 17, 2017.

CUNHA, Anna Cândida Ferraz da. Comentários ao art. 49, V, da Constituição Federal de 1988. *In*: CANOTILHO, J. J. Gomes; MENDES, Gilmar Ferreira; SARLET, Ingo Wolfgang; STRECK, Lenio Luiz; LEONCY, Leo Ferreira (org.). *Comentários à Constituição do Brasil*. São Paulo: Saraiva Jur, 2018. *E-book*.

CUNHA, Anna Cândida Ferraz da. *Conflito entre Poderes*: o poder congressual de sustar atos normativos do Poder Executivo. São Paulo: Revista dos Tribunais, 1994.

CUOCOLO, Lorenzo. I diritti costituzionali di fronte all'emergenza Covid-19: la reazione italiana. *DPCE Online*, [*S. l.*], v. 43, n. 2, p. 1491-1510, 2020.

DAHL, Robert A. Decision-making in a democracy: The Supreme Court as a national policy-maker. *Journal of Public Law*, [*S. l.*], v. 6, 1957.

DECRETO faz 'revogaço' de normas; objetivo é simplificar legislação, diz governo. *G1*, Brasília, DF, 11 abr. 2019. Disponível em: https://g1.globo.com/politica/noticia/2019/04/11/decreto-faz-revogaco-de-normas-objetivo-e-simplificar-legislacao-diz-governo.ghtml. Acesso em: 22 jan. 2019.

DEERE, Kelly J. Governing by Executive Order during the Covid-19 Pandemic: Preliminary Observations Concerning the Proper Balance between Executive Orders and More Formal Rule Making. *Missouri Law Review*, [*S. l.*], v. 86, p. 721, 2021

DEERING, Christopher J.; MALTZMAN, Forrest. The politics of executive orders: Legislative constraints on presidential power. *Political Research Quarterly*, [*S. l.*], v. 52, n. 4, p. 767-783, 1999.

DELAHUNTY, Robert J.; YOO, John C. Dream On: The Obama Administration's Nonenforcement of Immigration Laws, the Dream Act, and the Take Care Clause. *Texas Law Review*, St. Austin, v. 91, 2012.

DIVER, Colin S. Presidential powers. *American University Law Review*, [*S. l.*], v. 36, 1986.

DODDS, Graham G. *Take Up your Pen*: Unilateral Presidential Directives in American Politics. Pennsylvania: University of Pennsylvania Press, 2013.

DUNCAN JUNIOR, John C. A critical consideration of executive orders: Glimmerings of autopoiesis in the executive role. *Vermont Law Review*, Vermont, v. 35, 2010.

EASTERBROOK, Frank H. Presidential Lawmaking Powers. *Washington University Law Quarterly*, Washington, D.C., v. 68, 1990.

EICHLER, Jessika; SONKAR, Sumit. Challenging absolute executive powers in times of corona: re-examining constitutional courts and the collective right to public contestation as instruments of institutional control. *Review of Economics and Political Science*, [*S. l.*],v. 6, n. 1, p. 3-23, 2021.

EISENMANN, Charles. O Direito Administrativo e o princípio da legalidade. *Revista de Direito Administrativo (RDA)*, Rio de Janeiro, v. 56, p. 47-70, 1959.

ELLIS, Richard J. *Judging Executive Power*: Sixteen Supreme Court Cases that Have Shaped the American Presidency. Lanham: Rowman & Littlefield, 2009.

ELGIE, Robert; PASSARELLI, Gianluca. The presidentialization of political executives. *In:* ANDEWEG, Rudy B.; ELGIE, Robert; HELMS, Ludger; KAARBO, Juliet; MÜLLER-ROMMEL, Ferdinand (ed.). *The Oxford Handbook of Political Executives*. Oxford: Oxford University Press, 2020. p. 359-381.

EPSTEIN, Lee; MARTIN, Andrew D. Does Public Opinion Influence the Supreme Court-Possibly Yes (But We're Not Sure Why). *University of Pennsylvania Journal of Constitutional Law*, Pennsylvania, v. 13, p. 263, 2010.

EPSTEIN, Richard A. Executive power on steroids. *Wall Street Journal*, [*S. l.*], 13 Feb. 2006, p. A16. Disponível em: http://www.cato.org/pub_display.php?pub_id=5557. Acesso em: 6 jun. 2020.

EPSTEIN, Richard A. Why the modern administrative state is inconsistent with the rule of law. *NYU Journal of Law & Liberty*, New York, v. 3, 2008.

EN QUÉ consiste el polémico Decreto de Necesidad y Urgencia presentado por Milei en Argentina para liberalizar la economía del país. *BBC News*, [*S. l.*], 21 dic. 2023. Disponível em https://www.bbc.com/mundo/articles. Acesso em: 3 jun. 2024.

ESPANÃ. [Constituição (1978)]. *Constitución Española*. Madrid: Gobierno de España, 1978. Disponível em: https://www.tribunalconstitucional.es/es/tribunal/normativa/Normativa/CEportugu%C3%A9s.pdf. Acesso em: 20 out. 2020.

EUA. White House. *Presidential Executive Order on Buy American and Hire American*. Washington, D.C.: White House, [2024]. Disponível em: https://www.whitehouse.gov/presidential-actions/presidential-executive-order-buy-american-hire-american/. Acesso em: 3 jun. 2024.

ELHAUGE, Einer R. Does interest group theory justify more intrusive judicial review? *Yale Law Journal*, New Haven, p. 31-110, 1991.

FARBER, Daniel A. Lincoln, Presidential Power, and the Rule of Law. *Northwestern University Law Review*, [*S. l.*], v. 113, 2018.

FÁVERO, Bruno. Bolsonaro propôs e aprovou menos leis do que média dos presidentes em início de mandato. *Aos Fatos*, Brasília, DF, 24 jul. 2019. Disponível em: https://www.aosfatos.org/noticias/bolsonaro-propos-e-aprovou-menos-leis-do-que-media-dos-presidentes-em-inicio-de-mandato/. Acesso em: 6 jun. 2020

FERRAZ, Ricardo. Steven Levitsky: Por que este professor de Harvard acredita que a democracia brasileira está em risco. *BBC News*, São Paulo, 19 out. 2018. Disponível em: https://www.bbc.com/portuguese/brasil-45829323. Acesso em: 3 jun. 2024.

FERREIRA FILHO, Manoel Gonçalves. *Curso de Direito Constitucional*. São Paulo: Saraiva Educação, 1971.

FEREJOHN, John A.; KRAMER, Larry D. Independent judges, dependent Judiciary: Institutionalizing judicial restraint. *New York University Law Review*, New York, v. 77, 2002.

FERGUSON, Margaret R.; BOWLING, Cynthia J. Executive orders and administrative control. *Public Administration Review*, [*S. l.*], v. 68, p. 520-528, 2008.

FERNANDES, Talita. Bolsonaro diz ter-mais-poder-que-maia-por-ter-caneta-para editar decretos. *Folha de S.Paulo*, São Paulo, 28 maio 2019. Disponível em: https://www1.folha.uol.com.br/poder/2019/05/bolsonaro-diz-ter-mais-poder-que-maia-por-ter-caneta-para-editar-decretos.shtml. Acesso em: 7 jun. 2020.

FIGUEIREDO, Argelina Cheibub. Agendas, instituições políticas e desempenho do governo na democracia brasileira. *In*: REIS, Elisa P.; ZILBERMAN, Regina (org.). *Retratos do Brasil*. Porto Alegre: EDIPUCRS, 2004. p. 71-84.

FIGUEIREDO, Argelina Cheibub; LIMONGI, Fernando. Bases institucionais do presidencialismo de coalizão. *Lua Nova: Revista de Cultura e Política*, São Paulo, v. 44, p. 81-106, 1998.

FIGUEIREDO, Argelina Cheibub; LIMONGI, Fernando. *Democracia ou reformas?* Alternativas democráticas à crise política 1961-1964. São Paulo: Paz e Terra, 1993.

FIGUEIREDO, Argelina Cheibub; LIMONGI, Fernando. *Executivo e Legislativo na nova ordem constitucional*. Rio de Janeiro: FGV Editora, 1999.

FIGUEIREDO, Argelina Cheibub; LIMONGI, Fernando. Instituições e política no controle do Executivo. *Dados – Revista de Ciências Sociais*, Rio de Janeiro, v. 44, n. 4, p. 689-727, 2001.

FIGUEIREDO, Argelina Cheibub; LIMONGI, Fernando. Mudança constitucional, desempenho do Legislativo e consolidação institucional. *Revista Brasileira de Ciências Sociais*, São Paulo, v. 10, n. 29, p. 175-200, 1995.

FIGUEIREDO, Argelina Cheibub; LIMONGI, Fernando; VALENTE, Ana Luzia. Governabilidade e concentração de poder institucional: o Governo FHC. *Tempo social: Revista de Sociologia da USP*, São Paulo, v. 11, n. 2, p. 49-62, out. 1999.

FINE, Jeffrey A.; WARBER, Adam L. Circumventing adversity: Executive orders and divided government. *Presidential Studies Quarterly*, [*S. l.*], v. 42, n. 2, p. 256-274, 2012.

FISHKIN, Joseph; POZEN, David E. Asymmetric Constitutional Hardball. *Columbia Law Review*, New York, v. 118, n. 3, p. 915-982, 2018.

FITTS, Michael A. Paradox of Power in the Modern State: Why a Unitary, Centralized Presidency May Not Exhibit Effective or Legitimate Leadership. *University of Pennsylvania Law Review*, Pennsylvania, v. 144, 1995.

FLEISHMAN, Joel L.; AUFSES, Arthur H. Law and orders: The problem of presidential legislation. *Law and Contemporary Problems*, [*S. l.*], v. 40, n. 3, p. 1-45, 1976.

FERNANDES, Adriana; TOMAZELLI, Idiana, RODRIGUES, Lorenna; RODRIGUES, Eduardo. *Estadão*, São Paulo, 5 nov. 2019. Disponível em: https://economia.estadao.com.br/noticias/geral,guedes-entrega-primeira-parte-de-novo-pacote-de-reformas-veja-quais-sao-as-medidas,70003076456. Acesso em: 3 jun. 2024.

FORTES, Bonifácio. O poder regulamentar. *Revista de Direito Administrativo (RDA)*, Rio de Janeiro, v. 65, p. 26-48, 1961.

FORTES, Paulo Celso. Atividade legislativa do Poder Executivo. *Revista de Direito Administrativo (RDA)*, Rio de Janeiro, v. 84, p. 352-355, 1966.

FOURMONT, Alexis; RIDARD, Basile. Parliamentary oversight in the health crisis. *European Issues*, [*S. l.*], n. 558, p. 1-11, 2020.

FRANCISCO, José Carlos. *Função regulamentar e regulamentos*. Rio de Janeiro: Forense, 2009.

FRIEDMAN, Barry. The politics of judicial review. *Texas Law Review*, St. Austin, v. 84, p. 257, 2005.

FRIEDMAN, Barry. *The Will of the People*: How Public Opinion has Influenced the Supreme Court and Shaped the Meaning of the Constitution. New York: Farrar, Straus and Giroux, 2009.

GALLAGHER, Maryann E.; BLACKSTONE, Bethany. Taking matters into their own hands: Presidents' personality traits and the use of executive orders. *Presidential Studies Quarterly*, [*S. l.*], v. 45, n. 2, p. 221-246, 2015.

GARBER, Marc N.; WIMMER, Kurt A. Presidential signing statements as interpretations of legislative intent: An executive aggrandizement of power. *Harvard Journal on Legislation*, Worcester, v. 24, 1987.

GAROUPA, Nuno; GINSBURG, Tom. *Judicial Reputation*: A Comparative Theory. Chicago: University of Chicago Press, 2015.

GASPARINI, Diógenes. *Poder regulamentar*. São Paulo: José Bushatsky, 1978.

GAZIANO, Todd F. The use and abuse of executive orders and other presidential directives. *Texas Review of Law and Politics*, St. Austin, v. 5, 2000.

GILES, Micheal W.; BLACKSTONE, Bethany; VINING JUNIOR, Richard L. The Supreme Court in American democracy: Unraveling the linkages between public opinion and judicial decision making. *The Journal of Politics*, [*S. l.*], v. 70, n. 2, p. 293-306, 2008.

GINSBURG, Tom; VERSTEEG, Mila. The bound executive: Emergency powers during the pandemic. *International Journal of Constitutional Law*, [*S. l.*], v. 19, n. 5, p. 1498-1535, Dec. 2021.

GOLDBERG, Arthur J. The Constitutional Limitations on the President's Powers. *American University Law Review*, [*S. l.*], v. 22, 1972.

GOLDSMITH, Jack; MANNING, John F. The President's Completion Power. *Yale Law Journal*, New Haven, v. 115, 2005.

GRANDELLE, Renato. Bolsonaro transfere concessão de florestas públicas para Ministério da Agricultura. *O Globo*, Brasília, DF, 15 maio 2020. Disponível em: https://oglobo.globo.com/sociedade/bolsonaro-transfere-concessao-de-florestas-publicas-para-ministerio-da-agricultura-24427684. Acesso em: 3 jun. 2024.

GRAU, Eros Roberto. *O Direito posto e o Direito pressuposto*. São Paulo: Malheiros, 2008.

GREENE, Abner S. Checks and balances in an era of presidential lawmaking. *University of Chicago Law Review*, Chicago, v. 61, 1994.

GROGAN, Joelle. Analysing Global Use of Emergency Powers in Response to Covid-19. *European Journal of Law Reform*, [*S. l.*], v. 4, 2020.

GROGAN, Joelle. Covid-19, The Rule of Law and Democracy. Analysis of Legal Responses to a Global Health Crisis. *Hague Journal on the Rule of Law*, [*S. l.*], v. 14, n. 2-3, p. 353, 2022.

GROGAN, Joelle. Extraordinary or extralegal responses? Covid-19 and the rule of law in Europe. *Democracy Reporting International*, [*S. l.*], p. 9, 2021.

GUASTI, Petra. The impact of the Covid-19 pandemic in Central and Eastern Europe: The rise of autocracy and democratic resilience. *Democratic Theory*, [*S. l.*], v. 7, n. 2, p. 47-60, 2020.

GUZZETTA, Giovanni. DPCM e Costituzione anche alla luce della sent. 198/2021 della Corte costituzionale. *In:* MORANA, Donatella; MABELLINI, Stefania (ed.). L'emergenza pandemica e l'impatto sul Diritto Pubblico: innovazione e prospettive future. *Quaderni del Dottorato di Ricerca in Diritto Pubblico dell'Università degli Studi di Roma "Tor Vergata"*, Milano, 2022.

GUZZETTA, Giovanni. Le fonti dell'emergenza alla prova della pandemia. *In:* MARINI, Francesco Saverio; SCACCIA, Gino (ed.). *Emergenza Covid-19 e ordinamento costituzionale*. Torino: G. Giappichelli Editore, 2020. p. 73-82.

HAMILTON, Alexander. O Federalista nº 78. *In*: MADISON, James; HAMILTON, Alexander; JAY, John. *O Federalista*. Tradução: Ricardo Rodrigues Gama. Campinas: Russell Editores, 2013.

HEALY, Gene. *The cult of the presidency*: America's dangerous devotion to executive power. Washington: Cato Institute, 2009.

HEBE, William. Executive orders and the development of presidential power. *Villanova Law Review*, [*S. l.*], v. 17, 1972.

HELLMEIER, Sebastian et al. State of the world 2020: autocratization turns viral. *Democratization*, [*S. l.*], v. 28, n. 6, p. 1053-1074, 2021.

HOWELL, William G. *Power without Persuasion*: The Politics of Direct Presidential Action. Princeton: Princeton University Press, 2003.

HOWELL, William G. Unilateral Powers: A Brief Overview. *Presidential Studies Quarterly*, [*S. l.*], v. 35, n. 3, p. 417-439, 2005.

INÁCIO, Magna Maria; LLANOS, Mariana. The Institutional Presidency in Latin America: A Comparative Analysis. *Presidential Studies Quarterly*, [*S. l.*], v. 46, n. 3, p. 531-549, 2016

ITALIA. [Constituição (1947)]. *La Constitución de la República Italiana*. Roma: Presidenza della Repubblica, [1947]. Disponível em: https://www.prefettura.it/files/allegatipag/1187/costituzione_esp.pdf. Acesso em: 6 jun. 2020

KAGAN, Elena. Presidential Administration. *Harvard Law Review*, Cambridge, v. 114, 2001.

KAUFMAN, Aaron R.; ROGOWSKI, Jon C. *The Unilateral Presidency*, 1933-2017. [*S. l.*]: [*s. n.*], 2018. p. 9. Disponível em: http://www.aaronrkaufman.com/wp-content/uploads/2018/03/Kaufman-Rogowski.pdf. Acesso em: 3 jun. 2024.

KELLEY, Christopher S. "Faithfully Executing" and "Taking Care" – The Unitary Executive and the Presidential Signing Statement. *In:* AMERICAN POLITICAL SCIENCE ASSOCIATION ANNUAL CONVENTION, 2002, [*S. l.*]. *Proceedings* (...). [*S. l.*]: APSA, 2002. Disponível em: http://www.users.miamioh.edu/kelleycs/UESS.pdf. Acesso em: 6 jun. 2020.

KELSEN, Hans. *Teoria geral do Direito e do Estado*. São Paulo: Martins Fontes, 2005.

KLARMAN, Michael J. *Brown* v. *Board of Education and the Civil Rights Movement*. New York: Oxford University Press, 2007.

KRAUSE, George A.; COHEN, David B. Presidential use of executive orders, 1953-1994. *American Politics Quarterly*, [*S. l.*], v. 25, n. 4, p. 458-481, 1997.

KRAUSE, George A.; COHEN, David B. Opportunity, constraints, and the development of the institutional presidency: The issuance of executive orders, 1939-96. *Journal of Politics*, [*S. l.*], v. 62, n. 1, p. 88-114, 2000.

KRENT, Harold J. From a Unitary to a Unilateral Presidency. *Boston University Law Review*, Boston, v. 88, 2008.

KUBICEK, Paul. Delegative democracy in Russia and Ukraine. *Communist and Post-Communist Studies*, [*S. l.*], v. 27, n. 4, 1994

LAGONA, Francesco. The opposite cycles of laws and decrees. *Centre Condorcet for Political Economy Working Paper*, [*S. l.*], n. 1, 2012.

LAMBERTUCCI, Constanza. Argentine justice system halts President Javier Milei's labor reforms. *El País*, Buenos Aires, 4 Jan. 2024. Disponível em https://english.elpais.com/international/2024-01-04/argentine-justice-system-halts-president-javier-mileis-labor-reforms.html. Acesso em: 3 jun. 2024.

LANDAU, David. Abusive constitutionalism. *U.C. Davis Law Review*, [*S. l.*], v. 47, 2013.

LARKINS, Christopher M. *The Legacies of Hyper-Presidentialism*: Executive-Judicial Relations, Constitutional Cultures, and the Future of Democratic Governance in Argentina and Peru. 1999. Dissertation (Ph.D.) – Department of Political Science, University of Southern California ProQuest, Los Angeles, 1999.

LEITE, George Salomão; STRECK, Lenio; NERY JR, Nelson. *Crise dos Poderes da República*: Judiciário, Legislativo e Executivo. São Paulo: ed. Revista dos Tribunais, 2017.

LEVINSON, Sanford; BALKIN, Jack M. Constitutional Dictatorship: Its Dangers and Its Design. *Minnesota Law Review*, v. 94, 2009.

LIMONGI, Fernando. A democracia no Brasil: presidencialismo, coalizão partidária e processo decisório. *Novos Estudos CEBRAP*, Brasília, DF, n. 76, p. 17-41, 2006.

LIMONGI, Fernando. Formas de Governo, leis partidárias e processo decisório. *Revista Brasileira de Informação Bibliográfica em Ciências Sociais*, n. 41, 1996.

LIMONGI, Fernando; FIGUEIREDO, Argelina. Medidas provisórias. *In*: MESQUITA, Maria Victória Benevides de; VANNUCHI, Paulo; COMPARATO, Fábio Konder (org.). *Reforma política e cidadania*. São Paulo: Editora Fundação Perseu Abramo, 2005.

LINZ, Juan J. The perils of presidentialism. *Journal of democracy*, v. 1, n. 1, p. 51-69, 1990.

LOWANDE, Kenneth S. The contemporary presidency after the orders: Presidential memoranda and unilateral action. *Presidential Studies Quarterly*, [*S. l.*], v. 44, n. 4, p. 724-741, 2014.

LOWI, Theodore J. *The Personal President*: Power Invested, Promise Unfulfilled. New York: Cornell University Press, 1986.

LUCIANI, Massimo et al. Il sistema delle fonti del diritto alla prova dell'emergenza. *Rivista Aic.*, [*S. l.*], v. 2020, n. 2, p. 109-14, 2020.

MACHADO, Nara Borgo Cypriano. *Usuário ou traficante?* A seletividade penal na nova lei de drogas. *In:* ENCONTRO NACIONAL DO CONPEDI, 19., [*S. l.*], 2010. *Anais* (...). [*S. l.*]: CONPENDI, 2010. Disponível em: https://www1.folha.uol.com.br/cotidiano/2019/04/nova-politica-de-drogas-exclui-reducao-de-danos.shtml. Acesso em: 3 jun. 2024.

MADEIRO, Carlos. Collor admite "relação inadequada" com Congresso no tempo de seu governo. *Uol*, [*S. l.*], 18 mar. 2016, grifos nossos. Disponível em: https://noticias.uol.com.br/politica/ultimas-noticias/2016/03/18/collor-admite-relacao-inadequada-com-congresso-no-tempo-de-seu-governo.htm. Acesso em: 3 jun. 2024

MAINWARING, Scott; SHUGART, Matthew Soberg; LANGE, Peter (ed.). *Presidentialism, and Democracy in Latin America*. Cambridge: Cambridge University Press, 1997.

MAINWARING, Scott; SHUGART, Matthew S. Juan Linz. Presidentialism, and democracy: a critical appraisal. *Comparative Politics*, v. 29, n. 4, p. 449-471, 1997.

MARSHALL, Bryan W.; PACELLE JR, Richard L. Revisiting the two presidencies: The strategic use of executive orders. *American Politics Research*, [*S. l.*], v. 33, n. 1, p. 81-105, 2005.

MARSHALL, Thomas R. *Public Opinion and the Supreme Court*. Boston: Unwin Hyman, 1989.

MARTINEZ, Jenny S. Inherent executive power: A comparative perspective. *Yale Law Journal*, New Haven, v. 115, 2005.

MASHAW, Jerry L.; BERKE, David. Presidential Administration in a Regime of Separated Powers: An Analysis of Recent American Experience. *Yale Journal on Regulation*, New Haven, v. 35, 2018.

MAYER, Kenneth. Executive orders. *In:* BESSETTE, J. M.; TULIS, J. K. (ed.). *The Constitutional Presidency*. Baltimore: Johns Hopkins, 2009.

MAYER, Kenneth R. Executive orders and presidential power. *The Journal of Politics*, Chicago, v. 61, n. 2, p. 445-466, 1999.

MAYER, Kenneth R. *With the Stroke of a Pen*: Executive Orders and Presidential Power. Princeton: Princeton University Press, 2002.

MAYER, Kenneth R.; PRICE, Kevin. Unilateral presidential powers: Significant executive orders, 1949-99. *Presidential Studies Quarterly*, [*S. l.*], v. 32, n. 2, p. 367-386, 2002.

MAZUI, Guilherme. Bolsonaro libera turistas de EUA, Austrália, Canadá e Japão a entrar no Brasil sem visto. *G1*, Brasília, DF, 18 mar. 2019. Disponível em: https://g1.globo.com/politica/noticia/2019/03/18/bolsonaro-libera-cidadaos-de-eua-australia-canada-e-japao-de-visto-de-visita-ao-brasil.ghtml. Acesso em: 3 jun. 2024.

MEIRELLES, Hely Lopes. *Direito Administrativo brasileiro*. 13. ed. São Paulo: Revista dos Tribunais, 1987.

MENDES, Gilmar Ferreira; BRANCO, Paulo Gonet. *Curso de Direito Constitucional*. 15. ed. São Paulo: Saraiva Educação, 2020. *E-book*.

MENDES, Gilmar Ferreira. *Jurisdição constitucional*: o controle abstrato de normas no Brasil e na Alemanha. São Paulo: Saraiva, 2014. *E-book*.

MELLO, Patrícia Perrone Campos. *Nos bastidores do Supremo Tribunal Federal*. São Paulo: Forense, 2015.

MELLO, Patrícia Perrone Campos. Quando julgar se torna um espetáculo: a interação entre o STF e a opinião pública, a partir de reflexões da literatura estrangeira. *Revista de Direito Internacional*, Brasília, DF, v. 14, n. 1, 2017.

MERRILL, Thomas W. Judicial deference to Executive precedent. *Yale Law Journal*, New Haven, v. 101, 1991.

MILLER, Arthur S. The President and Faithful Execution of the Laws. *Vanderbilt Law Review*, [*S. l.*], v. 40, 1987.

MIRANDA, Francisco Cavalcanti Pontes de. *Comentários à Constituição de 1946*. 2. ed. Max Limonad: São Paulo, 1953. v. VI.

MIRANDA, Jorge. Funções do Estado. *Revista de Direito Administrativo (RDA)*, Rio de Janeiro, v. 189, p. 85-99, 1992.

MOE, Terry M. An assessment of the positive theory of 'congressional dominance'. *Legislative Studies Quarterly*, St. Louis, v. 12, n. 4, p. 475-520, nov. 1987.

MOE, Terry M.; HOWELL, William G. The presidential power of unilateral action. *The Journal of Law, Economics, and Organization*, [*S. l.*], v. 15, n. 1, p. 132-179, 1999.

MONCADA, Luís S. Cabral. *Lei e regulamento*. Coimbra: Coimbra Editora, 2002.

MORAES, Filomeno. Executivo e Legislativo no Brasil pós-constituinte. *São Paulo em Perspectiva*, São Paulo, v. 15, n. 4, p. 45-52, 2001.

MORTENSON, Julian Davis. Law Matters, Even to the Executive. *Michigan Law Review*, Lansing, v. 112, 2013.

MOSS, Randolph D. Executive Branch Legal Interpretation: A Perspective from the Office of Legal Counsel. *Administrative Law Review*, Washington, D.C., v. 52, 2000.

MUSELLA, Fortunato. I poteri di emergenza nella Repubblica dei Presidenti. *Diritti regionali*, [*S. l.*], n. 2, p. 107-139, 2020.

NEGRETTO, Gabriel L. ¿Gobierna solo el Presidente? Poderes de decreto y diseño institucional en Brasil y Argentina. *Desarrollo Económico*, [*S. l.*], p. 377-404, 2002.

NOVAIS, Jorge Reis. *As restrições aos direitos fundamentais não expressamente autorizadas pela Constituição*. Coimbra: Coimbra Editora, 2003.

NOVELINO, Marcelo. STF e a opinião pública. *In:* NOVELINO, Marcelo; LEITE, George Salomão; ROCHA, Lilian Rose Lemos (coord.). *Liberdade e fraternidade*: a contribuição de Ayres Britto para o direito. Salvador: Juspodivm, 2018.

NOYES, John E. Executive Orders, Presidential Intent, and Private Rights of Action. *Texas Law Review*, St. Austin, v. 59, 1980.

NUNES, José Ribamar de Barros. *O regulamento-lei*. Brasília, DF: Gráfica Brasiliana, 1981.

ODILLA, Fernanda. Dos EUA ao Brasil, como presidentes tentam governar sem Congresso. *BBC News Brasil*, Londres, 17 jun. 2019. Disponível em: https://www.bbc.com/portuguese/brasil-48505310. Acesso em: 5 maio 2020.

OLIVEIRA, A. Gonçalves de. Poder regulamentar. Competência do presidente da República. *Revista de Direito Administrativo (RDA)*, Rio de Janeiro, v. 42, p. 470-472, 1955.

OLIVEIRA, Mariana; VIVAS, Fernanda; D'AGOSTINO, Rosanne. Bolsonaro é presidente com mais decretos e MPs questionados no STF no primeiro ano de mandato. *G1*, Brasília, DF, 1 mar. 2020. Disponível em: https://g1.globo.com/politica/noticia/2020/03/01/bolsonaro-e-presidente-com-mais-decretos-e-mps-questionados-no-stf-no-primeiro-ano-de-mandato.ghtml. Acesso em: 6 jun. 2020.

OLIVEIRA, Vanessa Elias. Judiciário e privatizações no Brasil: existe uma judicialização da política? *Dados – Revista de Ciências Sociais*, Rio de Janeiro, v. 48, n. 3, p. 576-579, 2005.

OMS. *Coronavirus disease (COVID-19) pandemic*. [*S. l.*], [2024]. Disponível em: https://www.who.int/emergencies/diseases/novel-coronavirus-2019. Acesso em: 6 jun. 2020.

OSÓRIO, Fábio Medina. *Direito Administrativo Sancionador*. 9. ed. São Paulo: Revista dos Tribunais, 2023

O'DONNELL, Guillermo. Delegative democracy? *Journal of Democracy*, [*S. l.*], v. 51, p. 55-69, 1994.

PACHECO, Cristina Carvalho. *O Supremo Tribunal Federal e a reforma do Estado*: uma análise das ações diretas de inconstitucionalidade julgadas no primeiro governo de Fernando Henrique Cardoso (1995-1998). São Paulo: Appris, 2019.

PAULA E SOUZA, Alexis Sales de. *A efetividade do decreto legislativo como instrumento de controle da atividade normativa do Poder Executivo*. 2017. 82 f. Dissertação (Mestrado em Administração Pública) – Instituto Brasiliense de Direito Público, Escola Americana de Brasília, Brasília, DF, 2017.

PEREIRA, Carlos; POWER, Timothy J.; RENNÓ, Lucio R. Agenda power, executive decree authority, and the mixed results of reform in the Brazilian congress. *Legislative Studies Quarterly*, St. Louis, v. 33, n. 1, p. 5-33, 2008.

PEREIRA, Carlos; POWER, Timothy J.; RENNÓ, Lucio R. Under what conditions do presidents resort to decree power? Theory and evidence from the Brazilian case. *The Journal of Politics*, Chicago, v. 67, n. 1, p. 178-200, 2005.

PEREIRA, Jane Reis Gonçalves. *Interpretação constitucional e direitos fundamentais*. 2. ed. São Paulo: Saraiva Educação, 2018.

PÉREZ-LIÑÁN, Aníbal. As conseqüências políticas e econômicas das crises entre Executivo e Legislativo. *Opinião Pública*, [*S. l.*], v. 10, n. 1, p. 112-138, 2004.

PESSANHA, Charles. O Poder Executivo e o processo legislativo nas constituições brasileiras: teoria e prática. *In*: VIANNA, L. W. (org.). *A democracia e os três Poderes no Brasil*. Belo Horizonte: Editora UFMG, 2002.

PETROV, Jan. The Covid-19 Emergency in the Age of Executive Aggrandizement: What Role for Legislative and Judicial Checks? *The Theory and Practice of Legislation*, [*S. l.*], v. 8, n. 1-2, p. 71-92, 2020.

PIERCE, Richard J. How Should the US Public Law System React to President Trump? *GWU Law School Public Law Research Paper*, [*S. l.*], v. 35, 2018.

PINTO, Pedro Duarte. *Presidencialismo à brasileira*: Poder Executivo, modelos comparados e perspectivas. Rio de Janeiro: Lumen Juris, 2018.

POGUNTKE, Thomas; WEBB, Paul (ed.). *The Presidentialization of politics*: A Comparative Study of Modern Democracies. Oxford: Oxford University Press, 2005. v. 1.

PORTUGAL. [Constituição (1976)]. *Constituição da República Portuguesa de 1976*. Lisboa: Presidência da República, [1976]. Disponível em: https://www.parlamento.pt/Legislacao/paginas/constituicaorepublicaportuguesa.aspx. Acesso em: 20 out. 2020.

POSNER, Eric A.; VERMEULE, Adrian. *The Executive Unbound*: After the Madisonian Republic. Oxford: Oxford University Press, 2011.

POST, Robert. *Constitutional Domains*: Democracy, Community, Management. Cambridge: Harvard University Press, 1995.

POST, Robert; SIEGEL, Reva. Roe rage: democratic constitutionalism and backlash. *Harv. CR-CLL Rev.*, [*S. l.*], v. 42, p. 373, 2007;

POWER, Timothy. The pen is mightier than the Congress. Presidential decree power in Brazil. *In:* CAREY, John M.; SHUGART, Matthew Soberg (ed.). *Executive Decree Authority*. Cambridge: Cambridge University Press, 1998.

PRADO, Mariana Mota. Presidential dominance from a comparative perspective: the relationship between the executive branch and regulatory agencies in Brazil. *In*: ROSE-ACKERMAN, Susan; LINDSETH, Peter L. (ed.). *Comparative Administrative Law*. Cheltenham: Edward Elgar Publishing, 2010.

PRIZIBISCZKI, Cristiane. Governo institui anistia prévia a criminosos ambientais. *O Eco*, [*S. l.*], 14 abr. 2019. Disponível em: https://www.oeco.org.br/reportagens/governo-institui-anistia-previa-a-criminosos-ambientais/. Acesso em: 3 jun. 2024.

PRICE, Zachary S. Enforcement discretion and executive duty. *Vanderbilt Law Review*, [*S. l.*], v. 67, 2014.

PROTSYK, Oleh. Ruling with decrees: presidential decree making in Russia and Ukraine. *Europe-Asia Studies*, [*S. l.*], v. 56, n. 5, p. 637-660, 2004.

RAMOS, Dirceu Torrecillas. Controle do Poder Executivo pelo Poder Legislativo. *Revista de Direito Administrativo (RDA)*, Rio de Janeiro, v. 200, p. 97-104, 1995.

RÁO, Vicente. *O direito e a vida dos direitos*. São Paulo: Revista dos Tribunais, 1991.

REEVES, Andrew; ROGOWSKI, Jon C. Public opinion toward presidential power. *Presidential Studies Quarterly*, [*S. l.*], v. 45, n. 4, p. 742-759, 2015.

REEVES, Andrew; ROGOWSKI, Jon C. Unilateral Powers, Public Opinion, and the Presidency. *The Journal of Politics*, Chicago, v. 78, n. 1, p. 137-151, 2016.

RENAN, Daphna. The Law Presidents Make. *Virginia Law Review*, Richmond, v. 103, n. 5, p. 805-904, 2017.

RAFFIOTTA, Edoardo. Sulla legittimità dei provvedimenti del Governo a contrasto dell'emergenza virale da coronavirus. *BioLaw Journal – Rivista di BioDiritto*, [*S. l.*], n. 1, p. 99, 2020.

RAHAT, Gideon; KENIG, Ofer. *From Party Politics to Personalized Politics?* Party Change and Political Personalization in Democracies. Oxford: Oxford University Press, 2018.

RIBEIRO, Pedro José de Almeida. *A construção do Judiciário, capital institucional e quota de decisões contramajoritárias do STF*. Rio de Janeiro: Lumen Juris, 2017.

RODAS, Sérgio. Presunção de "efetiva necessidade" de posse de arma viola Constituição. *Conjur*, Rio de Janeiro, 15 jan. 2019. Disponível em: https://www.conjur.com.br/2019-jan-15/presuncao-efetiva-necessidade-posse-arma-viola-cf. Acesso em: 22 jan. 2019.

ROMAN, Flávio José. *Os regulamentos e as exigências da legalidade*: estudo sobre a viabilidade dos regulamentos delegados no ordenamento jurídico brasileiro. 2007. Dissertação (Mestrado em Direito) – Faculdade de Direito, Pontifícia Universidade Católica de São Paulo, São Paulo, 2007.

ROSE-ACKERMAN, Susan; DESIERTO, Diane A. Hyper-presidentialism: Separation of powers without checks and balances in Argentina and Philippines. *Berkeley Journal of International Law*, v. 29, 2011.

ROSSI, Jim. State Executive Lawmaking in Crisis. *Duke Law Journal*, [*S. l.*], v. 56, 2006.

ROTTINGHAUS, Brandon; MAIER, Jason. The power of decree: Presidential use of executive proclamations, 1977-2005. *Political Research Quarterly*, [*S. l.*], v. 60, n. 2, p. 338-343, 2007.

ROTTINGHAUS, Brandon; WARBER, Adam L. Unilateral orders as constituency outreach: executive orders, proclamations, and the public presidency. *Presidential Studies Quarterly*, [*S. l.*], v. 45, n. 2, p. 289-309, 2015.

ROTH, Kenneth. How authoritarians are exploiting the Covid-19 crisis to grab power. *Human Rights Watch*, [*S. l.*],v. 3, 2020.

RUBIO, Delia Ferreira; GORETTI, Matteo. Cuando el presidente gobierna solo. Menem y los decretos de necesidad y urgencia hasta la reforma constitucional (julio 1989-agosto 1994). *Desarrollo Económico*, [*S. l.*], v. 36, n. 141, p. 443-474, 1996.

RUDALEVIGE, Andrew. The contemporary presidency: Executive orders and presidential unilateralism. *Presidential Studies Quarterly*, [*S. l.*], v. 42, n. 1, p. 138-160, 2012.

RUDALEVIGE, Andrew. The contemporary presidency: The decline and resurgence and decline (and resurgence?) of Congress: Charting a new imperial presidency. *Presidential Studies Quarterly*, [*S. l.*], v. 36, n. 3, p. 506-524, 2006.

RUDALEVIGE, Andrew. *The New Imperial Presidency*: Renewing Presidential Power after Watergate. Lansing: University of Michigan Press, 2008.

RUHL, J. B.; SALZMAN, James. Presidential Exit. *Duke Law Journal*, [*S. l.*], v. 67, 2017.

RULLO, Luigi. A crise pandêmica da Covid-19 e a personalização do governo na Itália. International *Journal of Public Leadership*, [*S. l.*], v. 17, n. 2, p. 196-207, 2021

SABOIA, Marcelo Rocha. Sustação de atos normativos do Poder Executivo pelo Congresso Nacional e seus limites. *Cadernos Aslegis*, [*S. l.*], v. 5, n. 14, p. 60-62, maio/ago 2001.

SALOMÃO, Lucas. Com média de 1,3 por dia, governo Bolsonaro só fez menos decretos que Collor nos 6 primeiros meses. *G1*, Brasília, DF, 29 jun. 2019. Disponível em: https://g1.globo.com/politica/noticia/2019/06/29/com-media-de-13-decreto-por-dia-governo-bolsonaro-so-editou-menos-que-collor-em-seis-meses.ghtml. Acesso em: 5 maio 2020.

SAMPAIO, Nelson de Sousa. Limites dos decretos-leis. *Revista de Informação Legislativa*, Brasília, DF, v. 4, n. 13/14, p. 29-34, jan./jun. 1967.

SANTOS, Fabiano. Governos de coalizão no sistema presidencial: o caso do Brasil sob a égide da Constituição de 1988. *In*: AVRITIZER, L.; ANASTASIA, F. (org.). *Reforma política no Brasil*. Belo Horizonte: ed. UFMG, 2006.

SANTOS, Maria Helena de Castro. Governabilidade, governança e democracia: criação de capacidade governativa e relações Executivo-Legislativo no Brasil pós-constituinte. *Dados – Revista de Ciências Sociais*, v. 40, n. 3, 1997.

SANTOS, Manoel Leonardo; PÉREZ-LIÑÁN, Aníbal; GARCÍA MONTERO, Mercedes. El control presidencial de la agenda legislativa en América Latina. *Revista de Ciência Política*, [*S. l.*], v. 34, n. 3, p. 511-536, 2014.

SAVAGE, Charlie. *Takeover*: The Return of the Imperial Presidency and the Subversion of American Democracy. Boston: Little, Brown and Company, 2007.

SCHAFFNER, Fábio. Bolsonaro edita em média um decreto por dia. *Zero Hora*, [*S. l.*], 19 maio 2019. Disponível em: https://gauchazh.clicrbs.com.br/politica/noticia/2019/05/bolsonaro-edita-em-media-um-decreto-por-dia-cjvvkpuru05xg01mapiet70k2.html. Acesso em: 3 jun. 2024.

SCHAUER, Frederick. When and how (if at all) does law constrain official action. *Georgia Law Review*, [*S. l.*], v. 44, 2009.

SCHEIBER, Noam. Trump Moves to Ease the Firing of Federal Workers. *The New York Times*, New York, 25 May 2018. Disponível em: https://www.nytimes.com/2018/05/25/business/economy/trump-federal-workers.html. Acesso em: 3 jun. 2024.

SCHLESINGER, Arthur M. *The Imperial Presidency*. Boston: Houghton Mifflin Company, 2004.

SHANE, Peter M. Legislative delegation, the unitary executive, and the legitimacy of the administrative state. *Harvard Journal of Law & Public Policy*, Worcester, v. 33, 2010.

SHANE, Peter M. *Madison's nightmare*: How executive power threatens American democracy. Chicago: University of Chicago Press, 2009.

SILVA, Carlos Medeiros. As atribuições constitucionais do Poder Executivo. *Revista de Direito Administrativo (RDA)*, Rio de Janeiro, v. 31, p. 1-9, 1953.

SILVA, Carlos Medeiros. O poder regulamentar no Direito comparado. *Revista de Direito Administrativo (RDA)*, Rio de Janeiro, v. 30, p. 28-33, 1952.

SILVA, Mariana Borges Martins da. Somos ingovernáveis? Reflexões sobre o presidencialismo brasileiro. *Revista da Faculdade de Direito da Universidade de São Paulo*, São Paulo, v. 103, p. 931-963, 2008.

SILVA, Virgílio Afonso da. *Direitos fundamentais*: conteúdo essencial, restrições e eficácia. São Paulo: Malheiros, 2009.

SHULL, Steven A. *Presidential-Congressional Relations*: Policy and Time Approaches. Lansing: University of Michigan Press, 2000.

SOUSA, Leomar Barros Amorim de. *A produção normativa do Poder Executivo* (medidas provisórias, leis delegadas e regulamentos). Brasília: Brasília Jurídica, 1999.

SOUZA NETO, Cláudio Pereira de; SARMENTO, Daniel. *Direito Constitucional*: teoria, história e métodos de trabalho. Belo Horizonte: Fórum, 2012.

STRAUSS, Peter L. Eroding 'Checks' on Presidential Authority-Norms, the Civil Service, and the Courts. *Chicago-Kent Law Review*, 2018. Disponível em: https://papers.ssrn.com/sol3/papers.cfm?abstract_id=3321445. Acesso em: 6 jun. 2020.

SUNDFELD, Carlos Ari. *Direito Administrativo para céticos*. São Paulo: Malheiros, 2012.

SUNSTEIN, Cass R. The Most Knowledgeable Branch. *University of Pennsylvania Law Review*, Pennsylvania, v. 164, 2015.

SUNSTEIN, Cass R. The Myth of the Unitary Executive. *Administrative Law Journal of the American University*, Washington, D.C., v. 7, 1993.

SZPACENKOPF, Marta. Bolsonaro bate Lula em número de decretos. *O Globo*, Rio de Janeiro, 10 set. 2019. Disponível em: https://blogs.oglobo.globo.com/lauro-jardim/post/bolsonaro-bate-lula-em-numero-de-decretos.html. Acesso em: 3 jun. 2024.

TÁCITO, Caio. As delegações legislativas e o poder regulamentar. *Revista de Direito Administrativo (RDA)*, Rio de Janeiro, v. 34, p. 471-473, 1953.

TORRES, João Camilo de Oliveira. *O presidencialismo no Brasil*. Rio de Janeiro: O Cruzeiro, 1962.

TRABUCCO, Daniele. Il "virus" nel sistema delle fonti: decreti-legge e dpcm al tempo del Covid-19: tra principio di legalità formale e principio di legalità sostanziale. *Nomos*, [*S. l.*], n. 2, p. 1-21, 2020.

THROWER, Sharece. To revoke or not revoke? The political determinants of executive order longevity. *American Journal of Political Science*, [*S. l.*], v. 61, n. 3, p. 642-656, 2017.

TRIGUEIRO, Oswaldo. Presidente da República. Competência para expedir decretos-leis. *Revista de Direito Administrativo (RDA)*, Rio de Janeiro, v. 112, p. 227-229, 1973.

TRUMP orders wall to be built on Mexico border. *BBC NEWS*, [*S. l.*], 26 Jan. 2017. Disponível em: https://www.bbc.com/news/world-us-canada-38740717. Acesso em: 3 jun. 2024.

TURKEY: Covid-19 Pandemic Used to Strengthen Autocratic Rule". *Human Rights Watch*, [*S. l.*], 13 Jan. 2021. Disponível em: https://www.hrw.org/news/2021/01/13/turkey-covid-19-pandemic-used-strengthen-autocratic-rule. Acesso em: 6 jun. 2024.

TUSHNET, Mark. A Political Perspective on the Theory of the Unitary Executive. *University of Pennsylvania Journal of Constitutional Law*, Pennsylvania, v. 12, 2009.

TUSHNET, Mark. *Ceticismo sobre a* judicial review: Uma perspectiva dos Estados Unidos. Limites do controle de constitucionalidade. Rio de Janeiro: Lumen Juris, 2009.

VALADÃO, Marcos Aurélio Pereira. Sustação de atos do Poder Executivo pelo Congresso Nacional com base no artigo 49, inciso V, da Constituição de 1988. *Revista de Informação Legislativa*, Brasília, DF, ano 38, n. 153, jan./mar. 2002.

VALLE, Jaime. *A participação do governo no exercício da função legislativa*. Coimbra: Coimbra Editora, 2004.

VERMEULE, Adrian. *Law's abnegation*. Cambridge: Harvard University Press, 2016.

WARBER, Adam L. Public Outreach, Executive Orders, and the Unilateral Presidency. *Congress & the Presidency*, v. 41, n. 3, p. 269-288, 2014.

VERMEULE, Adrian. Optimal Abuse of Power. *Northwestern University Law Review*, [*S. l.*], v. 109, 2014.

VIEIRA, Oscar Vilhena; GLEZER, Rubens; BARBOSA, Ana Laura Pereira. Supremocracia e Infralegalismo Autoritário: o comportamento do Supremo Tribunal Federal durante o governo Bolsonaro. *Novos Estudos CEBRAP*, Brasília, DF, v. 41, p. 592, 2023.

VORONOFF, Alice. *Direito Administrativo Sancionador no Brasil*. Belo Horizonte: Fórum, 2018.

WARBER, Adam L. Circumventing adversity: Executive orders and divided government. *Presidential Studies Quarterly*, [*S. l.*], v. 42, n. 2, p. 256-274, 2012.

WARBER, Adam L. *Executive Orders and the Modern Presidency*: Legislating from the Oval Office. Boulder: Lynne Rienner Publishers, 2006.

WATERMAN, Richard W. The administrative presidency, unilateral power, and the unitary executive theory. *Presidential Studies Quarterly*, [*S. l.*], v. 39, n. 1, p. 5-9, 2009.

WATTS, Kathryn A. Rulemaking as legislating. *The Georgetown Law Journal*, Georgetown, v. 103, 2014.

WOOD, B. Dan. *The Myth of Presidential Representation*. Cambridge: Cambridge University Press, 2009.

YOUNG, Laura. Unilateral presidential policy making and the impact of crises. *Presidential Studies Quarterly*, [*S. l.*], v. 43, n. 2, p. 328-352, 2013.

ZIMMERMAN, Adam S. Presidential Settlements. *University of Pennsylvania Law Review*, Pennsylvania, v. 163, 2014.

Esta obra foi composta em fonte Palatino Linotype, corpo 10
e impressa em papel Pólen Bold 70g (miolo) e Supremo 250g (capa)
pela Formato Artes Gráficas.